Jacob (Ludwig Karl) Grimm, geboren am 4. Januar 1785 in Hanau, ist am 20. September 1863 in Berlin gestorben.

Wilhelm (Karl) Grimm, geboren am 24. Februar 1786 in Hanau, ist am 16. Dezember 1859 in Berlin gestorben.

»Die Elfen, die in ihrer wahren Gestalt kaum einige Zoll hoch sind, haben einen luftigen, fast durchsichtigen Körper, der so zart ist, daß ein Tautropfen, wenn sie darauf springen, zwar zittert, aber nicht auseinanderrinnt.« So beginnen Jacob und Wilhelm Grimm ihre Einleitung »Über die Elfen«, in der sie über das Wesen der Elfen berichten. Dieser eindrucksvollen Einführung folgt der Märchentext, der auf einer ersten Sammlung irischer Märchen von Thomas Crofton Croker, den »Fairy legends and traditions of the South of Ireland«, aus dem Jahre 1825 beruht. Mit ihr setzt die deutsche Rezeption des irisch-keltischen Märchen- und Sagengutes ein.

insel taschenbuch 988
Irische Elfenmärchen

Irische Elfenmärchen

In der Übertragung der
Brüder Grimm

Insel Verlag

insel taschenbuch 988
Erste Auflage 1987

Hinweise zu dieser Ausgabe am Schluß des Bandes
Vertrieb durch den Suhrkamp Taschenbuch Verlag
Umschlag nach Entwürfen von Willy Fleckhaus
Satz: LibroSatz, Kriftel
Druck: Nomos Verlagsgesellschaft, Baden-Baden
Printed in Germany

3 4 5 6 – 92 91 90 89

Irische Elfenmärchen

Vorrede

Obgleich der Verfasser dieses Buchs, das unter dem Titel »Fairy legends and traditions of the South of Ireland«, London 1825, erschien, sich nicht genannt hat, so darf man doch voraussetzen, daß er ein geborner Irländer ist oder lang in Irland gelebt hat. Er zeigt genaue Kenntnis von Örtlichkeiten, Sitten und Denkweise und ist vertraut mit eigentümlichen Ausdrücken, Gleichnissen, sprichwörtlichen Reden und andern Kleinigkeiten dieser Art, die nicht wenig dazu beitragen, seine Darstellung zu beleben und in der Ferne oder aus einem Buch sich nicht erlernen lassen. Daher bedarf es kaum der Versicherung, welche er in ein paar als Einleitung vorangehenden Zeilen gibt, daß er alles aus dem Munde des Volks und in dem Stil, in welchem es gewöhnlich vorgetragen werde, aufgenommen habe. Abgesehen von dem eigentlichen Inhalt verleiht diese Treue und Wahrheit der Ausführung seiner Sammlung noch einen besondern Wert, denn sie gewährt eine Reihe kleiner, mit richtigen Farben und in allen Nebendingen sorgfältig ausgemalter Bilder, die als irische Idyllen gelten könnten. Man muß nachsichtig urteilen, wenn manchmal etwas zu viel sollte getan sein; dieser Fehler des zu sorgsamen Ausmalens, der immer nützlich und wobei Fleiß und Bestreben an sich achtungswert ist, erklärt sich am natürlichsten aus dem Einfluß, den Walter Scotts Darstellungsart gegenwärtig in England ausübt, welche ihrer Natur zufolge bei Nachahmern, selbst bei talentvollen, leicht die rechte und feine Linie überschreiten kann. Wer noch Sinn hat für schuldlose und einfache Poesie wird sich von diesen Märchen angezogen fühlen, sie haben einen eigentümlichen Beigeschmack, der nicht ohne Reiz ist, und kommen aus einem Lande, an das wir gewöhnlich nur in wenigen und gerade nicht erfreulichen Beziehungen erinnert werden. Gleichwohl wird es von einem Volke bewohnt, dessen Altertum und frühe Bildung die Geschichte bezeugt und das, wie es zum Teil noch in der eigenen Sprache redet, auch lebendige Spuren seiner Vorzeit wird aufzuweisen haben, wovon der hier dargestellte Glaube an überirdische Wesen vielleicht eins der besten Beispiele abgibt.

Den einzelnen Erzählungen unmittelbar zugefügte Anmerkungen des Sammlers sind nach englischer Sitte so weitläuftig als möglich und oft gar nicht auf die Sache, sondern einen nebenbei erwähnten, unwesentlichen Umstand gerichtet. Nichts was zur Erläuterung der Überlieferung selbst diente, ist von uns ausgelassen, wohl aber was ungehörig schien, darunter auch manche gerade nicht glückliche allgemeine Sprachbemerkung oder etymologische Ausführung. Von uns herrührende Zusätze sind jedesmal mit einem Stern bezeichnet worden. Einiges wenige, was sich auf das Wesen der Elfen bezog, haben wir für die einleitende Abhandlung verwendet, die wir hinzuzufügen für zweckmäßig hielten.

Kassel, 10. Juli 1825

Einleitung

Über die Elfen

DIE ELFEN IN IRLAND

*1. Das stille Volk**

Die Elfen, die in ihrer wahren Gestalt kaum einige Zoll hoch sind, haben einen luftigen, fast durchsichtigen Körper, der so zart ist, daß ein Tautropfen, wenn sie darauf springen, zwar zittert, aber nicht auseinanderrinnt. Dabei sind sie von wunderbarer Schönheit, Elfen sowohl als Elfinnen, und sterbliche Menschen können mit ihnen keinen Vergleich aushalten.

Sie leben nicht einsam oder paarweise, sondern allzeit in großen Gesellschaften. Den Menschen sind sie unsichtbar, zumal am Tage, und da sie zugegen sein und mit anhören könnten, was man spricht, so drückt man sich nur vorsichtig und mit Ehrerbietung über sie aus, und nennt sie nicht anders, als das gute Volk, die Freunde; ein anderer Name würde sie beleidigen. Sieht man auf der Landstraße große Wirbel von Staub aufsteigen, so weiß man, daß sie im Begriffe sind, ihre Wohnsitze zu verändern und nach einem andern Ort zu ziehen und man unterläßt nicht, die unsichtbaren Reisenden durch ehrfurchtsvolles Neigen zu grüßen. Ihre Häuser aber haben sie in Steinklüften, Felsenhöhlen und alten Riesenhügeln. Innen ist alles aufs glänzendste und prächtigste eingerichtet und die liebliche Musik, die zuweilen nächtlich daraus hervordringt, hat noch jeden entzückt, der so glücklich gewesen ist, sie zu hören.

---

* Wörtlich: das gute Volk (the good people). Der irische Ausdruck für Elfe in dieser Beziehung ist Shefro und diesen Namen führt auch im Original die erste Abteilung, ohne daß er sonst vorkäme oder erklärt wäre. She oder Shi heißt ohne Zweifel Elfe, vgl. hernach Ban-shi und das schottische Doane-shi und Shian.

In den Sommernächten, wenn der Mond scheint, am liebsten in der Erntezeit, kommen die Elfen aus ihren geheimen Wohnungen hervor und versammeln sich zum Tanz auf gewissen Lieblingsplätzen, gleichfalls heimliche und verborgene Orte, wie Bergtäler, Wiesengründe bei Bächen und Flüssen, Kirchhöfe, wohin selten Menschen kommen. Oft feiern sie ihre Feste unter geräumigen Pilzen oder ruhen unter ihrem Schirmdach. Bei dem ersten Strahl der Morgensonne verschwinden sie wieder und es ist, als rausche ein Schwarm Bienen oder Mücken dahin.

Ihre Kleidung ist schneeweiß, manchmal silberglänzend, notwendig gehört dazu ein Hut oder ein Käppchen, wozu sie meist die roten Blütenglocken des Fingerhuts wählen und wodurch sich Parteien auszeichnen.

Die geheimen Kräfte der Elfen, ihre Zaubermacht, ist so groß, daß sie kaum Grenzen kennt. Nicht bloß die menschliche, jede andere Gestalt, selbst die abschreckendste, können sie augenblicklich annehmen und es ist ihnen ein leichtes, in einer Sekunde über eine Entfernung von fünf Stunden hinwegzuspringen. Vor ihrem Anhauch schwindet jede menschliche Kraft. Manchmal teilen sie den Menschen etwas von der Wissenschaft übernatürlicher Dinge mit und erblickt man einen, der wie in halbem Wahnsinn mit Bewegung der Lippen einsam auf und abgeht, so ist ein Elfe unsichtbar bei ihm und belehrt ihn.

Die Elfen lieben über alles die Musik. Wer sie angehört hat, kann nicht beschreiben, mit welcher Gewalt sie die Seele erfülle und entzücke: gleich einem Strom dringe sie mächtig entgegen; und doch scheinen die Laute einfach, selbst eintönig und überhaupt Naturlauten ähnlich zu sein.

Zu ihren Belustigungen gehört das Ballspiel, das sie mit großem Eifer treiben und worüber sie oft bis zum Streit uneins werden können.

Im kunstreichen Tanz übertreffen sie weit alles, was Menschen leisten können, und ihre Lust daran ist unermüdlich.

Sie tanzen ununterbrochen, bis der Sonnenstrahl an den Bergen sich zeigt, und machen die kühnsten Sprünge ohne die mindeste Anstrengung.

Nahrung scheinen sie nicht zu bedürfen. Sie laben sich an Tautropfen, die sie von den Blättern sammeln.

Menschen, die vorwitzig sich nähern oder gar sie necken, bestrafen sie hart, sonst pflegen sie gegen Wohlgesinnte, die ihnen vertrauen, freundlich und hilfreich zu sein. Sie nehmen einen Höcker von der Schulter, schenken neue Kleidungsstücke, versprechen einen Wunsch zu erfüllen, obgleich auch hier gute Laune von ihrer Seite nötig zu sein scheint. Sie lassen sich auch wohl in menschlicher Gestalt sehen, oder jemand, der Nachts zufällig unter sie geraten ist, Teil an ihren Tänzen nehmen; aber etwas gefährliches liegt allzeit in dieser Berührung: der Mensch erkrankt darnach und fällt von der unnatürlichen Anstrengung, da sie ihm etwas von ihren Kräften zu verleihen scheinen, in ein heftiges Fieber. Vergißt er sich und küßt der Sitte gemäß seine Tänzerin, so schwindet in dem Augenblick, wo seine Lippen sie berühren, die ganze Erscheinung.

Die Elfen stehen aber noch in einer besondern und näheren Beziehung zu den Menschen. Es ist, als teilten sie sich in die Seelen der Menschen und betrachteten sie nun als ihre Angehörigen. Daher haben gewisse Familien ihre eigenen Elfen, denen sie ergeben sind, wofür sie aber von diesen Hilfe und Beistand in bedenklichen Augenblicken, oft Genesung von tödlicher Krankheit, erhalten. Weil sie aber ihren Elfen nach dem Tode zufallen, so ist der Tod des Menschen für jene ein Fest, wo einer der Ihrigen in ihre Gesellschaft eintritt. Daher verlangen sie von den Menschen, daß sie bei Leichenzügen sich einfinden und sie ehren; sie selbst feiern die Bestattung des Toten wie ein Hochzeitsfest, tanzen über seinem Grabe und ebendeshalb wählen sie auch Kirchhöfe zu ihren Lieblingsplätzen. Oft entspinnt sich heftiger Streit, wem ein Kind zugehöre, den Elfen des Vaters oder der Mutter, und auf welchem Kirchhof es solle begraben werden. Die verschiedenen Parteien der Unterirdischen hassen und bekriegen sich dann ebenso feindselig wie Stämme der Menschen, ihre Kämpfe finden in der Nacht, an Kreuzwegen statt, und oft trennt sie nur der einbrechende Tag. Diese Verbindung der Menschen mit einem stillen, aber guten Geistervolk würde an sich nichts abschreckendes, eher etwas beglückendes haben, aber die Elfen erscheinen in einem gewissen Zwielicht; beides das Böse wie das Gute hat zugleich Teil an ihnen und sie zeigen ebenso wohl eine schwarze als eine weiße Seite. Es sind vom Himmel gestoßene Engel, die nicht bis in die Hölle gesunken sind, die aber selbst in Angst und Ungewißheit über ihre Zukunft zweifeln, ob sie am jüngsten Tage Begnadigung erhalten werden. Dieses nächtliche, teuflische bricht sichtbar in ihren Neigungen und Handlungen hervor. Wenn sie in Erinnerung des ursprünglichen Lichtes wohlwollend und freundlich gegen die Menschen scheinen, so treibt sie das böse Element ihrer Natur zu heimtückischen und verderblichen Streichen an. Ihre Schönheit, die wunderbare Pracht ihrer Wohnungen, ihre Fröhlichkeit ist dann nichts als ein falscher Schein, und ihre wahre Gestalt von abschreckender Häßlichkeit erregt Grausen. Erblickt man sie in seltnen Fällen bei Tag, so zeigen sie ein von Alter eingefallenes oder, wie man sich ausdrückt, welkem Blumenkohl ähnliches Gesicht, eine kleine Nase, rote Augen und das weiße Haar eines steinalten Greises.

Eins ihrer boshaften Gelüste besteht darin, gesunde und schöne Kinder den Müttern zu stehlen und einen Wechselbalg dafür hinzulegen, der einige Ähnlichkeit mit dem gestohlenen hat, aber nichts als ein häßlicher, krankhafter Elfe ist. Er zeigt alle böse Eigenschaften, ist heimtückisch, schadenfroh und, obgleich unersättlich, will doch nichts an ihm gedeihen. Wird Gott erwähnt, so lacht er, sonst aber spricht er nicht, bis er auf eine besondere Weise genötigt, die Stimme eines uralten Mannes ertönen läßt und sein Alter wohl selbst verrät. Die Neigung zur Musik offenbart sich auch hier, so wie ungewöhnliche Fertigkeit dazu, übernatürliche Kräfte äußern sich in der Macht, womit er alles, selbst unbelebte Dinge, zum Tanz zu nötigen weiß. Wo er ist, bringt er Verderben: ein Unglück auf das andere erfolgt, das Vieh erkrankt, das Haus stürzt ein und jede Unternehmung schlägt fehl. Wird er erkannt und bedroht, so macht er sich unsichtbar oder entflieht, er scheut das fließende Wasser und bringt man ihn über eine Brücke, so springt er hinab und, auf den Wellen sitzend, spielt er sein Instrument und kehrt zu den seinigen zurück. Er heißt irisch »Leprechan«.*

Zu gewissen Zeiten, wie am Maiabend, scheinen die bösen Elfen besonders tätig und mächtig; denen, welchen sie feind sind, geben sie unsichtbar einen Schlag, der Lähmung zur Folge hat, oder sie richten ihren Atem gegen sie, und auf der Stelle, wo dieser Anhauch den Menschen berührt, erzeugen sich alsbald Beulen und Geschwüre. Die in besonderer Gunst bei den Elfen zu stehen vorgeben, unternehmen die Heilung solcher Krankheiten durch Zaubermittel und geheimnisvolle Reisen.

*2. Der Cluricaun (the Cluricaune**)*

In dieser Eigenschaft unterscheidet sich der Elfe wesentlich von dem Shefro durch sein einsames und täppisches Wesen; man findet den Cluricaun niemals in Gesellschaft, sondern immer für sich allein. Er ist viel körperlicher und zeigt sich am Tag als ein kleines, altes Männchen mit verschrumpftem Gesicht in altmodischer Tracht. Auf seinem erbsenfarbigen Rock sind große Knöpfe, so wie er an großen Metallschnallen auf seinen Schuhen besonders Wohlgefallen zu haben scheint. Einen Hut trägt er auch, aber einen dreieckigen, altfränkisch

---

* Das Wort, genau Prèachán oder Priachan geschrieben, soll einen Raben bedeuten.

** Ein irisches Wort, das der Verfasser S. 162 durch die Vermutung erklärt, es sei eine Entstellung von Luacharma'n, Zwerg.

aufgekrämpten. Man haßt ihn seines boshaften Wesens wegen und sein Name wird als Ausdruck der Verachtung gebraucht. Man bemüht sich seiner Herr zu werden und droht ihm gern; manchmal gelingt es ihn zu überlisten, manchmal ist er verschmitzter und betrügt den Menschen. Er beschäftigt sich mit der Verfertigung von Schuhen und pfeift ein Lied dazu. Wenn ihn der Mensch dabei überrascht, so ist er zwar voll Furcht vor dessen überlegener Stärke, aber mit der Kraft begabt zu verschwinden, wenn es ihm durch List gelingt es dahin zu bringen, daß der Mensch auch nur auf einen Blick die Augen von ihm abwendet.

Der Cluricaun besitzt Kenntnis (»während der Unruhen«) vergrabener Schätze, entdeckt sie aber nicht eher, als bis er sich aufs höchste gedrängt sieht. Oft hilft er sich noch, wenn der Mensch schon glaubt, ihn ganz in der Gewalt zu haben. Eine gewöhnliche List besteht darin, daß er das Merkmal, wo der Schatz liegt, sei es Strauch, Distel, Stein, Zweig, unendlich vervielfältigt, damit es dem Menschen, der ein Werkzeug herbeigeholt hat, die Erde aufzugraben, nicht weiter als Unterscheidungszeichen dienen kann. Der Cluricaun hat einen kleinen ledernen Beutel mit einem Schilling, welchen er, so oft er auch damit zahlt, immer wieder findet und welcher der Glücksschilling (Sprè na Skillenagh) heißt. Manchmal hat er zwei Beutel bei sich, der eine enthält den Wunderpfennig, der andere eine Kupfermünze, und wird er gezwungen, herauszurücken, so reicht er hinterlistig den letztern, dessen Gewicht befriedigend ist, während er bei Untersuchung des Inhalts, wenn das menschliche Auge sich von ihm abwendet, verschwindet.

Sein Vergnügen besteht im Rauchen und Trinken. Er kennt das Geheimnis, das die Dänen sollen nach Irland gebracht haben, Bier aus Heide zu brauen. Kleine Tabackspfeifen von alter Form, die man beim Graben oder Pflügen häufig in Irland findet, besonders in der Nähe jener runden Verschanzungen, dänische Festungen genannt, glaubt man, gehörten den Cluricaunen; und findet man sie zerbrochen oder sonst auf eine Art verstümmelt, so betrachtet man das als eine Art Vergeltung für die Streiche, die ihre angeblichen Eigentümer sollen gespielt haben.*

Der Cluricaun zeigt sich aber auch in Verbindung mit den Menschen und gehört dann einer Familie an, mit der er aushält, so lange ein Glied davon lebt, die aber gleichfalls seiner nicht los werden kann. Bei aller Neigung zu boshaften Streichen und Neckereien pflegt er vor dem Hausherrn eine gewisse Achtung zu hegen und ihn mit Rücksicht zu behandeln. Er leistet hilfreiche Hand, verhütet heimliche Unglücksfälle, wird aber im höchsten Grade zornig und aufgebracht, wenn man ihn vergessen und die ihm gebührende Speise nicht an den bestimmten Ort gesetzt hat.

3. Die Banshi

Das Wort wird verschiedentlich erklärt als Haupt der Elfen oder als weiße Frau. Es ist ein weiblicher Geist, der gewissen Familien, doch meist nur von altem oder edlem Stamm angehört und sich bloß zeigt, um den Tod von einem Glied derselben anzukündigen. Die Banshi erscheint dann in der Nähe des Hauses oder bei dem Fenster, wo der Kranke liegt, schlägt die Hände zusammen und klagt in den jammervollsten Tönen. Sie hat einen weißen weiten Mantel um und einen Schleier auf dem Kopf.

4. Die Phuka

Es ist schwer, von diesem Geist einen deutlichen Begriff zu geben.** Es liegt etwas unbestimmtes, immer aber etwas

* Abbildung einer solchen Pfeife in der Anthologia Hibernica (Dublin 1793.) I. 352 und in dem Original dieser Märchen S. 176.

** Der Sammler bemerkt S. 275. daß das wallisische Gwyll, welches Dunkelheit, Nacht, Schatten, Berggeist bedeute, dem irischen Phuka vollkommen entspreche. Es ist der deutsche Alp.

dunkeles und nächtliches in seinem Wesen. Man erinnert sich seiner unvollständig, wie eines Traums, ob man gleich den heftigsten Eindruck empfunden hat; gleichwohl kann die Phuka mit Händen berührt werden. Sie zeigt sich als schwarzes Roß, Adler, Fledermaus, und läßt den Menschen, dessen sie sich bemächtigt hat und der unfähig ist, den geringsten Widerstand zu leisten, in kurzer Zeit vieles erleben. Sie jagt mit ihm über Abgründe, führt ihn hinauf in den Mond und hinab in die Tiefe des Meers. Wenn etwas einstürzt, wird es ihr vom Volk zur Last gelegt. Nicht wenige Abgründe und Höhlen in den Felsen heißen Phukahöhlen (Poula Phuka), selbst ein Wasserfall, den der Liffey in der Grafschaft Wicklow bildet, hat von ihr seinen Namen. Das Volk verbietet den Kindern nach Michaelis noch Brombeeren zu essen und schreibt die Abnahme derselben, welche nach dieser Zeit beginnt, der Phuka zu.

5. Das Land der Jugend (Thierna na oge)

Unter dem Wasser liegt ein Land, so gut wie oben, wo die Sonne scheint, Wiesen grünen, Bäume blühen, Felder und Wälder abwechseln, Städte und Paläste nur viel prächtiger und glänzender sich erheben und das von glücklichen Elfen bewohnt wird. Hat man in dem rechten Augenblick an den Ufern des Sees die rechte Stelle gefunden, so kann man alle diese Herrlichkeiten mit Augen sehen. Einige, die ins Wasser gefallen und ohne Schaden zu nehmen dort angelangt sind, haben bei ihrer Heimkehr Bericht abgestattet. Diese Unterwelt heißt das Land der Jugend, weil die Zeit dort keine Macht hat, niemand altert und wer viele Jahre da unten gewesen ist, den hat es nur ein Augenblick gedeucht. An gewissen Tagen bei aufgehender Sonne erscheinen diese Elfen auf der Oberfläche des Wassers, in größter Pracht und in allen Farben des Regenbogens schillernd. Mit Musik und Tanz, in ungezügelter Lust, ziehen sie einen bestimmten Weg auf dem Wasser dahin, das unter ihren Füßen so wenig weicht, als die feste Erde unter den Tritten der Menschen, bis sie endlich im Nebel wieder verschwinden.

DIE ELFEN IN SCHOTTLAND

Zu Grund liegt: The popular superstitions and festive amusements of the Highlanders of Scotland. Edinburgh 1823. von W. Grant Stewart, ein, wie es scheint, in Deutschland noch unbekanntes Buch, von welchem auch der Sammler der irischen Sagen nichts scheint gewußt zu haben; gleichwohl ist es äußerst schätzbar durch den Reichtum und die Vollständigkeit der darin aufbewahrten mündlichen Überlieferungen. – Benutzt ist die Abhandlung über Elfen in dem zweiten Bande von Walter Scotts Minstrelsy of the Scottish Border. 4te Aufl. Edinb. 1810. II. S. 109-183, und die Einleitung I. 99-103. dessen Noten zur Lady of the Lake, Graham's Sketches of picturesque Scenery on the southern confines of Perthshire. p. 107-118. Jamieson in den Illustrations of northern antiquities I. 404-406. Allan Cunningham traditional tales Lond. 1822. II. 89.-122. was alles jedoch gegen jenes erstgenannte Werk nicht bedeutend ist.

1. Abkunft. Die Elfen heißen Doane Shi: friedliche Leute, gute Leute. Es sind ihrem Ursprunge nach Engel, die des Lichtes teilhaftig waren, die aber, weil sie sich von dem Teufel verführen ließen, in unzähliger Menge vom Himmel herabgestoßen wurden. Sie müssen bis zum jüngsten Tag über Berge und Seen wandern, wissen nicht, wie ihr Urteil lauten wird, ob sie begnadigt oder verdammt werden, fürchten aber das schlimmste.

2. Gestalt. An Schönheit kommt kein anderes überirdisches Wesen den Elfen gleich und es scheinen sich darin noch Spuren ihres ursprünglichen Zustandes erhalten zu haben.

Sie sind im Ganzen klein von Gestalt, aber außerordentlich wohl gegliedert. Die Elfinnen besonders sollen die reizendsten Wesen von der Welt sein. Ihre Augen glänzen wie Sterne, auf ihren Wangen ist weiß und rot auf das zarteste gemischt, ihre Lippen gleichen Korallen, ihre Zähne dem Elfenbein und ein Überfluß von dunkelbraunem Haar hängt in Locken über ihre Schultern. Ihre Kleidung ist einfach und grün. Sie erzürnen, wenn Sterbliche diese Farbe tragen, die eben deshalb sie auch für eine unglückliche halten. In den Hochlanden ist es gewöhnlich wollenes Zeug. An Sümpfen hat man sie manchmal heidebraun gesehen oder in Kleidern, die mit Steinflechte gefärbt waren.

3. Wohnung und Lebensweise. Die Elfen sind ein geselliges Volk, leidenschaftlich den Vergnügungen und Lustbarkeiten ergeben. Selten leben sie paarweise beisammen, sondern schwärmen in Haufen umher und jeder Haufe hat eine bestimmte Wohnung oder Aufenthaltsort, wo sie sich nach Umständen versammeln und welcher Tomhan oder Shian heißt. Diese Wohnungen befinden sich gewöhnlich in den Höhlen und Abgründen wilder und rauher Gegenden. Sie sind aus Stein in der Gestalt unregelmäßiger Türmchen gebaut, und so fest und dauerhaft, daß sie Felsenstücken oder Erdhügeln ähnlich sehen. Türen, Fenster und Rauchfänge sind so künstlich verborgen, daß das bloße Auge bei Tag sie nicht erblicken kann, doch in dunkeler Nacht verrät sie das glänzende Licht, das herausbricht. In Perthshire bewohnen sie runde Grashügel, bei welchen sie im Mondschein tanzen. Nicht weit von Lochcon ist ein Platz Coirshian genannt, welchen sie vorzüglich lieben; in der Nähe sieht man kegelförmige Erhöhungen, besonders eine oberhalb des Sees Katrine, an welcher nach Sonnenuntergang sich mancher fürchtet vorbei zu gehen. Man erblickt zuweilen ihre Spuren in Kreisen, die manchmal gelb und eingetreten, manchmal von dunkelgrüner Farbe sind, in diesen ist es gefährlich zu schlafen oder nach Sonnenuntergang gefunden zu werden. In

solchen Versammlungen der Elfen herrscht Lust und Freude, denn dem Tanz sind sie vorzüglich ergeben und er ist eine ihrer Hauptbeschäftigungen. Sie haben dabei die lieblichste Musik. Ungeachtet dieser Fröhlichkeit sind die Elfen doch neidisch auf das vollkommnere und reinere Glück der Menschen und es liegt immer etwas dunkeles und ängstliches in ihrer heimlichen Lust, so wie etwas falsches oder bloß scheinbares in dem Glanz ihrer Shians. Sie sind, wenn auch nicht durchaus boshaft, doch eigentlich grämliche und mißgünstige Wesen. Die Hochländer reden nicht gern von ihnen, besonders am Freitag, wo ihr Einfluß vorzüglich groß sein soll. Und weil sie unsichtbar zugegen sein könnten, spricht man immer nur mit Ehrerbietung von ihnen.

Manchmal reiten sie auch unsichtbar in einem großen Zug, wo das laute Geschrill der Zügel ihre Gegenwart verrät. Sie borgen wohl bei solchen Gelegenheiten Pferde aus den Ställen der Menschen, die man am Morgen keuchend und abgemattet darin findet, Mähnen und Schweif aufgelöst und verwirrt. Gewöhnlich sind ihre Pferde weiß wie Winterschnee.

4. Umgang mit Menschen. Manchmal sind Menschen in die Wohnungen der Elfen gekommen, entweder von ihnen hineingelockt, oder wenn sie zu gewissen Zeiten die Türen dazu gefunden haben. Man glaubt in Perthshire, daß wenn jemand am Heiligen Abend allein neunmal um einen Elfenhügel gehe, linker Hand eine Türe offen stehen werde, durch welche er hinein gelangen könne. – Ein Pächter in der Nachbarschaft von Cairngorm in Strathspey zog mit seiner Familie und seinem Vieh in den Wald von Glenavon, der als ein Sitz der Elfen bekannt ist. Zwei von seinen Söhnen, die in einer Nacht weit ausgegangen waren, ein paar verlorne Schafe zu suchen, kamen zu einem Shian von großem Umfang, zu ihrem Erstaunen strömte das glänzendste Licht aus unzähligen Spalten im Felsen, die das schärfste Auge niemals vorher daran entdeckt hatte. Neugierde trieb sie näher und von den entzückenden Klängen einer Geige bezaubert, wobei Aus-

brüche der höchsten Lust sich hören ließen, versöhnten sie sich einigermaßen mit dem gefährlichen Ort. Der eine Bruder konnte, ohngeachtet der Abmahnungen des andern, seiner Neigung, an dem Tanz teilzunehmen nicht widerstehen und sprang endlich mit einem Satz in den Shian hinein. Der Andere, der ihm nachzuspringen nicht getraute, trat an eine der Spalten, rief dreimal, wie gebräuchlich, seinen Bruder mit Namen an und bat ihn dann aufs dringendste mit ihm, Donald Macgillivray, wieder nach Haus zu gehen. Alles war ohne Erfolg, Donald mußte die traurige Nachricht von dem Schicksal seines Bruders den Eltern bringen. Alle Mittel und Gebräuche, die man in der Folge noch anwendete, ihn der Gewalt der Elfen zu entziehen, waren vergeblich und man hielt ihn für verloren. Endlich gab ein weiser Mann dem Donald den Rat, wenn gerade ein Jahr und ein Tag vorbei sei, so solle er zu dem Shian zurückkehren, ein Kreuz in den Kleidern werde ihn vor der Macht der Elfen schützen, dann solle er getrost hineingehen, seinen Bruder im Namen Gottes zurückfordern und folge er nicht gutwillig, ihn mit Gewalt fortführen. Donald erblickt auch wieder Licht in dem Shian und vernimmt Musik und Freudengeschrei; nach furchtsamem Zögern tritt er endlich hinein und findet seinen Bruder, der in aller Lust einen hochländischen Tanz tanzt. Er eilt auf ihn zu, faßt ihn beim Kragen und beschwört ihn mit fortzugehen. Der Bruder willigt ein, will aber nur erst den Tanz beendigen, indem er behauptet, er sei erst eine halbe Stunde in dem Haus. Vergebens versichert ihn Donald, nicht eine halbe Stunde, bereits zwölf Monate verweile er hier, er würde es ihm, als er wieder bei seinen Eltern angelangt war, nicht geglaubt haben, hätten ihn nicht die groß gewordenen Kälber und die aufgewachsenen Kinder überzeugt, daß sein Tanz ein Jahr und einen Tag gedauert hatte. –

Vor etwa dreihundert Jahren lebten in Strathspey zwei Männer, die wegen ihrer Geschicklichkeit auf der Geige berühmt waren. Es trug sich zu, daß sie einmal zu Weihnachten nach Inverneß gingen, dort ihre Kunst auszuüben. Sie bezogen alsbald eine Wohnung, machten ihre Ankunft bekannt und boten ihre Dienste an. Bald darnach bestellte sie ein alter Mann von ehrwürdigem Ansehen mit grauen Haaren und einigen Runzeln im Gesicht, aber von freundlichem, artigem Betragen. Sie begleiteten ihn und kamen zu der Türe eines etwas seltsamen Hauses; es war Nacht, doch konnten sie leicht bemerken, daß das Haus in keiner ihnen bekannten Gegend stand. Es glich einem Tomhan in Glenmore. Die freundliche Einladung und der Klang des Geldes überwand ihre Bedenklichkeiten und alle Furcht verschwand bei dem prächtigen Anblick der Versammlung, in welche sie eintraten. Die süßeste Musik munterte zur größten Lust und Freude auf, der Boden zitterte unter den kühnen Sprüngen der Tänzer. Beide Männer brachten die Nacht auf das angenehmste zu und als das Fest beendigt war, beurlaubten sie sich, sehr erfreut über die gute Behandlung, die sie erfahren hatten. Aber wie groß war ihr Erstaunen, als sie, aus dieser wunderlichen Wohnung heraustretend, fanden, daß sie aus einem kleinen Berge kamen und alles was gestern noch neu und glänzend gewesen, zerfallen und von der Zeit verwüstet war, während sie seltsame Neuerungen in Tracht und Sitten an der großen Menge Zuschauer bemerkten, welche ihnen voll Verwunderung und Bestürzung nachfolgten. Als man sich endlich gegenseitig verständigte, kam man auf die Vermutung, daß die beiden Musikanten bei den Bewohnern von Tomnafurich, wo sich die Elfen aus der Nachbarschaft zu versammlen pflegten, müßten gewesen sein. Ein alter Mann, den der Auflauf herbeigeführt, sagte nach Anhörung der Geschichte: »Ihr seid die beiden Männer, die bei meinem Urgroßvater wohnten und welche, wie man glaubte, von Thomas Rymer nach Tomnafurich verlockt wurden. Eure Freunde beklagten Euch sehr, doch hundert Jahre, die seitdem verflossen sind, haben Eure Namen in Vergessenheit gebracht.« Die beiden Männer, erstaunt über das Wunder, das Gott an ihnen getan hatte, gingen, da es Sonntag war, in die Kirche; sie saßen da und hörten eine Weile dem Geläute der Glocken zu, als aber der Geistliche zu dem Altar trat, seiner Gemeinde das Evangelium zu verkündigen, wunderbar ist es zu sagen, so zerfielen sie bei dem ersten Wort, das aus seinem Munde kam, beide in Staub.

Was die Art und Weise betrifft, wie jemand wieder aus der Gewalt der Elfen zu befreien ist, so sind die Überlieferungen darüber verschieden. Der gemeinen Meinung nach muß es binnen Jahr und Tag geschehen und diese Tat kann nur am Heiligen Abend bei dem jährlichen, feierlichen Zuge der Elfen vollbracht werden. Wer von den Leckerbissen, die ihm vorgesetzt werden, das geringste genießt, verwirkt dadurch die Gesellschaft der Menschen und ist an die Elfen gebunden. Man glaubt, wer einmal in ihre Gewalt gefallen sei, dem werde es erst nach sieben Jahren erlaubt, zu den Wohnungen der Menschen zurückzukehren. Nach abermals verflossenen sieben Jahren verschwindet er wieder, und wird dann selten noch einmal unter den Sterblichen erblickt. Die Berichte, welche sie von ihrer Lage geben, sind verschieden. Nach einigen führen sie ein Leben ohne Rast und Ruhe und schweifen im Mondschein umher, nach andern bewohnen sie eine entzückende Gegend; aber schrecklich ist ihre Lage dadurch, daß einer oder mehrere jedes siebente Jahr dem Teufel geopfert werden.

Die Frau eines Pächters in Lothian war in die Gewalt der Elfen geraten und während des Probejahrs erschien sie mehrmals den Sonntag in der Mitte ihrer Kinder und kämmte ihre Haare. Bei dieser Gelegenheit ward sie von ihrem Ehemann angeredet, sie erzählte ihm das traurige Ereignis, welches sie getrennt hatte und gab ihm die Mittel an, wie er sie wieder gewinnen könnte; sie ermahnte ihn dabei all seinen Mut zusammen zu nehmen, indem ihr zeitliches und ewiges Wohl von dem Erfolge seines Unternehmens abhinge. Der Pächter, der seine Frau herzlich liebte, ging am Heiligen Abend hinaus und wartete mitten auf einem Heideplatz ungeduldig auf den Zug der Elfen. Als die Zügel schallten und wilde übernatürliche Laute der Reiter, verließ ihn der Mut und der geisterhafte Zug ging, ohne daß er ihn zu stören wagte, an ihm vorüber. Als der letzte vorbeigeritten war, verschwand der ganze Haufe unter Gelächter und Freudengeschrei, zwischen welchem er deutlich die Stimme seines Weibes erkannte, jammernd, daß er sie nun auf immer verloren habe. –

Eine Frau war in die Wohnungen der friedlichen Leute entführt und dort von jemand erkannt worden, der sonst ein sterblicher Mensch gewesen, aber nun den Elfen zugesellt war. Dieser Bekannte, welcher noch etwas menschliches Wohlwollen behalten hatte, warnte sie vor der Gefahr und riet ihr, wenn ihr die Freiheit lieb sei, sich eine bestimmte Zeit lang alles Essens und Trinkens mit den Elfen zu enthalten. Sie befolgte den Rat und als die Zeit herum war, so befand sie sich wieder auf der Erde unter den Menschen. Es wird noch erzählt, daß die Speisen, die ihr dargereicht wurden, und ihr so verführerisch in die Augen leuchteten, bei näherer Untersuchung, nun als der Zauber vorüber war, aus nichts als Erdknollen bestanden hätten. –

Die Elfen hatten ein neugebornes Kind in ihren Shian gebracht und holten hernach auch die Mutter, damit sie wenigstens ihr eigenes Kind säuge. Eines Tags während dieser Zeit bemerkte die Frau, daß die Elfen geschäftig waren, allerlei Zutaten in einen siedenden Kessel zu werfen, mit der Mischung, so bald sie fertig war, sorgfältig ihre Augen bestrichen, das übrige aber zu zukünftigem Gebrauch aufhoben. Sie wollte nun, als alle abwesend waren, ihre eigenen Augen mit der köstlichen Salbe bestreichen, hatte aber nur Zeit, es mit dem einen zu versuchen, da die Elfen zu schnell zurückkehrten. Doch mit diesem einen Auge war sie von nun an im Stande jedes Ding zu sehen, wie es wirklich in den Shian kam, nicht wie bisher in trügerischem Glanz und Schönheit, sondern in seiner wahren Farbe und Gestalt. Die flimmernden

Zierraten des Gemachs waren nichts weiter mehr, als Mauern einer dunkelen Höhle. Bald darnach, als sie ihrer Pflicht ein Genüge getan hatte, wurde sie nach Haus entlassen, immer aber behielt sie die Gabe, mit ihrem gekräftigten Auge alles, was durch Trug entstellt vor sie kam, in seiner natürlichen Gestalt zu sehen. Eines Tages mitten unter dem Gedränge von Menschen erblickte sie von ungefähr den Elfen, in dessen Besitz sie ihr Kind gelassen hatte, obgleich er jedem andern Auge unsichtbar war. Von mütterlicher Liebe angetrieben, ging sie ohne Rücksicht auf ihn zu und erkundigte sich nach dem Wohlergehen ihres Kindes. Der Elfe, im höchsten Grad erstaunt, von einem sterblichen Menschen erblickt zu werden, fragte, wie es ihr möglich gewesen sei, ihn zu entdecken. Erschreckt von seinen furchtbaren Mienen, bekannte sie, was sie getan hatte. Er spie ihr in das Auge und es erblindete auf immer.*

Capitain George Burton teilte für Richard Bovets Pandämonium, welches 1684 erschien, folgendes mit. »Vor etwa funfzehn Jahren hielt ich mich in Geschäften zu Leith bei Edinburg einige Zeit auf und fand mich mit meinen Bekannten öfters in einem anständigen Haus, wo wir ein Glas Wein tranken. Die Hausfrau erzählte mir eines Tages, in der Stadt lebe ein Elfenknabe, wie sie ihn nannte und als ich ihn zu sehen wünschte, zeigte sie mir ihn bald darnach und sagte: ›schaut, Herr, jener dort ist es, der mit den andern Knaben spielt.‹ Ich ging hin und durch freundliche Worte und ein Stück Geld bewog ich ihn, mit mir ins Haus zu gehen, wo ich ihm in Gegenwart der Leute verschiedene astrologische Fragen vorlegte, die er mit vieler Genauigkeit beantwortete und in allem, was er hernach noch sagte, zeigte er sich weit über sein Alter, da er nur zehn bis elf Jahre zu haben schien. Als er

* Graham, der diese Sage aus Überlieferung mitteilt und welche, wie Walter Scott S. 122. versichert, ebenso in den schottischen Hochländern als in den Niederungen in Umlauf ist, hat nicht gewußt, daß Gervasius von Tilbury sie mit einigen Verschiedenheiten in den otiis imperial. erzählt. Es sind nur Wassergeister, zu denen die Frau kommt und wo sie ihr Auge mit Schlangenfett salbt.

mit den Fingern auf den Tisch trommelte, fragte ich ihn, ob er die Trommel zu schlagen verstehe? ›Ja, Herr, so gut als einer in Schottland, jede Donnerstagnacht schlage ich sie für ein gewisses Volk, welches in jenem Berg (er meinte den großen Berg zwischen Edinburg und Leith) zusammenzukommen pflegt.‹ ›Was für eine Gesellschaft ist das?‹ fragte ich. ›Eine große Gesellschaft von Männern und Frauen, die außer meiner Trommel noch mancherlei Art von Musik haben und Überfluß an Speisen und Wein; manchmal werden wir nach Frankreich oder Holland in einer Nacht geführt und auch wieder zurückgebracht und genießen dort die Vergnügungen des Landes.‹ Ich fragte, wie man in den Berg komme? ›Durch zwei große Tore‹, antwortete er, ›die sich öffnen, andern aber unsichtbar sind, drinnen sind schöne, große Zimmer, so schön eingerichtet, wie irgend wo in Schottland.‹ Ich fragte, wie ich wissen könne, daß das, was er sage, wahr sei? Er antwortete, er wolle mir mein Schicksal voraussagen, ich würde zwei Weiber haben und er sehe die Gestalt der einen auf meinen Schultern sitzen, beide wären schöne Frauen. Bei diesen Worten kam eine Frau aus der Nachbarschaft in die Stube und fragte ihn nach ihrem Schicksal. Er sagte ihr, sie würde zwei Kinder haben vor ihrer Verheiratung, worüber sie so aufgebracht wurde, daß sie nichts weiter hören wollte. Die Hausfrau sagte mir, alle Menschen in Schottland wären nicht im Stand, ihn von seinem Besuch in der Donnerstagnacht zurückzuhalten. Da ich ihm Aussicht auf ein größeres Geldgeschenk machte, versprach er mir nächsten Donnerstag Nachmittag sich in diesem Haus wieder einzufinden. Er kam wirklich und ich hatte mit einigen Freunden verabredet, ihn von seinem nächtlichen Gang abzuhalten. Er saß zwischen uns und beantwortete verschiedene Fragen bis gegen elf Uhr, wo er unbemerkt sich entfernte, doch ihn sogleich vermissend sprang ich zu der Türe, hielt ihn fest und brachte ihn wieder zurück. Wir bewachten ihn alle, aber plötzlich war er wieder draußen vor der Türe. Ich folgte ihm nach, auf der Straße machte er ein Geräusch, als wenn er wäre ergriffen worden und von der Zeit an sah ich ihn nicht mehr.«

Die Elfen sollen in ihrer Verbindung mit Menschen manchmal sündlichen Neigungen und Begierden unterliegen, wovon die Folgen nicht ausbleiben. Vor langer Zeit lebte in der Nachbarschaft von Cairngorm in Strathspey eine Wehmutter. Eines Abends spät, als sie eben im Begriff war zu Bett zu gehen, klopfte jemand heftig an ihre Türe. Sie öffnete und fand einen Mann zu Pferd, der sie bat unverzüglich mit ihm zu reiten, weil das Leben einer Frau in Gefahr sei. Er gestattete ihr nicht einmal, sich besser anzukleiden, sondern sie mußte so wie sie war auf seinem Schimmel hinten aufsitzen. Sie flogen davon und er gab ihr auf ihre Fragen keine andere Antwort, als daß sie für ihre Mühe reichlich sollte belohnt werden. Als sie ängstlicher wurde, sagte der Elfe: »liebe Frau, ich führe Euch in ein Elfenhaus, wo Ihr einer Elfin beistehen sollt, aber ich versichere Euch, bei allem was heilig ist, Euch soll kein Leid widerfahren, sondern sobald euer Geschäft beendigt ist, sollt Ihr wohlbehalten wieder nach Hause gebracht werden und eine Belohnung erhalten, wie Ihr sie nur wünschen mögt.« Der Elfe war ein hübscher, junger Bursche, dessen Offenherzigkeit und freundliches Wesen ihr die Furcht benahm. Sie entband die Elfin von einem schönen Knaben, worüber alles in Freude war; sie verlangte und erhielt zur Belohnung, daß sie und ihre Nachkommen immer glücklich in diesem Beruf sein sollten.

5. Kunstfertigkeit. Die Elfen besitzen große Kräfte und wissen sie klug anzuwenden. Sie sind die geschicktesten Handarbeiter von der Welt und jeder Elfe vereinigt in seiner Person die verschiedenartigsten Fertigkeiten; er ist sein eigener Weber, Schneider und Schuhmacher.

Ein Weber ward einmal Mitternachts durch ein starkes Geräusch aus seinem Schlaf aufgeweckt. Als er aus dem Bett sah, erblickte er seine Stube voll arbeitender Elfen, welche sich seines Werkzeugs ohne Umstände bedienten. Sie waren beschäftigt einen großen Sack der feinsten Wolle in Tuch zu verwandeln. Der eine kämmte, der andere spann, der dritte webte, der vierte preßte und das Geräusch, bei diesen verschiedenen Beschäftigungen, so wie die Ausrufungen der Elfen, verursachten den gewaltigsten Lärm. Indessen, eh es Tag wurde, hatten sie ein Stück Tuch von mehr als funfzig Ellen zu Stand gebracht und gingen davon, ohne dem Weber für den Gebrauch seines Geräts nur zu danken.

Ein Elfe nähte einem Bergschäfer ein paar Schuhe in der Zeit, wo dieser eine Mehlsuppe anrührte, und ein anderer rasierte einen Bekannten mit einem Messer nicht schärfer als eine flache Hand.

Als Baumeister haben sie nicht ihres gleichen; das beweisen schon ihre eigenen Wohnungen, denn diese sind so dauerhaft, daß sie einige tausend Jahr Wetter und Wind ausgehalten und an nichts gelitten haben, als etwa an Verstopfung des Rauchfangs.

Wunderwürdig sind die Bauten, die sie unter der Leitung des berühmten Baumeisters Michael Scott ausgeführt haben. Dieser pflegte in seiner früheren Zeit jährlich einmal nach Edinburg zu reisen und sich dort nach Arbeit umzusehen. Einstmals befand er sich mit zwei Gefährten auf dem Weg dahin, sie mußten über einen hohen Berg, wahrscheinlich einen von den Grampians und ermüdet von dem Steigen ruhten sie oben aus. Bald aber wurden sie durch das Zischen einer großen Schlange erschreckt, die auf sie zu schoß. Michaels beide Gefährten ergriffen die Flucht, doch er beschloß mutig standzuhalten und als sie ihm eben den tödlichen Biß versetzen wollte, hieb er mit einem Streich seines Stocks das Ungeheuer in drei Stücke. Nachdem er seine erschrockenen Gesellen eingeholt hatte, setzten sie ihren Weg fort und kehrten bei anbrechender Nacht in das nächste Wirtshaus. Hier unterhielten sie sich über Michaels Abenteuer mit der Schlange, welches zufällig die Wirtin mit anhörte. Ihre Aufmerksamkeit schien erregt und als sie vernahm, daß die

Schlange weiß gewesen sei, bot sie demjenigen, der ihr das Mittelstück holen wollte, eine ansehnliche Belohnung. Da die Entfernung nicht groß war, so machte sich einer von den dreien auf, er fand noch das mittlere und das Schwanzstück, das Stück mit dem Kopf war fort und hatte sich wahrscheinlich in das benachbarte Wasser geflüchtet, um nach Art der Schlangen, die mit Menschen gekämpft haben, sich wieder zu einem Ganzen herzustellen. (Merkwürdig genug, daß ein Mensch, der einen Biß von einer Schlange erhalten hat, unfehlbar geheilt wird, wenn er das Wasser vor der Schlange erreicht.) Als die Wirtin das Stück Schlange, welches beständig voll Leben zuckte, empfing, schrie sie – schien im höchsten Grade darüber erfreut und setzte ihren Gästen das beste vor, das ihr Haus vermochte. Michael, neugierig was die Frau mit der Schlange anfangen wolle, erlitt plötzlich einen heftigen Anfall von Leibschmerzen, die nur dadurch gelindert wurden, daß er sich nah ans Feuer setzte, dessen Wärme ihm äußerst wohltätig schien. Die Wirtin merkte von der Verstellung nicht das geringste und da sie dachte, daß jemand, der an solchen Schmerzen leide, nicht leicht Neugierde empfinden und ihre Töpfe untersuchen würde, so erlaubte sie ihm gerne, die ganze Nacht neben dem Feuer zuzubringen. So bald die andern alle zu Bett waren, machte sie sich an ihr wichtiges Geschäft und Michael hatte Gelegenheit, durch das Schlüsselloch alles genau zu beobachten. Er sah wie sie unter Gebräuchen und Feierlichkeiten die Schlange mit geheimen Zutaten in einen Topf tat, welcher hierauf zu dem Feuer gebracht wurde, wo Michael lag, und bis zum Morgen kochen sollte. Ein oder zweimal in der Nacht kam die Frau unter dem Vorwand nach dem Kranken zu sehen und ihm eine Herzstärkung zu bringen; sie tauchte dann ihre Finger in die Pfanne mit Brühe, worauf der Hahn auf der Stange laut krähte. Michael verwunderte sich über diesen Einfluß der Brühe auf den Hahn und konnte der Versuchung, ihrem Beispiel zu folgen nicht widerstehen. Zwar kam ihm die Sache etwas verdächtig vor und er fürchtete, der Böse möchte mit im Spiel sein, doch zuletzt war seine Begierde mächtiger, als alle Vernunftgründe. Er tauchte mit dem Finger in die Brühe und berührte damit die Spitze seiner Zunge und sogleich verkündigte der Hahn das Ereignis in einem traurigen Ton. Michael empfing augenblicklich ein neues, ihm vorher völlig unbekanntes Licht und die erschrockene Wirtin hielt es für klug, ihn ganz in ihre Geheimnisse einzuweihen. Mit diesen übernatürlichen Kenntnissen ausgerüstet verließ Michael am andern Morgen das Haus. Er brachte bald einige tausend von des Teufels besten Arbeitsleuten in seine Gewalt, die er so geschickt in seinem Fach zu machen wußte, daß er die Bauten des ganzen Reichs übernehmen konnte. Von ihm rühren noch einige wunderbare Werke in dem Norden der Grampians, einige jener erstaunungswürdigen Brücken, die er in einer Nacht baute, während nur zwei oder drei Arbeiter dabei sichtbar waren. Einmal war ein Werk eben fertig geworden und seine Dienstleute drängten sich nach ihrer Gewohnheit zu seinem Haus und schrien: Arbeit! Arbeit! Arbeit! Verdrießlich über dieses unaufhörliche Quälen, rief er ihnen spottend zu, sie sollten einen Landweg bauen von Fortrose nach Arderseir über die Meerenge von Moray. Alsbald hörte das Geschrei auf und Scott, der es für unmöglich hielt die Aufgabe zu lösen, lachte sie aus und blieb zurück. Den andern Morgen bei anbrechendem Tag ging er hinaus ans Ufer, aber wie groß war sein Erstaunen, als er sah, daß das unerhörte Werk so weit bereits gediehen war, daß nur noch wenig Stunden zu seiner Vollendung nötig waren. In der Ungewißheit aber, wie viel Nachteil daraus für den Handel erwachsen würde, gab er Befehl, den größten Teil des Werks wieder zu zerstören und ließ nur zum Wahrzeichen und Andenken ein Stück zu Fortrose stehen, das der Reisende noch heutzutag erblickt. Die Elfen, abermals ohne Arbeit, kamen aufs neue mit ihrem Geschrei und Michael wußte mit allem Scharfsinn keine unschädliche Beschäftigung für sie aufzufinden, bis er endlich befahl: »geht und windet mir Seile, welche mich auf den Mond bringen und macht sie aus Mühlenschlamm und Meersand.« Das verschaffte ihm Ruhe und wenn es an anderer Arbeit fehlte, so schickte er sie ans Seil drehen. Zwar glückte es ihnen nicht, eigentliche Seile zu Stand zu bringen, allein man sieht doch bis auf diesen Tag an dem Meer noch Spuren ihrer Arbeit. – Als Michael Scott einmal mit jemand in Streit geriet, der ihn beleidigt hatte, so schickte er ihn zur Strafe an jenen unseligen Ort, wo der Böse mit den seinigen haust. Der Teufel aber, ärgerlich daß Michael sich dergleichen Dinge herausnahm, zeigte dem Ankömmling die ganze Hölle, endlich auch zu seinem Trost das Lager, das er dem Michael bereitet hatte; es war mit allen erdenklichen Arten abscheulicher Bestien angefüllt, mit Kröten, Eidechsen, Blutigeln und eine gräuliche Schlange sperrte den Rachen auf. Zufrieden mit diesem Anblick kehrte der Fremde zur Oberwelt zurück, er erzählte, was er gesehen hatte und verhehlte auch niemand, was den Michael Scott dort unten erwarte, sobald er in die andere Welt werde hinübergegangen sein. Doch Michael verlor die Fassung nicht und erklärte, daß er den Teufel in seiner Erwartung betrügen wolle. »Wenn ich tot bin«, sagte er, »so öffnet meine Brust und nehmt mein Herz heraus. Steckt es an einem öffentlichen Platz, wo es jedermann sehen kann, auf eine hohe Stange. Soll der Teufel meine Seele haben, so wird er in Gestalt eines schwarzen Raben kommen und sie wegholen, soll sie aber gerettet werden, so wird sie eine weiße Taube holen; das soll Euch ein Wahrzeichen sein.« Sie taten bei seinem Tode, wie er verlangt hatte; ein großer, schwarzer Rabe kam von Osten mit großer Schnelligkeit, während mit gleicher Eile von Westen eine weiße Taube sich näherte. Der Rabe stieß wütend nach dem Herzen, fehlte und fuhr vorbei, die Taube aber, die zu gleicher Zeit anlangte, trug es unter dem Freudengeschrei der Zuschauer fort.

6. Gute Nachbarn. Man bemüht sich mit den Elfen, die so

große Macht haben und dabei so launenhaft sind, in gutem Vernehmen zu stehen. Obgleich schon alles Flüssige, was auf den Boden geschüttet wird, ihnen zukommt, so bestimmen manche ihnen absichtlich einen Teil von dem besten, was sie haben. Manchmal befinden sich die unterirdischen Wohnungen der Elfen in der Nähe der Menschen oder wie das Volk spricht: »unter der Türschwelle« und dann entsteht wohl ein Verkehr mit den Menschen durch Borgen und Leihen und andere freundliche Dienste. In dieser Eigenschaft werden sie gute Nachbarn genannt*; sie sorgen dann insgeheim für die Bedürfnisse ihrer Freunde und stehen ihnen in allen Unternehmungen bei, so lange ihre Gunstbezeugungen heimlich gehalten werden.

Ein Pächter in Strathspey war beschäftigt seine Ländereien zu besäen und sang dazu ein fröhliches Lied, als eine Elfin von großer Schönheit vor ihm erschien. Sie bat ihn, ihr zu Gefallen, ein altes gälisches Lied zu singen, als er das getan hatte, verlangte sie auch ein Geschenk an Korn. Er fragte, was sie ihm dafür geben wollte? Sie antwortete, wenn er ihren Wunsch erfülle, sollte es ihm an Saat so bald nicht fehlen. Er gab ihr ein hübsches Teil aus seinem Sack und sie entfernte sich. Bald ward er angenehm überrascht, als er bemerkte, daß der Sack, nachdem er einen großen Acker reichlich daraus besät hatte, nicht abnahm und an Größe und Gewicht noch ebenso war, als da er der Elfin begegnete. Er besäte noch einen andern Acker, ohne die geringste Verminderung zu spüren. Vergnügt ging er heim, aber sein geschwätziges Weib, das eine Zunge hatte und einen leeren Kopf, wie die Glocke im Kirchturm, hörte nicht auf, ihre Verwunderung über diese unerklärliche Natur des Sacks an den Tag zu legen, woraus die Hälfte ihrer Ländereien war besät worden. Nun ist bekannt, daß wenn man eine übernatürliche Macht anruft, der Zauber alsbald gebrochen wird. So geschah es auch hier, der

* Ähnlicher Rücksicht bedient sich das Volk sogar bei dem Teufel und nennt ihn »den guten Mann«.

Sack ward augenblicklich leer. »Du dummes Weib!« rief der geschlagene Mann, »hättest du deine verwünschte Zunge im Zaum gehalten, was der Sack wog, hätte Goldes Wert gehabt!«

Gottfried Macculloch ritt aus, als nahe bei seinem Hause ein kleiner alter Mann in grün gekleidet auf einem weißen Klepper sich zu ihm gesellte. Sie grüßten sich und der Kleine gab ihm zu verstehen, daß er unter seinem Haus wohne und sehr über die Richtung eines Kanals zu klagen habe, der sich gerade in sein bestes Zimmer ausleere. Macculloch stutzte über diese seltsame Bitte, doch da er die Natur des Wesens erriet, mit dem er es zu tun hatte, so versicherte er den alten Mann aufs freundlichste, daß der Kanal eine andere Richtung erhalten sollte und traf auch sogleich die nötigen Anstalten. Einige Jahre hernach (1697.) hatte Macculloch das Unglück einen benachbarten Edelmann im Streit zu töten; er wurde ergriffen und gerichtet. Das Blutgerüst, auf welchem ihm das Haupt sollte abgeschlagen werden, war schon auf Castlehill bei Edinburg aufgebaut, aber kaum hatte er es erreicht, als jener kleine, alte Mann auf seinem weißen Pferdchen wie ein Blitz durch das Gewühl der Menschen daher drang. Macculloch sprang auf sein Geheiß hinten auf, »der gute Nachbar« spornte sein Pferd den steilen Abhang hinunter und weder er noch der Verbrecher wurden je wieder gesehen.

7. Boshafte Streiche. Durch Notwendigkeit werden die Elfen nicht angetrieben die Menschen heimlich und mit List zu berauben, ein inneres Gelüsten scheint sie anzureizen. Der Wirbelwind ist nicht das einzige Kunststück, dessen sie sich bedienen, etwas zu stehlen, sie nehmen ihre Zuflucht zu andern, viel verderblichern und stiften Unglück, wie Feuersbrünste an, um daraus Vorteil zu ziehen.

Ein Elfenweib, das in den Türmen von Craig-ail-naic wohnte, bat eine Pächtersfrau in Delnabo um etwas Hafermehl zur Nahrung für ihre Familie mit dem Versprechen, es ihr in kurzem zurückzugeben, da sie selbst bald reichlich damit würde versehen sein. Die Frau aus Furcht erfüllte das Verlangen der Elfin, bewirtete sie der Sitte gemäß mit einem Schlückchen, Brot und Käse und gab ihr noch das Geleit. Als sie eine Anhöhe vor der Stadt hinaufstiegen, machte »die Banshi« Halt und mit sichtbarer Freude sagt sie der Frau, sie möge ihr Mehl wieder mit heim nehmen, sie wäre nun, wie sie erwartet hätte, versehen. Die Frau, ohne die Elfin zu fragen, woher sie denn Mehl erhalten habe, nimmt vergnügt das ihrige und geht zurück. Wie erstaunt sie aber, als sie wenig Minuten darnach den Kornboden einer benachbarten Meierei in vollen Flammen erblickt!

Ein Pächter, welcher die Meierei von Auchriachan, von Strathavon, inne hatte, suchte eines Tags seine Ziegen auf einem entfernten Berg in Glenlivat, als ein dicker Nebel ihm den Weg entzog und seine Sinne verwirrte. Jeder Stein war in seinen Augen groß als ein Berg, jeder kleine Bach schien in entgegengesetzter Richtung zu laufen und der arme Wandrer gab die Hoffnung auf, je wieder heim zu seinem Feuerherd zu gelangen. Beim Anbruch der Nacht setzte er sich nieder, ganz erstarrt und sein Ende erwartend, als er ein Lichtchen schimmern sah. Seine Glieder bekamen bei dem Anblick neue Kräfte, er raffte sich auf und eilte dem Licht zu. Dabei angelangt sah er, daß es ein wilder Ort war, den ein menschlicher Fuß schwerlich schon betreten hatte, doch faßte er sich Herz und trat zu der offenen Türe ein. Wie sank sein Mut, als er auf eine alte Bekannte stieß, deren Leiche er vor kurzem zu Grab geleitet hatte und welche hier, wie es schien, den Dienst einer Haushälterin versah. Sie sprang sogleich auf ihn zu und sagte ihm, daß es um ihn geschehen wäre, wenn er nicht in eine Ecke schlüpfe, wo er ausharren müsse, bis sich eine Gelegenheit finde zu entfliehen. Er befolgte ihren Rat, kaum war er dort versteckt, als eine unermeßliche Menge Elfen hereintrat, die von einer wichtigen Unternehmung zurückkamen, sehr hungrig waren und nach Speise schrien. »Was haben wir zu essen?« fragten sie. Da sagte ein alter, klug aussehender Elfe, der beim Feuer saß: »Ihr alle kennt und verabscheut den alten elenden Burschen zu Auchriachan, lumpig und geizig wie er ist, läßt er uns nichts zufließen und entzieht uns sogar, was uns gebührt. Von seiner alten Großmutter, der Hexe, hat er gelernt alles einzusegnen und in Schutz zu stellen und wir können nicht einmal Nachlese auf seinen Feldern halten, geschweige zu der Frucht selbst gelangen. Diese Nacht ist er nicht zu Haus, weil er seine Ziegen sucht, eure gute Bekannte«; (denn die Ziegen sollen in gutem Vernehmen mit den Elfen stehen und mehr wissen, als man dem Anschein nach glauben sollte) »seine nachlässigen Hausleute haben an die Sicherheitsmittel nicht gedacht, und wir können jetzt über all sein Eigentum schalten und walten; kommt, laßt uns sein Lieblingsrind zu unserm Abendessen holen!« »Wohlan«, riefen alle einstimmig, »Thomas Rymer hat Recht, der Pächter von Auchriachan ist ein erbärmlicher Wicht, wir holen sein Rind!« »Aber wo nehmen wir Brot her?« sagte ein anderer grauhaariger Elfe. »Wir nehmen auch sein frisch gebackenes Brot«, sagte der kluge Ratgeber, »er ist ein elender alter Bursche und sein Weib hat vergessen das Kreuz über den ersten Laib zu machen.« Das alles hörte der arme Mann in der Ecke und hatte noch den Verdruß mit anzusehen, wie sein Rind hereingeführt und geschlachtet wurde. Während alle sich mit Zubereitung des Fleisches beschäftigten, hatte die Alte Gelegenheit, ihn zu befreien. Als er herauskam, war der Nebel verschwunden, die Steine hatten ihre gewöhnliche Größe und der Mond schien so silberhell, daß er ohne Schwierigkeit den Weg nach Haus fand. Seine Familie empfing ihn mit großer Freude und die Frau, die glaubte, er würde hungrig sein, brachte Milch und frisch gebackenes Brot und lud ihn ein, es sich schmecken zu lassen, doch er ließ es stehen, denn er wußte, daß das Brot kein wahres Brot war, nur ein abscheulicher Trug. Er fragte nach seinem Rind und ob man es wie gewöhnlich vor böser Gewalt gesichert habe? »Ach nein, mein Vater, aus großer Sorge über Euch habe ich es vergessen.« »Ach!« rief der arme Mann, »mein liebstes Rind ist verloren!« »Wie?« sagte der Sohn, »ich sah es noch vor zwei Stunden.« »Das war nichts als ein trügerischer Balg von den Elfen, bring es schnell her, damit ich es wegschaffe.« Und unter den heftigsten Ausdrücken gegen die boshaften Betrüger führte er einen so kräftigen Streich auf des Rindes Stirne, daß es zu Boden fiel. Es lag zusamt dem Brot und weder Hund noch Katze mochten es anrühren.

8. Wechselbälge. Zu den bösen Gelüsten der Elfen gehört auch die Neigung Kinder zu stehlen, wobei sie eine besondere Geschicklichkeit bezeigen. Oft haben sie einer unerfahrenen Mutter ihr liebes Kind am hellen Tag weggenommen und einen Wechselbalg an seine Stelle gelegt, dessen lügenhafte Krankheit und Tod die Last der armen Eltern noch schwerer machte. Aber auch dem Vater, der sein Kind mit aufs Pferd genommen hatte, haben sie es vom Arm weg gestohlen.

Zwei Männer von Strathspey pflegten eine Familie in Glenlivat wegen eines Nachts am sichersten zu treibenden Verkehrs mit gebranntem Wasser zu besuchen. Einmal als sie eben mit Zumessen in dem Hause dort beschäftigt waren, stieß das kleine Kind, das in der Wiege lag, einen heftigen Schrei aus, als wenn es ein Schuß getroffen hätte. Die Hausfrau schlug sogleich das Kreuz über das Kind und hob es aus der Wiege, die beiden Männer hatten aber nicht weiter Acht darauf und als ihr Geschäft zu Ende war, machten sie sich mit ihrer Ladung auf den Weg. In geringer Entfernung von dem Haus waren sie nicht wenig verwundert, ein kleines Kind ganz allein auf der Landstraße zu finden. Einer von ihnen nahm es auf den Arm, alsbald hörte es auf zu schreien und schlang mit großer Zärtlichkeit seine Ärmchen ihm um den Hals und lachte. Als sie es genauer betrachteten, erkannten sie das Kind ihres Freundes und hatten gleich Verdacht auf die Elfen, zumal sie sich des ausgestoßenen Schreis erinnerten. Sie hatten das rechte Kind entwendet und einen Wechselbalg an seine Stelle gelegt, aber als die Mutter ein Kreuz schlug, wurde jenes von der Gewalt der Elfen befreit, welche es alsbald verlassen mußten. Da beider Männer Zeit beschränkt war und sie nicht sogleich wieder umkehren konnten, um die geheimnisvolle Begebenheit aufzuklären, so setzten sie ihre Reise fort, sorgten aber bestens für den kleinen Findling. Vierzehn Tage nachher führten Geschäfte sie wieder nach Glenlivat, sie nahmen das Kind mit, verbargen es aber bei ihrer Ankunft. Die Hausfrau fing sogleich an über die hartnäckige Kränklichkeit ihres Kindes zu klagen, womit es seit ihres vorigen Besuches behaftet sei und die seinen Tod gewiß zur Folge haben würde. Während dieser Klagen stieß der Wechselbalg das erbärmlichste Geschrei aus, als hätten seine Schmerzen den höchsten Grad erreicht. Die Fremden hießen die Mutter gutes Mutes sein und sagten, sie solle das rechte Kind wieder haben frisch und gesund wie der Fisch im Wasser, das andere sei nichts als ein Wechselbalg. Die Mutter nahm ihr rechtes Kind mit Freuden in Empfang und die Fremden ließen ein Bund Stroh anzünden, um den Wechselbalg hinein zu werfen, welcher aber bei diesem Anblick durch den Rauchfang forteilte.

Will eine Mutter ihr Kind vor den Elfen sichern, so ist es gut, den Kopf desselben herunter hangen zu lassen, wenn sie es Morgens ankleidet. Ein roter Faden um den Hals geknüpft oder ein Kreuz schützt gleichfalls. Ist das Kind wirklich schon mit einem Wechselbalg vertauscht, so kann sie es auf folgende Art wiedererhalten. Der Wechselbalg wird da, wo drei Länder oder drei Flüsse zusammenstoßen, hingelegt und zwar ehe die Nacht einbricht, in der Nacht bringen dann die Elfen das gestohlene rechte Kind, legen es hin und nehmen das falsche mit fort.

An der Ostküste von Schottland hat man einen besondern Gebrauch, die Gefahr abzuwenden. Im März bei zunehmendem Mond werden Zweige von Eichen und Epheu abgeschnitten und davon Kränze geflochten, die man bis zum nächsten Herbst aufbewahrt. Wenn hernach jemand abmagert oder ein Kind zusammenfällt, so läßt man es dreimal durch diesen Kranz gehen.

Aber die Elfen streben auch nach Frauen, die der Geburt eines Kindes entgegensehen und ebenso wie bei dem Diebstahl der Kinder, schieben sie ein falsches und lügenhaftes Wesen unter.

Zu Glenbrown im Kirchspiel Abernethy lebte Johann Roy, ein mutiger Mann. Eines Abends ging er über die Berge und geriet in einen Haufen Elfen, deren Art zu reisen schon anzeigte, daß sie jemand mit sich führten. Er erinnerte sich daran, daß ihm gesagt war, die Elfen müßten für eine, wenn auch geringere, zum Tausch dargebotene Gegengabe das, was sie hätten, loslassen. Johann Roy nahm seine Mütze ab, warf sie unter sie und rief: »Das meine ist euer, das eurige mein!« worauf die Elfen genötigt waren, die Mütze zu nehmen und ihren Raub aufzugeben, welcher in nichts anderm bestand, als einer schönen Frau, ihrer Tracht und Sprache nach von sächsischer Abkunft. Mit vieler Freundlichkeit führte sie Johann Roy in sein Haus, wo sie sieben Jahre lang mit der größten Aufmerksamkeit behandelt wurde. Sie gewöhnte sich nach und nach an ihren neuen Zustand und ward als ein Teil der Familie behandelt. Es ereignete sich, daß »der neue König« die große Landstraße in dieser Gegend durch Soldaten anlegen ließ. Johann Roy vergaß seinen Widerwillen gegen »einen Sachsen« und bot einem Hauptmann und seinem Sohn, welche eine Abteilung in der Nähe arbeitender Leute befehligten, bei sich ein Unterkommen an, das sonst schwer wäre zu finden gewesen. Beide, Gäste und Wirt, waren bald sehr miteinander zufrieden; nur war diesem unangenehm, daß jene seinen englischen Findling immer so aufmerksam betrachteten. Einmal sagte der Vater zu seinem Sohn: »Mir fällt die Ähnlichkeit dieser Frau mit meiner verstorbenen Gattin auf, zwei Schwestern können einander nicht mehr gleichen und wäre es nicht ganz unmöglich, so würde ich sagen, dies sei meine liebe, verstorbene Frau!« und nannte ihren Namen. Die Frau, aufmerksam auf ihr Gespräch, als sie ihren wahren Namen nennen hört, erkennt Gatten und Sohn, und fällt ihnen um den Hals. Die Elfen, die den Shian von Coirlaggack bewohnen, hatten eine Fahrt in das südliche England unternommen und sich kein Gewissen daraus gemacht, die Frau bei ihrer Entbindung zu stehlen. Eine falsche Gestalt ward an ihre Stelle gelegt, welche wenige Tage darnach starb und die der Mann, in der vollen Überzeugung, daß es die wahre Frau sei, begraben ließ.

9. Elfenkeil, Waffen und Geräte. Die schändlichste Handlung der Elfen besteht aber darin, daß sie Menschen und Tiere mit einem Zaubergeschoß töten, gewöhnlich Elfenkeil (Elfbolt) genannt. Diese Keile sind verschiedener Größe, hart und gelblich, dem Feuerstein einigermaßen ähnlich, den sie allenfalls ersetzen könnten. Der Keil hat häufig die Form eines Herzens, dessen Ränder scharf gezahnt sind, gleich einer Säge. Diese tödliche Waffe werfen die Elfen nach Menschen und Tieren mit solcher Sicherheit, daß sie selten ihr Ziel verfehlen und wen sie einmal damit berühren, der ist verloren. So groß ist die Gewalt, womit er trifft, daß, so wie er seinen Gegenstand berührt, er auch augenblicklich ihm das Herz durchbohrt und eh man ein Auge zutut, liegt schon der Mensch oder das Tier tot und kalt auf der Erde. Und seltsam genug, ein gewöhnlicher Mensch ist nicht im Stand, die Wunde zu finden, wo er nicht die Kraft besitzt, die einige weise Leute fähig macht, dem Weg, den der Keil genommen hat, nachzuspüren und ihn in dem toten Körper zu entdecken. Hat man ihn gefunden, so muß man ihn sorgfältig bewahren, denn wer ihn besitzt, ist gegen einen solchen Tod gesichert.

Die rohen Streit-Äxte von Metall, welche man findet, haben Elfen verfertigt, die man in den Abgründen und Felsenhöhlen hämmern hört. Die durchbohrten und abgerundeten Steine, die sich durch Reibung in den Flußbetten bilden, sind Becher und Schüsseln der Elfen.

Manchmal schneidet der Wetterstrahl mit besonderer Regelmäßigkeit Stücke Rasen aus dem Boden, diese, glaubt man, hätten die Elfen herausgehoben.

10. Der Elfstier. In den schönen Herbsttagen, wenn die Felder abgeerntet sind und eine Anzahl Vieh aus verschiedenen Meiereien zusammengebracht wird, so rennen die Tiere oft wie toll herum und brüllen, obgleich keine Veranlassung dieser Unordnung zu sehen ist. Blickt man aber durch ein Elfenastloch, oder durch die Öffnung, die ein Elfenkeil durch die Haut eines von dem Elfenschuß getroffenen Tiers gemacht hat, so kann man den Elfstier sehen, der sich mit dem stärksten Stier in der Herde stößt; doch man sieht hernach mit dem Auge nie wieder und mancher hat auf diese Art sein Gesicht verloren. Der Elfstier ist klein in Vergleich mit dem natürlichen, mausefarbig, hat gestutzte Ohren, kurze korkartige Hörner, kurze Beine, aber einen langen, geschwungenen Leib gleich einem wilden Tier; sein Haar ist kurz, glatt und glänzend, wie bei einer Otter. Dabei ist er übernatürlich mutig und stark. Er zeigt sich zumeist an den Ufern der Flüsse und frißt gern in der Nacht grünes Korn.

Ein Pächter, der bei einem Fluß wohnte, hatte eine Kuh, die niemals einen natürlichen Stier zuließ, aber jedes Jahr an einem bestimmten Tag im Mai regelmäßig von der Weide sich entfernte und langsam an den Ufern des Flusses wandelte, bis sie einer kleinen mit Gebüsch bewachsenen Insel gegenüber war, dann ging sie in den Fluß, watete oder schwamm zu der Insel, blieb dort eine Zeit lang und kam dann wieder auf die Weide zurück. Dies dauerte mehrere Jahre und jedesmal zu der gewöhnlichen Zeit warf sie ein Kalb, welches vollkommen dem Elfstier glich. Um Martini, an einem Vormittag, als das Korn unter Dach und abgemessen war, saß der Pächter beim Feuer und es war die Rede von dem, was zu Weihnachten sollte geschlachtet werden. Er sagte: »Die Kuh soll daran, sie ist wohlgenährt und hat im Pflug gute Dienste geleistet, die Ställe mit schönen Stieren angefüllt, wir wollen ihre alten Knochen jetzt abnagen.« Kaum hatte er diese Worte gesprochen, so drang die Kuh mit ihren Jungen durch die Wände, als wenn sie aus braunem Papier beständen, ging um den Misthaufen herum, brüllte ein jedes ihrer Kälber an, und dann trabte sie hinaus, die Jungen hinter ihr drein, in einer Reihe nach ihrem Alter, dem Ufer zu, wo sie ins Wasser gingen, die Insel erreichten und in dem Gebüsch verschwanden. Man hörte noch sah je etwas von ihnen.

11. Meer-Elfen. An der Nordküste von Schottland lebte ein Mann, der sich mit dem Fischfang abgab und vorzugsweise jene seltsamen Geschöpfe fing, die man Seehunde nennt, deren Häute ihm gut bezahlt wurden. Aber die meisten sind nicht Hund oder Fisch, sondern ganz eigentlich Elfen. Eines Tages, als der Fischer von seinem Gewerbe heimkam, wurde er von einem Manne angerufen, der ihm fremd vorkam und sagte, er sei von jemand abgeschickt, der mit ihm einen Handel über eine Anzahl Seehundsfelle schließen wolle, daß er ihn aber sogleich zu dieser Person begleiten müsse. Der Fischer, erfreut über die Aussicht auf einen guten Handel, willigt ein und beide besteigen zwei dem Fremden zugehörige Pferde und reiten so geschwind, daß der Wind, der ihnen vom Rücken her kommt, wegen der Schnelligkeit ihrer Bewegung ins Gesicht zu blasen scheint. Als sie bei einem furchtbaren in die See hinein ragenden Abhang angelangt sind, sagt der Führer, sie wären jetzt an dem Ort ihrer Bestimmung, ergreift den Fischer mit übernatürlicher Kraft und stürzt sich mit ihm gerade ins Meer hinein. Sie sinken und sinken, bis sie endlich auf dem Grund zu einer offenen Türe gelangen, durch welche sie in eine Reihe von Gemächern treten, alle mit Seehunden angefüllt, die aber sprechen und menschliche Empfindung zeigen; zuletzt bemerkt der Fischer zu seinem höchsten Erstaunen, daß er selbst, ohne es zu wissen, in einen Seehund verwandelt worden ist. Sein Führer zog ein ungeheures Messer hervor und er glaubte sein

Ende sei gekommen, aber jener beruhigte ihn und fragte, ob er das Messer nicht mehr gesehen habe? Er erkannte sein eigenes, womit er heute einen Seehund getroffen hatte, welcher ihm entwischt war. »Dies war mein Vater«, sagte der Führer, »er liegt gefährlich darnieder und kann ohne deine Hilfe nicht genesen.« Er führte den vor Angst zitternden Fischer zu dem Kranken, der in großen Schmerzen auf dem Bette lag; der Fischer mußte ihm mit eigener Hand die Wunde verbinden, worauf er unmittelbar hergestellt wurde und von seinem Lager aufstand. Die Trauer verwandelte sich in allgemeine Lust und Freude. Der Führer sagte zu dem Fischer: »Ich will dich selbst zu den deinigen zurückbringen, nur mußt du geloben, dein Lebtag keinen Seehund mehr zu töten.« Beide schwammen wieder aufwärts, bis sie die Oberfläche des Meers erreichten und bei dem Platz landeten, wo die Pferde schon bereit standen. Der Führer hauchte den Fischer an, und sie erhielten beide die menschliche Gestalt. Bei seiner Haustüre empfing der Fischer ein so großes Geschenk, daß er es nicht zu bedauern brauchte, seinem Handwerk entsagt zu haben.

12. Der Brownie. Er spricht niemals von seiner Abkunft, doch scheint er, im Ganzen betrachtet, zu den Elfen zu gehören. Er ist von Gestalt nicht so schlank, aber wohlgewachsen und artig, dagegen ihn andere als mager und zottig schildern. Den Namen hat er von seiner besonders braunen Farbe. Er ist arbeitsam, auf den Vorteil seines Herrn bedacht und immer zur Hand, nach einigen Tag und Nacht, nach andern liegt er bei Tag in seinem Winkel versteckt und arbeitet bei Nacht. Alles tut er für magere Kost und zuweilen ein abgelegtes Kleidungsstück; ja er pflegt bei jeder anderen Belohnung zu verschwinden. Ein so wohlfeiler und nützlicher Diener ist also sehr schätzenswert, aber durch Geld nicht zu erkaufen. Er bleibt bei einer Familie, so lange noch ein Glied von ihr lebt und ist daher das Erbstück eines alten und geehrten Stammes. Neben beispielloser Treue wacht er uner-

müdlich für den Vorteil des Herrn und fördert ihn; und seine Dienste werden noch durch die Gabe, die Zukunft voraus zu verkündigen, erhöht. Über die Hausleute hält er genaue Aufsicht und berichtet ihre guten und bösen Handlungen, weshalb er auch selten in gutem Vernehmen mit ihnen steht; wird er ihrer Gunst überlassen, so erhält seine Treue aller Wahrscheinlichkeit nach keine sonderliche Belohnung. Will der Herr aber für seinen Vorteil sorgen, so muß er zusehen, daß der Brownie ordentlich Essen und Trinken erhält. Er streckt sich gerne nächtlich ans Feuer und wenn das Gesinde zu lange bei dem Küchenherd aufbleibt, so fürchtet er um seinen Platz zu kommen und erscheint manchmal an der Türe, als müsse er darauf sehen, daß sie zu rechter Zeit sich niederlegen, und ermahnt sie: »Geht zu Bette und verwahrt das Feuer!«

Eine Familie hatte einen Brownie und als die Hausfrau in Kindesnöten sich befand und der Knecht schnell nach Jedburg reiten und die Wehemutter holen sollte, aber sich nicht sehr beeilte, so schlüpfte der Brownie in den Überrock des Zaudernden, ritt auf dem besten Pferd des Herrn nach der Stadt, und nahm die Frau hinter sich. Während der Zeit war die Tweed, durch welche sie notwendig setzen mußten, angeschwollen; der Brownie, schnell wie ein Geist reitend, ließ sich nicht aufhalten. Er stürzte sich samt der erschrockenen alten Frau ins Wasser und kam glücklich mit ihr zu Haus an, wo man ihren Beistand erwartete. Nachdem er das Pferd in den Stall geführt hatte, wo man es nachher in einem sehr traurigen Zustande fand, ging er in die Kammer des Knechts und da dieser gerade im Begriff war, seine Stiefel anzuziehen, so versetzte er ihm ein paar tüchtige Hiebe mit seiner eigenen Peitsche. Ein so ausgezeichneter Dienst erregte die Dankbarkeit des Hausherrn und da er glaubte verstanden zu haben, daß der Brownie sich einen grünen Rock wünsche, so gab er Befehl einen solchen zu verfertigen und ihn an seinen Aufenthaltsort zu legen. Der Brownie nahm das Geschenk, war aber von dem Augenblick an nicht mehr zu sehen. Vielleicht begab er sich in seinem grünen Kleide zu den Elfen.

Der letzte Brownie, der im Wald von Ettrick bekannt war, wohnte in Bodsbeck, einem wilden und einsamen Grund, wo er ungestört lebte, bis die ängstliche Frömmigkeit einer alten Frau ihn auszuwandern nötigte, indem sie in seine Wohnung eine Schüssel mit Milch stellte und ein Stück Geld dabei legte. Nach diesem Wink sich zu entfernen hörte man ihn die ganze Nacht heulen und schreien: »Lebwohl, du liebes Bodsbeck!« welches er auf immer verlassen mußte.

Ehedem gehörte zu jeder ansehnlichen Familie ein Brownie, jetzt sind sie seltner geworden, die beiden letzten, die man in den Hochlanden gekannt hat, waren der alten Familie von Tullochgorm in Strathspey zugehörig. Es war Mann und Frau. Der Mann von heiterer, lustiger Gemütsart neckte oft die Leute; er war besonders darauf aus, nach den Vorübergehenden mit einem Klumpen Erde zu werfen, weshalb er den Namen Brownie-Clod erhielt. Gleichwohl war er bei aller guter Laune ziemlich einfältig und wurde von denen hinters Licht geführt, welchen er mitzuspielen gedachte. Das beste Beispiel ist ein Vertrag, den er mit den Knechten vom Tullochgorm einfältigerweise abschloß, worin er sich verbindlich machte, allein so viel Korn zu dreschen, als zwei Männer in einem ganzen Winter vermögen, wofür er einen alten Rock und eine Kappe von Kilmarnock, an welcher er großen Gefallen zu haben schien, erhalten sollte. Während die Knechte sich aufs Stroh legten und faulenzten, drosch der arme Brownie unaufhörlich. Kurz ehe der Vertrag zu Ende ging, legten die Burschen aus Dankbarkeit und Mitleiden den Rock und die Kappe in ein Kornmaß in die Scheune. Augenblicklich hörte er auf zu arbeiten und sagte höhnisch, da sie so einfältig gewesen wären und Rock und Kappe vor Beendigung der Arbeit gegeben hätten, so würde er sich hüten, noch eine einzige Garbe zu dreschen. – Die Frau dagegen, statt das Gelächter der Mägde zu sein, mit welchen sie arbeitete, war eine Art Gebieterin über sie. Sie stand selten in gutem Vernehmen mit ihnen, wegen der Treue, womit sie der Herrschaft jede Vernachlässigung der Pflicht anzeigte. Sie hatte einen großen Überfluß von Haaren auf dem Kopf, weshalb sie die haarige Mag (Maug Vuluchd) hieß. Sie war eine rechtschaffene und treffliche Haushälterin und besonders geschickt, bei Tisch aufzuwarten. Die Sorgfalt, womit sie immer unsichtbar den Tisch deckte, war für Fremde ein unterhaltender Anblick: das Verlangte kam wie durch die Luft geschwommen und setzte sich mit der größten Geschwindigkeit und Geschicklichkeit auf die Tafel; und an Reinlichkeit und Aufmerksamkeit war ihresgleichen nicht im ganzen Land.

ÜBER DAS WESEN DER ELFEN

Die schottischen Sagen enthalten den Glauben an ein die ganze Natur unsichtbar erfüllendes, mit den Menschen nah verbundenes Geisterreich am vollständigsten und verdienten daher eine solche abgesonderte Darstellung, bei welcher wir die zugänglichen Quellen sämtlich zu Rat gezogen haben. Was gegenwärtiges Buch in Beziehung auf Irland neues gewährt, davon schien die vorangestellte Übersicht für den Gebrauch desselben nützlich. Die Überlieferungen anderer Länder sind, soweit wir sie kennen, im Ganzen lückenhafter, wenn auch im Einzelnen manchmal ausführlicher; auf diese Weise fortzufahren und jedes Volk für sich zu behandeln, würde zwar eigene Vorteile darbieten, die vielfache und doch notwendige Wiederholung aber mehr Raum wegnehmen, als wir dieser Einleitung gestatten dürfen. Zweckmäßiger schien es daher, Hauptpunkte herauszuheben und bei Betrachtung derselben das Eigentümliche anderer Völker sowie das Bedeutende der Übereinstimmung und das hoch hinaufreichende Altertum des Ganzen anzumerken.

Der Weg, den wir dabei gehen, ist von dem verschieden, den Walter Scott in der obengenannten, ihres Inhalts wegen ohne Zweifel schätzbaren Abhandlung eingeschlagen hat. Er sucht auf eine, wie es uns dünkt, gewagte, in bloßen Voraussetzungen gegründete Art verschiedene, angeblich historisch gebildete Bestandteile dieses Geisterglaubens zu entdecken, die ihm seine gegenwärtige, im Abwelken begriffene Gestalt sollen gegeben haben. Dagegen ist unsere Absicht, ihn darzustellen wie etwas, das, solange es fortgedauert hat, ein aus lebendiger Mitte entsprungenes und in seinen Bestandteilen gegenseitig sich ergreifendes Ganzes muß gewesen sein. Indem wir keine Zeit vermischen, im Gegenteil jede sondern, und den großen Einfluß des Christentums auf Veränderung desselben nachzuweisen bemüht sind, glauben wir der historischen Untersuchung ihr Recht zu erhalten. Die frühesten Spuren von dem Dasein der Elfen aufzusuchen, lag mithin in unserm Zweck, sie haben den noch lebenden Glauben bestätigt, selbst erklärt, oder von ihm Licht empfangen.

Literatur. (Deutschland) Unsere Sammlung deutscher Sagen, wovon der erste Band, Berlin 1816, eine Menge hieher gehöriger Überlieferungen enthält; sodann die Hausmärchen, zweite Aufl. Berlin 1819. – (Dänemark) Danske Folkesagn. Samlede af J. M. Thiele 1-3. B. Kjöbenh. 1818-1820. Danske Viser fra Middelalderen. 1. Bd. Kjöbenh. 1812. Junge den nordsjälandske Landalmues Character. Kjöbenh. 1798. – R. Nyerup Overtro hos den danske Almue. In dem Wochenblatt: Dagen 1822. Stück 291-94. 297. 299. – (Schweden) Svenska Folk-Wisor utgifne af Geyer och Afzelius I-III. B. Stockh. 1814-1816, besonders B. III. 114-174. E. M. Arndt Reise durch Schweden III. 8-18. – (Norwegen) Hans Ström Beskrivelse over Söndmör i Norge. Förste Part. Soröe 1762. S. 537-541. – (Island) Finni Johannaei historia ecclesiastica Island. II, 368. – (Färöer) Beskrivelse over Färöerne af Jörgen Landt. Kjöbenh. 1800. S. 44-46. (Wales) The cambrian popular antiquities by Peter Roberts. London 1815. Cap. 24. – (Insel Man) Waldron Works. – (Shetländ. Inseln) A description of the Shetland Islands by S. Hibbert. London 1821. (Alt Preußen) Lucas David Preuß. Chronik herausgegeben von Ernst Hennig Königsb. 1812. I. 126-132.

I. Name

Daß das Wort Elfe den allgemeinsten Ausdruck unserer Sprache für jene geisterhaften Wesen enthalte, geht aus der Betrachtung jeder einzelnen deutschen Mundart hervor. Erst später sind einschränkende Bestimmungen hinzugetreten oder die Benennung hat sich verloren.

1. Der hochdeutschen Sprache gebührt die Form alp, welches einfache Wort zwar in keinem einzigen alten Denkmal vor dem 13ten Jahrhundert anzutreffen ist, unstreitig bloß, weil es an Veranlassung fehlte, eines heidnischen, von den Schriftgelehrten verachteten Begriffs Meldung zu tun. Der Ausdruck muß aber von uralter Zeit her gang und gäbe gewesen sein. Eine Menge männlicher und weiblicher Eigennamen sind mit ihm gebildet und zusammengesetzt: Alpinc, Alpirìh, Alpkôz, Alpkast, Alphart, Alpkêr, Alpwin, Alphâri, Alptac, Alphilt, Alplint, Alploug, Alpsuint, Westralp, woraus zugleich erhellt, daß man sich dabei nichts Böses noch Gehässiges dachte.

Die mittelhochdeutschen Dichter bedienen sich des Ausdrucks hin und wieder, wenn gleich im ganzen selten. Gewöhnlich steht die männliche Form. In dem alten Meistergesangbuch 37b ruft ein Dichter Gott an: got unde niht alp! Gott, kein Truggeist! Ungewiß ist im Parc. 46a zer wilder albe klûsen, welches zwar heißen kann: zur Klause wilder Geister, aber auch zur wilden Alpklause, Bergklause (vgl. Barl. 194. gein den wilden alben und Parc. 62a zer wilden muntâne.) Deutlicher gehen folgende Stellen auf den Geist.

Ein fahrender Schüler (Altd. Wäld. II. 55.) nennt ein

Mittel: guot vür den alp. Die meisten Anspielungen stehen in dem noch ungedruckten Gedichte Ruodigers von zwein Gesellen (Königsberg. Handschr.) 12a

dich hat geriten der mar,
ein elbischez âs.
dû solt daz übele getwâs
mit dem kriuze vertrîben;
sêt, daz hât man von iu wîben,
swenne uns mannen iht geschehe,
daz ir immer des jehet:
uns triege der alp.

und gleich darauf:

dir enhät nieman niht getân
wan so vil, daz dich zoumet
ein alp, davon dir troumet;
der var der sunnen haz!

Die letzte Zeile ist eine auch sonst gebrauchte Verwünschungsformel. Und 14b:

in bedûhte, daz er vlüge,
oder daz in lihte trüge
ein alp in sime troume.
14c ez gezäme michel baz,
daz dû mit zühten läges
unt solher ruowe pfläges,
als ûf dem beite wäre
den elbischir gebäre.

In der letzten Zeile steckt ein Fehler, vielleicht ist zu lesen: dem elbischen gebäre und das voraus gehende ûf der beite scheint zu bedeuten: etwas erwarten, einem Ding auf der Lauer sein.

Ferner 16d:

ich sehe wol, daz dû elbisch bist;
17a: ein elbische ungehiure!
sprach sie, dû sist verwâzen!

d. i. verflucht seist du, du elbisches Ungeheuer!

18a: nû sagâ mir, elbischez getwàs
vil rehte dînen namen.

In einem andern Gedicht (Altes Meistergesangbuch 2b):

elbe triegent niht so vil junge
unde alte, alsô ez mich tuot.

Herbort (trojan. Krieg 84c) redet von elbischem viure (Irrlichtern?); statt der alp scheint er aber das Neutrum daz alp oder elbe, Pl. diu elber zu brauchen (daselbst 5d):

diu elber triegent mich
und 6a unreinez getwâs!

wie man schon früher neben dem männlichen der tiuvel auch daz tiuvel, Pl. diu tiuvler (althochdeutsch diufilir Otfr. III. 14, 103) sagte. Sonst wird der christliche, männlich gedachte Teufel in der altdeutschen Sprache gern weiblich, weil unserm Volksglauben der Begriff Unholdin, Hexe geläufiger war, als der des bösen Feindes und Zauberers. Ulfilas sagt lieber unhulthô als unhultha und in althochd. Denkmälern (hymn. XXIV, 3. gloss. Ker. 85) wird diabolus statt durch das Masc. unholdo durch das Fem. únholdâ übersetzt. Deutsche Märchen legen dem Teufel wenigstens seine Großmutter bei und der böse Geist Grendel im angelsächsischen Gedicht hat seine noch ärgere Mutter zur Seite. Desto weniger kann befremden, daß zuweilen das Fem. díu alp, Gen. der elbe vorkommt. Heinrich von Mörungen singt (M. S. I. 50b):

von der elbe wirt entsehen vil maniger man,
alsô wart ich von grôzer liebe entsehen,

d. h. von der Alb wird es manchen Leuten angetan, so ist es mir angetan worden von der Liebe. Die Bedeutung von entsehen bestätigt folgende Stelle aus dem ungedruckten Eraclius Z. 3329-35.

ich sage iu guotiu märe,
sprach diu alte, do sie sie ersach,
iuwers kindes ungemach
kan ich wol vertriben,
hie geredet under uns wiben,

ich hân in gesegent, er was entsehen,
im sol arges niht geschehen.

Neben dieser beschränkten Bedeutung von nächtlichem, die Menschen reitendem Gespenst, mag noch die ältere und ursprünglich allgemeinere für Geist überhaupt bestanden haben, wie sich teils aus dem Elberich der Nibelungen und des Heldenbuchs, teils aus einer Stelle in der Verdeutschung der Ovidischen Metamorphosen (Buch VI Cap. 9.) folgern läßt, wo der Ausdruck die Elben und Elbinnen vorkommt. Wahrscheinlich hat ihn Wikram in dem durch ihn umgearbeiteten Werke Albrechts von Halberstadt bereits vorgefunden.

Heutzutage dauert in Deutschland bloß der Aberglaube von dem Reiten und Drücken des Alps mit dem alten Namen fort; was sonst von den Geistern zu erzählen ist, wird den Zwergen, Wichteln zugeschrieben, nicht den Elben, wiewohl dieser Ausdruck selbst noch in den spätern Hexenprozessen mitunter gebraucht zu werden scheint*. Der unhochdeutschen, nie unter dem Volk gebräuchlichen, Wortform Elfen hätten wir uns enthalten, wenn sie nicht von den Dichtern des vorigen Jahrhunderts in Übersetzungen aus dem Englischen, ohne die Eigenheit unserer Mundart zu beachten, angenommen und nun einmal eingeführt worden wäre.

2. Aus der deutschen Sprache haben auch die Franzosen das Wort Alb für Geist übernommen, sie verwandelten es aber nach ihrem Organ in Aube, nämlich so muß der in einer altfranzösischen Volkssage auftretende Auberon, später Oberon, verstanden werden. Er entspricht etwa unserm Elberich und hat ganz das Wesen der gutmütigen Elfen. Aus dieser altfranzösischen Quelle haben die englischen Dichter ihren Elfenkönig Oberon geschöpft, den sie schicklicher in einen Elfric übersetzt haben würden, da Ob nichts anderes als das englische Elf bedeutet.

3. In angelsächsischen Denkmälern begegnet sowohl das

* Vgl. Pomarius colleg. synopt. phys. disp. 15. sent. 23. 24. 26. und Prätorius Weltbeschreib. I, 181. 182.

einfach älf als die Zusammensetzungen älfric, älfrêd u. s. w. Fürs Fem. gilt älfen, Gen. älfenne. Über die ältere, weitere Bedeutung kann kein Zweifel sein; mägälf und älfscîne werden in den Dichtungen auch als Epitheta von Menschen gebraucht (Cädm. 40. 58, Beov. 194. Ind. 9.). Sagen selbst scheinen nicht erhalten. In den Handschriften finden sich wohl die Ausdrücke dûnälfenne (monticolae, castalides), feldälfenne (moïdés, hamadryades), muntälfenne (oreades) saeälfenne (najades) vudälfenne (dryades), die jedoch mehr zur Übersetzung der griechischen Wörter gebildet scheinen, als uns Unterscheidungen einheimischer Geister lehren. – Spätere altenglische Dichter enthalten dafür genug Beispiele von lebendiger Fortdauer des Worts und der Sache. Es wird hinreichen ihrer einige aus den Canterbury tales hier folgen zu lassen.

5174. the mother was an elve by aventure
ycome by charmes or by sorcerie.
6442. the elfquene with hire joly compagnie
danced ful oft in many a grene mede,
this was the old opinion, as I rede,
I speke of many hundred yeres ago,
but now can no man see non elves mo.

13718. 13720. 13724. an elfquene, 13633. se semeth elvish by his contenance. 16219. elvish craft 16310 elvish nice. Eine Menge anderer stehen bei Spenser und Shakespeare*, nach und nach ist der ungefähr gleichbedeutige Name fairy gebräuchlicher worden. Wiewohl nun jenes elf zuweilen völlig den Sinn des spätern, hochdeutschen Alp hat und elvish gerade so den von phantastisch, so gibt es doch auch eine Reihe echter Elfensagen unter dem alten Namen, ohne solche Beschränkung auf bloße Zauberei.

* Der Shakespearischen Elfen Eigentümlichkeiten, an denen der Dichter einen nicht geringen Anteil haben mag, obgleich er im ganzen den Glauben des Volks zugrund gelegt hat, findet man zusammengestellt von Voß in den Anmerkungen zum Sommernachtstraum. S. 509-511.

4. Am reinsten und in der ursprünglichen ausgedehnten Bedeutung haben die nordischen Sagen und Gedichte diese Benennung erhalten. Altnordisch âlfr, Pl. âlfar; schwedisch elf, Pl. elfar, woneben häufig der weibliche Pl. elfvor gebraucht wird; dänisch elv, Pl. elve, in Zusammensetzungen heutzutag ellefolk, ellekone, ellekonge statt elvefolk u. s. w.; aus welchem ellekonge durch ein Mißverständnis die unrichtige deutsche Übersetzung Erlkönig entsprungen ist, da der Name des Geists mit dem des Baums Erle, dänisch elle, altnordisch elni (alnus) nichts zu schaffen hat.

5. Die Urbedeutung des Namens alp, älf, âlfr hängt wahrscheinlich mit dem lateinischen albus (weiß) zusammen, vergleiche das griech. ἄλφιτον (Mehl), ἀλφιτώ, ein weibliches Gespenst, vor dem sich die Kinder fürchteten (weiße Frau?); nicht aber mit dem latein. alpes (Berge). Sie berührt sich auch mit dem allgemeinen Flußnamen Elbe, elf, albis (französ. aube), ohne daß man daraus zu schließen braucht, die Elfen seien Wassergeister, was sie nur zuweilen sind.

II. Abstufung und Verschiedenheit

Die Sagen, welche die Elfen als vom Himmel verstoßene, der Hölle halb verfallene Engel, eben deshalb als halb teuflische Wesen schildern*, haben einen Gegensatz, der schon vorhanden war, in christlicher Ansicht erklärt, schwerlich aber erst

* S. unten das irische Märchen Nr. 4. die Mahlzeit des Geistlichen und die Anmerkung dazu, wo die übereinstimmende dänische und schottische Sage angeführt ist. Auch in Schweden ist sie allerorten bekannt, nur, und das ist merkenswert, mit entgegengesetzter Auflösung (Schwedische Volkslieder III. 128). Zwei Kinder spielen an einem Fluß, da sitzt ein Nix auf dem Wasser und läßt seine Harfe ertönen. Die Kinder rufen ihm zu: »Was hilft, daß du da sitzest und spielst, du wirst doch nicht selig!« Der Nix weint bitterlich, wirft seine Harfe hin und sinkt in die Tiefe. Als die Kinder heim zu ihrem Vater kommen, erzählen sie ihm, was sich zugetragen hat. Der Vater heißt sie zurückgehen, den Nix trösten und ihm die Versicherung der Erlösung geben. Als sie bei dem Fluß anlangen, sitzt der Nix auf dem Wasser und weint. »Nix, traure nicht«, rufen sie ihm zu, »der Vater hat gesagt, daß auch dein Erlöser lebe.« Da nimmt der Nix seine Harfe wieder und spielt fröhlich. (Vgl. auch das. III. 158.)

geschaffen. Die Edda unterscheidet weiße, leuchtende Elfen des Lichts und schwarze Elfen der Finsternis, nicht als gute und böse, sondern um sie als Geister der verschiedenen Regionen des leuchtenden Himmels und der dunkelen Erde zu bezeichnen. Deutlich wird dies daraus, daß sie die schwarzen Elfen zugleich Zwerge nennt (so wie auch ein Zwerg in den Kenningar den Namen âlfr führt), denn dies ist der besondere Ausdruck für die in den dunkelen Berghöhlen wohnenden und hausenden Unterirdischen. Die Lichtelfen von reiner Farbe erscheinen fast durchsichtig, ganz ätherisch, mit weißen, silberschimmernden Kleidern, wie in den irischen Märchen. In deutschen Sagen (Nr. 10 und 11.) sitzen sie als schneeweiße Jungfrauen im Sonnenschein, zeigen sich um Mittag (Nr. 12.) und dürfen nur solange als die Sonne am Himmel ist verweilen. Diese heißt daher in der Edda (Säm. I. 70. u. 231.) âlfrödull, die Elfen anstrahlend. Die Erdelfen dagegen sind körperlich und von dunkler Farbe, darum sind sie in Norwegen blau, in dem Sinne, in welchem die nordische Sprache einen Neger blâmadr nennt; der schottische Brownie ist braun und zottig, wie die wilde Berta in der deutschen Sage (Nr. 268.) und brauner Zwerge in Northumberland gedenkt eine Anmerkung in Walter Scotts Lady of the Lake. Die Erdelfen tragen auch dunkelfarbige Kleider. Sie treiben ihr Wesen in der Nacht und fliehen im Gegensatz zu den Lichtelfen die Sonne, die daher auch in der Edda (Hamdismâl Str. 1.) die Sorge der Elfen (graeti âlfa) heißt. Überrascht sie der Tag, so werden sie von dem Strahl der Sonne in Stein verwandelt. (Vgl. Edda Säm. I. 274. II. 44.)

Natürlich bestand diese Unterscheidung nicht länger, sobald man sie auf sittliche Eigenschaften bezog und die Elfen beider Art wurden verwechselt. Daß aber in Deutschland der Begriff der Lichtelfen vorhanden, ja vielleicht gerade im Gegensatz zu der spätern Zeit der allgemeinere war, zeigt nicht bloß die vorhin auseinander gesetzte Verwandtschaft des Worts mit dem lateinischen albus, sondern auch der

Umstand, daß seit der Bekehrung das christliche engil ebenso wie früherhin alp zu Namenbildungen gebraucht wurde und insoweit an seine Stelle trat, z. B. Engilrîch, Engilhart, Engilgêr u. s. w. Bei den Angelsachsen zeugt die Zusammensetzung älfscîne, d. h. leuchtend wie ein Elfe.

Für die Mischung beider Arten gibt Elberich das beste Beispiel ab. Sein Name verrät schon seine Abkunft, er heißt in den Nibelungen (1985) wie im Otnit (Str. 127 bei Mone) ein wildez getwerc, schmiedet und haust in Berghöhlen, und gleichwohl erscheint er geistig überlegen und äußerlich glänzend, wo er in letzterm Gedicht, dessen Hauptperson er eigentlich ist, auftritt. In Norwegischen Sagen wird es noch ausgedrückt, daß der Zwerg körperlicher und weniger geistig ist, als der Elfe; je genauer er aber in Verbindung mit dem Menschen kommt, desto menschlicher werden auch seine Bedürfnisse. Als Hausgeist dient er um Speise und Kleider, während er wunderbare Dinge verrichten kann und ist beides, ein hilfsbedürftiges und ein übermächtiges Wesen.

Die Ausdrücke Wichte, Schrate, Schretlein bezeichnen gleichfalls nichts anders, als die Kleinen, Unterirdischen oder Zwerge, wiewohl sich leicht an jede besondere Benennung eine besondere, oft schwer zu bestimmende leise Nebenbedeutung hängt. Wir teilen die Stellen mit, wo wir diese Namen gefunden haben:

Glossae lindenbrog. 995a fauni, silvestres homines: waltscrechel, die im Wald herumspringen. – 996b larvae, lares mali: screza. – gl. vindob. larvae: screzzol scraito. – gl. trev. screiz, larvae, von späterer Hand dabei geschrieben: klein herchin (Herrchin) – Barlaam 251, 11. ein wilder waltschrate und Alt. Wälder III. 225. wo es für Faun steht. Schretel im Cod. palat. Nr. 341. f. 371. – Titurel 190. sie (die Minne) ist villîhte ein schrat' ein geist von helle. – Hans Vintlers Tugendbuch vom Jahr 1411 (nach der gotha. Handschr.):

– etlîche die jehent,
daz schretlîn daz si ein kleinez kint

unde sî als ringe als der wint
unde si ein verzwîvelôter geist. (d. h. gefallener Engel)

Bei Scherz Vocab. 1482. schretlîn, penates.

Dem deutschen und angelsächsischen wiht entspricht das nordische vaettur; hollar vaettir, holdgesinnte Geister, werden in der Edda (Oddrûnar grâtr VIII.) angerufen. wihtel im Cod. palat. Nr. 341. – Wolfdieterich Str. 789. 799. kleinez wihtelîn – Liedersaal I. 378. 380. kleinez wihtelîn, ez moht kûme elnlanc sîn. – Vocab. 1482. wihtelîn, penates, vgl. gl. blas. 87a wihsilstein (penas) vielleicht wihtilstein? doch haben gl. trev. 36b wihilstein.

Auch das Wasser wird von Elfen bewohnt und da das Element glänzend und durchsichtig ist, so scheinen sie zu den Lichtelfen gerechnet zu werden. Sie heißen Nixen, Nökken (althochd. nihhus, Pl. nihhussâ, bei Conrad von Würzburg Man. Samml. II. 200b die vertânen wazzer-nixen.), Wassermänner und Wasserfrauen, Schwanen-Jungfrauen und da diese Schwanengewänder tragen und wie Vögel über dem Wasser schweben, so folgt schon daraus, daß sie nicht zu den schwarzen Elfen gehören.

Jene christliche Ansicht vieler, vorzüglich schottischer und dänischer Sagen, welche die Elfen als Heiden und Genossen des Teufels schildern, wenn sie gleich auch bei den Dichtern des Mittelalters Eingang gefunden hat, wie mehrere der bisher angeführten Stellen beweisen, ist doch nicht überall durchgedrungen. Dem Zwerg, der bei Ottokar von Horneck dem Scherfenberger erscheint, wohnt christlicher Glaube bei (Deutsche S. Nr. 29.). Elberich selbst ist ein Christ (Otnit, Strophe 283.) und hilft sogar die Heiden bekehren und taufen (Str. 351. u. 504). In den noch umgehenden deutschen Sagen werden sie häufig als gute, wohlwollende Geister und namentlich als Christen betrachtet, sie beten, ermahnen die Menschen zur Frömmigkeit, hassen Fluchen und Gotteslästerung und zürnen heftig, wenn man sie für teuflischen Spuk hält. Ein Hausgeist sagt das Gebet des Herrn und den Glauben her (Deutsche Sagen I. S. 113), doch nicht ganz vollständig, indem er einiges undeutlich murmelt, während der schottische Elfe, der sich mit dem Geistlichen unterhält, einiges ändert (Vgl. unten die Anmerkung zu Nr. 4.).

III. Untergang

Allgemein verbreitet, und am wahrscheinlichsten durch Einführung des Christentums entstanden, sind die Sagen von dem allmählich näherrückenden Verschwinden der Elfen. Nicht bloß entfernen sie sich vor dem Geräusch und geschäftigen Treiben der Menschen, sondern es erfolgt ein großer Auszug der Unterirdischen. Sie schließen einen Vertrag mit den Menschen ab und auf einem vorher bestimmten Weg, über eine Brücke, hört man in der Nacht die Kleinen in unzähliger Menge forttrippeln oder sie werden über das Wasser gefahren und ihre große Zahl drückt das Schiff. (Deutsche S. Nr. 152-54. dänische bei Thiele II. 2.) Manchmal wird erzählt, daß zum Andenken oder aus Dankbarkeit für das von den Menschen genossene Gute, jeder ein kleines Stück Geld von altem Gepräge in eine hingestellte Schüssel gelegt habe.

Man hat in dem Auszug der Zwerge eine geschichtliche Tatsache, die Unterdrückung und Vertreibung eines alten, einheimischen Volkes durch neue Ankömmlinge erkennen wollen und wozu auch ein Zug von Scheu, Trauer und Ironie, der über die Natur des Geistervolks verbreitet ist, stimmt.

IV. Gestalt

1. Erblickt man den Elfen in seiner wahren Gestalt, so sieht er aus, wie ein schönes Kind von einigen Jahren, zart und wohl gegliedert; die schottischen und wallisischen Sagen beschreiben ihn ausdrücklich auf diese Art. Elberich liegt als Kind von vier Jahren unter einer Linde, wo ihn Otnit kraft eines Ringes sehen kann und ihn meint als ein Kind forttragen

zu können. (Str. 99. 108.) Und als der Elfe sich vor den Leuten sehen läßt, so heißt es (Str. 517.):

ich wäne daz nie kein ouge schöner bilde ie gesach.

In der Wilkina Saga (Cap. 26.) bittet der Kleine den Dieterich, der ihn gepackt hat: »er möge seinen kleinen Leib und schwache Glieder nicht zerdrücken.« Übereinstimmend wird von Oberon in dem französischen Volksbuch erzählt, daß er nur drei Fuß hoch sei, aber ein Gesicht von himmlischer Schönheit habe, welches niemand ohne Wohlgefallen ansehen könne (p. 28. »Oberon, qui n'a que trois pieds de hauteur, il est tout bossu, mais il a un visage angelique, il n'y a personne sur la terre, qui le voyant ne prenne plaisir à le considerer, tant il est beau.«). – Hinzelmann (Deutsche S. Nr. 75.) zeigt sich Knaben, in deren Gesellschaft er spielt, als ihresgleichen, aber mit schönem Angesicht. Damit stimmt auch die Vorstellung der Norweger, die sich die Elfen als kleine, nackte Gesellen denken. – Die Schönheit der Elfinnen wird in den schottischen, irischen, dänischen und schwedischen Sagen als im höchsten Grad reizend und verführerisch geschildert, menschlicher Schönheit unvergleichbar. So beschreiben sie auch schwäbische Sagen am Mägdleinsfelsen (S. Gustav Schwab die schwäb. Alb. Stuttg. 1823. S. 71.) und die Wasserjungfrauen entzücken alle Männer (Deutsche S. Nr. 58. 60.).

2. Langes Haar legen schottische und wallisische Sagen den Elfen und Elfinnen ausdrücklich bei und die Brownie heißt deshalb die haarige Mag. Eines Zwerges mit krausem rotem Haar in Northumberland gedenkt Walter Scott in den Noten zur Lady of the Lake, p. 387. Die schwedische Waldfrau ist klein mit blonden Locken, so auch der Nix. In deutschen Sagen fehlt dieser Zug nicht: dem Hausgeist und einer schönen Elfin, die sich um Mittag zeigt, hängt das Haar in gelben Locken über die Schultern (D. Sagen Nr. 11. 65. 75.); eine Bergfrau hat so prächtige Haare, daß sich ein Mann deshalb in sie verliebt, und dessen Weib, das sie schlafend

erblickt, ausruft: Gott behüte deine schönen Haare! (D. Sagen Nr. 50.) In einer andern ähnlichen Sage (Strack Beschr. von Eilfen S. 120.) schneidet sie wirklich der Elfin eine von den schönen, langen Haarflechten im Nacken ab, welche diese hernach dringend zurückfordert. Die Elfinnen im Norden (Thiele III. 44. Schwed. Lieder III. 165.) tanzen mit aufgelösten Haaren. – Auf das Kämmen der langen Haare scheinen sie besondere Sorge zu verwenden. Frau Holle oder Hulda, die ohne Zweifel zu ihnen gehört (Huldevolk heißen auf den Färöer noch jetzt die Elfen, und Huldrer die Elfinnen in Norwegen), läßt sich gern ihre Haare auskämmen (Vgl. Hausmärchen III. 44). Die Wasserelfen erblickt man bei diesem Geschäft (Schwedische Lieder III. 148.) und Waldron S. 128. erzählt von einem Wechselbalg, der, wenn man ihn allein gelassen hatte, bei der Zurückkunft, ohne Zweifel von den Seinigen, auf das sorgfältigste gekämmt war.

3. Aus der Vermischung der himmlischen und irdischen Elfen erklärt sich, warum in den Sagen diese Geister zugleich schön und jugendlich und alt und häßlich geschildert werden. Der Zwerg hat ebenfalls Kindesgestalt, aber ist alt und häßlich, langnäsig, von dunkler, wie vorhin erwähnt ist, blaugrauer oder erdbrauner Farbe; weil ihn das Licht nicht bestrahlt, hat er das Gesicht eines Toten, daher sagt auch in der Edda (Alvîsmâl II.) der Gott zu dem Zwerg: »Wie bist du so fahl an der Nase, warst du in nächtlichem Dunkel bei einer Leiche?« Dabei ist er mißgeschaffen, dem Oberon wird mit Unrecht ein Höcker zugeschrieben (il est tout bossu), er gehört einem schwarzen Elfen (Vgl. Thiele I. 121, 122.). Elberich zeigt, wie nah den Sagen die Verwechselung lag, während er im Otnit als ein schönes Kind beschrieben ist, erscheint er in den Nibelungen als ein alter, bärtiger Mann: 2001. dô vienc er (Siegfried) bì dem barte den altgrîsen man. Und seines Alters gedenkt das Kind auch im Otnit Str. 252.

ich trage ûf mînem rücken mê dan vierdehalp hundert jâr.
Ganz wie in dem deutschen Kindermärchen (I. 205.) der

elfische Wechselbalg ausruft: »Nun bin ich so alt, wie der Westerwald«, womit man die entsprechende Stelle in dem irischen (unten S. 132.) und dänischen (bei Thiele I. 48.) vergleichen kann. – Ein altwallisisches Gedicht (Fairy tales p. 195. 96.) nennt die Elfen »schiefmäulige«; der Cluricaun ist häßlich und sein altes Gesicht einem verschrumpften Apfel ähnlich, so zeigt sich der Elfe auf Bottle-Hill (unten S. 136.) und genau gerade so beschreibt ihn Gervasius von Tilbury aus dem 13ten Jahrhundert in einer merkwürdigen, unten vollständig anzuführenden Stelle. Die Bergmännlein der deutschen Sagen sind immer alt und greis. Der Nix wird in Schweden dargestellt klein mit Goldlocken oder alt mit einem Bart; man sieht ihn manchmal auf den Felsen sitzen und sich den Bart auswinden (Schwed. Volksl. III. 133.).

4. Bei Zusammensetzung der Namen trat, wie vorhin bemerkt ist, das christliche engil an die Stelle des heidnischen alp, ein umgekehrtes Verhältnis scheint in der bildenden Kunst stattgefunden zu haben. In der Bibel und den Kirchenvätern begründet nichts die Annahme einer kleinen Gestalt der Engel, aber das Volk war gewohnt, sich die Elfen als Kinder von großer Schönheit zu denken. Diese Vorstellung übertrug man auf die christlichen Geisterwesen. Es verdiente wohl genauere Untersuchungen, wann und wo in Gemälden und Bildwerken zuerst solche kleine Engel angebracht worden sind, sowie, wann sich die Sprache der Verkleinerung Engelein zu bedienen anfing. Etwa im zwölften oder dreizehnten Jahrhundert muß es begonnen haben. Bei Otfried und andern deutschen Schriftstellern des neunten, zehnten Jahrhunderts sind die Engel stets erwachsene Jünglinge und werden Gottes Boten genannt. Um 1250 hatte sich das geändert. Berthold, ein bairischer Prediger, der 1272 starb und sich durch lebendige, das Volk ergreifende Beredsamkeit auszeichnete, sagt in seinem Sermon von den heiligen Engeln (Klings Ausgabe S. 184.) »Ir sehet wol, daz si allesamt sint junclîche gemâlet, als ein kint, daz dâ vünf jâr alt ist, swâ man

sie mâlet.« Auf die nämliche Bemerkung kommt er auch in andern Predigten zurück (S. 238. 282.) Von den Genien der Griechen und Römer scheint nicht die kleine Gestalt der Engel ausgegangen, eher ihre Beflügelung; Flügel gibt den Elfen keine echte Volkssage. Sollte aber nicht der Zwergsname Euglîn im Gedicht von Hürnin Siegfried in Englîn zu berichtigen und bloße Übersetzung des älteren Elberîch sein? selbst das Egwald im Volksbuch könnte gedeutet werden aus Engelwald.

V. Kleidung

1. Der Verschiedenheit in der Kleidung der Elfen nach der Verschiedenheit ihres Ursprungs ist schon vorhin gedacht und nur noch anzumerken, daß auch die serbischen, den nordischen Elfinnen entsprechenden Vilen weiß gekleidet sind. Elberich hat glänzende mit Gold und Edelsteinen gezierte Kleider an (Str. 104.); die Tracht der Unterirdischen ist dunkelfarbig, meist grün oder moosfarbig, in deutschen (Nr. 48. 270.) wie in schottischen, wallisischen und shetländischen Sagen. Auf den Färöer und in Dänemark grau (Thiele I. 122. 125.), doch zeigen sich auch hier grüngekleidete Elfinnen (Thiele I. 109.). Geister, die mit den Menschen im Verkehr stehen, tragen buntfarbige und rote Röckchen (Deutsche S. Nr. 71. 75.) oder erhalten sie von jenen geschenkt (Nr. 37.). Merkenswert ist eine Übereinstimmung. In dem irischen Märchen von der Flasche (unten S. 137.) erscheint der Elfe ganz in sein Kleid eingewickelt, damit man seine Füße nicht sehen kann; eine Schweizersage (Nr. 149.) erzählt, daß die Zwerge in langen Mänteln dahergetrippelt wären, die ihre Füße ganz bedeckt hätten. Neugierig streut einer Asche und findet, daß ihre Füße platt sind wie Gänsefüße, wiewohl diese eigentlich nur Wasserelfen zuzugehören scheinen; man erinnert sich an die weiße Bertha mit dem großen Fuß (Vergl. Altd. Wälder III. 47, 48.).

2. Von besonderer Wichtigkeit ist die Kappe oder Mütze, so sehr, daß die norwegischen Elfen, obgleich sonst ganz nackt, doch einen heruntergeschlagenen Hut auf dem Kopf haben. Die irischen bedienen sich dazu der roten Blüten des zauberkräftigen Fingerhuts oder sie haben weiße, breite Hüte, gleich Pilzendeckeln. Auch in Dänemark und Schweden sind ihre Mützen rot (Thiele I. 122. II. 3. Schwed. Volksl. III. 127.) sowie bei den Nisser der Färöer, sonst aber auf diesen Inseln schwarz. In Preußen tragen sie spitze Hüte, die wie jene der Cluricaunen aufgekrämpt sind; ebenso sind die Mützen der Hausgeister in Dänemark spitz, während die Hüte, die sie im Sommer tragen, rund sind (Thiele I. 135.). In den deutschen Sagen ist der Hut nicht vergessen. Die Bergmännlein haben weiße Hauptkappen an dem Hemd (Nr. 37.); der Nix trägt einen grünen Hut (Nr. 52.), ein anderer grauer Geist einen großen Schlackhut (Nr. 271.). Hodeken hat den Namen von einem großen Hut, den er so tief in den Kopf drückte, daß man sein Gesicht niemals sehen konnte und dieser Hut bringt dadurch einigermaßen die Wirkung der Nebelkappe hervor, welche völlig unsichtbar macht, deren schon der junge Misener (Man. S. II. 156.) gedenkt und welche den Zwergen am Harz (Deutsche S. Nr. 152. 153. 155.) zugeteilt wird. Mit dieser hat Elberichs tarnkappe, wenn sie auch zugleich den Mantel enthält und der tarnhût entspricht, doch offenbar Zusammenhang. Dienstbar wurde er und sein Reich dem Siegfried, weil der Held die tarnkappe genommen hatte und das machen deutsche Sagen (Nr. 152. 153. 255.) noch deutlicher, wenn sie erzählen, daß man nach den unsichtbaren Zwergen mit Ruten geschlagen, bis man ihre Mützen getroffen und abgeschlagen habe, worauf sie sichtbar geworden und in die Macht der Menschen geraten seien. Eske Brok schlug zufällig einem Zwerg im Felde den Hut ab und um ihn wieder zu erhalten, bewilligte dieser alle Forderungen (Thiele III. 49.). Nun erklärt sich die Wichtigkeit der Kopfbedeckung bei den Elfen, sie halten sich da-

durch vor den Blicken der Menschen verborgen. Laurin hat eine Nebelkappe, so wie Euglin, welcher sie über Siegfried wirft und ihn dadurch den Augen des Riesen entzieht; dem Kopfschleier der Kriemhild legt der Rosengarten gleiche Kraft bei. Der Kobold Zephyr (in dem altfranzös. Roman Perceforest, Mélanges T. XII.), der wie eddische Zwerge nach einem Wind benannt ist, trägt eine schwarze Kappe, durch welche er sich unsichtbar machen, oder eine andere Gestalt annehmen kann.

Unbeständigen, schalkhaften Leuten (von Zwergsnatur) werden auch sonst Nebelkappen beigelegt (Man. Samml. II. 258b) und der römische Volksglaube dachte sich zu seinem incubo, welcher völlig dem deutschen Alp verglichen werden darf, gerade so den Hut und knüpfte an ihn die Unsichtbarkeit des Geistes. Die Stelle findet sich in Petronii satyric. c. 38. (Burm. p. 164): »sed quomodo dicunt, ego nihil scio, sed audivi, quomodo incuboni pileum rapuisset et thesaurum invenit.« – Incubones qui thesauris invigilant. (Sabinus ad II. Georg. v. 507.) und ein neuerer Erklärer Petrons fügt aus dem Volksglauben seiner Zeit hinzu: ex superstitione veteri, cujus hodieque passim exstant reliquiae, velut incubones sint ornati pileis, quibus surreptis compellantur ad obsequium in indicandis pecuniis absconditis. Hieran schließen sich vollkommen die Worte des Nibelungenlieds:

399. dô er die tarnkappen sit Alberîch angewan,
dô was des hordes herre Sîvrit der vreislîche man.

Die kleinen, unsern Elfen und Zwergen vergleichbaren Hausgötter des phönicischen und griechischen Altertums, Patäken, Cabiren, Tritopatores erscheinen wiederum mit spitzen Hüten und haben sonst noch vieles in Gestalt, Tracht und Kunstfertigkeit mit ihnen gemein.

1. Die Lichtelfen wohnen nach der Edda bei dem Sonnengott Freir, die schwarzen aber in der Erde und in Steinen. Die heutigen Sagen weisen ihnen sämtlich ein ausgedehntes Reich in Bergen, wilden und unzugänglichen Schluchten, Riesenhügeln und Felsklüften an. Sie haben darin oftmals ordentliche Wohnungen, die mit Gold und Silber angefüllt sind, und sehr prächtig werden die schottischen Shians beschrieben, dem Frau Venusberg der deutschen Sage (Nr. 170.) ähnlich. In Schweden glaubt man, sie säßen in kleinen, zirkelrund ausgehöhlten Steinen, die man Elfenmühlen (alfquarnar) heißt, dergleichen elfmills auch die schottische Sage kennt und womit die isländ. âlfavakir, kleine Höhlen in dem Eis, übereinkommen. Wolfram redet im Wilhelm dem heiligen S. 26b von Bergen: daz den wilden getwergen wäre ze stîgenne dà genuoc. Hug von Langenstein in der heil. Martina f. 128d:

sie loufent ûf die berge
als die wilden twerge.

»Unter der Erde wohne ich, unter dem Stein habe ich meine Stätte« sagt der eddische Zwerg (Alvîsmâl III.). In den Nibelungen:

1356. von wilden getwergen hân ich gehoeret sagen
sie sin in holn bergen.

Und im Otnit sagt Elberich Str. 127. »mir dienet manec tal unde derc«; und Str. 249. 278. »im was kunt beidiu tal unde berc.« Er besitzt dort alle Schätze der Welt; der aus Edelsteinen und Gold bestehende Nibelungenhort, welchen er bewacht, ist bekannt genug; auch im Otnit sagt er Str. 138 u. 525:

ich gibe wol swem mich lustet silber oder golt
ich mahte einen man wol rîche, dem ich wäre holt.

Und zu dem Kaiser selbst Str. 137:

unde hâst dû ûf der erden des landes alsò vil,
sô hân ich darunder klâres goldes swaz ich wil.

In der Wilkina Saga will er sich durch Gold und Silber aus Dieterichs Händen lösen.

2. Die Nixen haben unter dem Wasser ein Land, das in deutschen Sagen (Nr. 52. 65.) ebenso prächtig beschrieben wird als in den irischen, worin Häuser und Städte prangen, die mit allen Reichtümern der Welt verziert sind. Frau Holle hat unter ihrem Teich einen Garten, wo die herrlichsten Früchte wachsen.

3. Oben auf der Erde haben die Elfen Lieblingsplätze, Wiesengründe, einsame, eingeschlossene Waldgegenden, auch besondere Bäume, unter welchen sie sich gerne aufhalten (Vgl. Thiele III. 18.). So liegt Elberich unter einer Linde im Gras; bei den alten Preußen war ihnen der Holunderbaum heilig und durfte nicht verletzt werden und derselbe Glaube herrscht noch jetzt in Dänemark (Thiele I. 132.); auch in Deutschland pflegte man diesen Baum am ersten Mai oder um Johanni (wann die Lichtelfen ihren Umzug halten) besonders zu beachten. (Prätorius Glückstopf. S. 217.) In Norwegen darf man ihrentwegen gewisse hohe Bäume nicht abhauen. Hausgeister pflegen besondere Pfade zu haben. Hütchens Rennpfad ging über Berge und Wälder geradeaus und es kam deshalb schon allen andern vor (Deutsche Sagen I. S. 100.); Bolieta (in der französischen Schweiz) schlug immer denselben steilen Pfad ein, der so reinlich war, daß man nie einen Stein darauf liegen sah, obgleich auf dem Berg ein ganzes Lager von Rollsteinen vorhanden war; er heißt noch jetzt Bolietas Pfad.

4. Menschen sind manchmal in die Wohnungen der Elfen gekommen, dann hat sich das Geisterhafte ihres Daseins auch darin gezeigt, daß bei ihnen die Zeit aufhörte. Ein Mädchen, das glaubte drei Tage in dem Elfenberg gewesen zu sein, hatte ein ganzes Jahr dort zugebracht (Hausmärchen Nr. 39.) und jenen beiden schottischen Spielleute kamen hundert Jahre wie eine einzige in Lust zugebrachte Nacht vor, während eine arme Frau sie verschlief (Deutsche S. Nr. 151.). Der Tann-

häuser merkt nicht, wie schnell ihm die Zeit in dem unterirdischen Berge verstreicht.

VII. Sprache

1. Die Edda schreibt den Elfen eine eigene von der der Götter, Menschen und Riesen verschiedene Sprache zu, deren Ausdrücke für die größten Naturerscheinungen im Alvîsmâl aufgezeichnet werden. Ungefähr wie Homer an mehrern Stellen zwischen göttlichen und menschlichen Benennungen unterscheidet. Bemerkenswert ist, daß das Echo in dem nordischen Volksglauben Dvergmâl oder Bergmâl, d. h. Zwerg- oder Bergsprache genannt wird (Vgl. Biörn Haldorson I. 73a und Färöiske Qväder. Randers 1822. S. 464. 468.) – In Wales haben die Unterirdischen eine eigene, ganz verschiedene Sprache, von der ein Mensch, der bei ihnen gewesen war, einige Worte gelernt hatte.

2. Die Elfen reden ganz leise. Auf Mau hörte Waldron ein Wispern, das nur von ihnen herrühren konnte. Auch in Schweden ist ihre Stimme leis, wie die Luft. Hinzelmann (Deutsche Sagen I. S. 104. 111. 113.) hatte die feine Stimme eines zarten Knaben.

3. Dagegen der häßliche, verschrumpfte Elfe in der irischen Sage (unten S. 137.) spricht mit einem schnarrenden und schneidenden Ton, der den Menschen erschreckt. Als Wechselbalg spricht er gar nicht, heult und schreit aber zum Entsetzen und wird er genötigt, so klingt seine Stimme wie die eines uralten Mannes (unten S. 131.).

4. Verschiedene Waldgeister schreien laut und brüllen. Der serbischen Vile wird die Stimme des Spechts zugeschrieben.

VIII. Nahrung

Die Elfen bedürfen einiger zarter Nahrung; erst wenn sie in nähere Verbindung mit den Menschen treten, scheint Verlangen nach gröberer Speise zu entstehen. In Irland schlürfen sie Tautropfen ein; sonst scheint süße Milch ihre eigentümliche Nahrung zu sein. Nicht selten wird ihnen nach den deutschen Sagen (Nr. 38. 45. 75. 273. 298.) eine Schüssel voll hingesetzt; und in Wales herrscht gleiche Sitte. Einem Berggeist in der französischen Schweiz ward jeden Abend ein Napf voll süßer, frischer Nidle (Rahm) auf das Dach des Viehschoppens gestellt und allzeit von ihm geleert (Alpenrosen für 1824. S. 74.). Sie genießen auch wohl Krumen von Käse oder Weißbrot. In Preußen wurde ihnen sonst Brot und Bier Nachts hingesetzt und dann die Türe verschlossen; man war erfreut, wenn man am andern Morgen fand, daß sie davon gegessen hatten. Ausdrücklich wird gesagt (Deutsche S. Nr. 67.), daß bei den Nixen die Speise ungesalzen sei. –

Walter Scott (Minstrelsy II. 163.) bemerkt, daß auf der Spitze des Minchmuir, eines Berges in Peeblesshire, eine Quelle sei, welche die Käsequelle genannt werde, weil vordem jeder Vorübergehende ein Stückchen Käse hineingeworfen habe, als Opfer für die Elfen, denen sie geweiht gewesen. – Seltsam ist, daß nach Grant Stewart (S. 136.) in den schottischen Hochländern der Genuß des Käses als ein Mittel betrachtet wird, sich vor dem Einfluß der Elfen zu sichern. Er muß nämlich aus der Milch einer Kuh gemacht sein, welche ein gewisses Kraut gefressen hat, das gälisch Mohan heißt und auf Gipfeln oder Abhängen hoher Berge gesammelt wird, wo noch kein vierfüßiges Tier Nahrung gesucht oder hingetreten hat.

1. Die Elfen leben in großen Genossenschaften, manchmal frei, manchmal unter einem Oberhaupt. In den schottischen Hochländern weiß man nichts von der Königin, deren wohl in Irland und England gedacht wird. In Wales haben sie einen König, der von einem Hof umgeben ist; auch in Schweden (Schwed. Lieder III. 158. 159.), wo sie die menschlichen Einrichtungen nachahmen. In Island ist das Verhältnis am meisten ausgebildet. Dort ist der unterirdische Staat dem menschlichen fast ganz ähnlich. Ein Elfenkönig wohnt in Norwegen und dahin reist der Statthalter nebst einigen Untertanen alle zwei Jahre, Bericht abzustatten; dann wird Recht gesprochen und gehandhabt. In deutschen Gedichten des Mittelalters erscheinen Zwergenkönige, die mächtig in ausgedehnten Reichen herrschen. Elberich trägt eine Krone (Otnit Str. III.) und ist König über große, unterirdische Reiche, er sagt zum Otnit (Str. 173):

ich hàn eigens landes mê dan dîner drì.

So ist auch Laurin ein König und gebietet über eine Menge Zwerge.

2. Aller Orten besteht die Lust und Beschäftigung der Elfen im Tanz. Unermüdlich bringen sie ganze Nächte in diesem Vergnügen zu und nur der Strahl der aufgehenden Sonne zwingt sie einzuhalten und sich zu verbergen. Kreise, die sie in das tauige Gras getreten, erblickt man außer Schottland auch in Scandinavion und Norddeutschland und jeder ruft bei ihrem Anblick: »Da haben die Elfen getanzt!« Auf der Insel Man zeigten sich sogar die Spuren ihrer zarten Fußtritte im Schnee. Der Jüngling, der den Tanz der Elfinnen im Mondschein sieht, kann die Augen nicht abwenden, so verführerisch ist er (Danske Viser I. 235. 237. 238.). Eine deutsche Sage (Nr. 31.) beschreibt ein Hochzeitfest der Unterirdischen, der Graf Eulenburg tanzt mit ihnen, muß sich aber, wie jener irische Tänzer (s. unten S. 157 f.) so schnell in den

leichten Wirbeln der Geister umdrehen, daß er fast den Atem verliert. Bergmännlein kommen aus den Schächten hervor, die Nixen aus der Tiefe, um Anteil an dem Tanz der Menschen zu nehmen und zeichnen sich durch besondere Zierlichkeit und Geschicklichkeit aus (Nr. 39. 51. 58.). Auch sieht man die Nixen auf dem Wasserspiegel tanzen (Nr. 61.) und die Zwerge vor den Riesen (Dieterich und Hildebr. Str. 159.). Dänische Sagen davon hat Thiele I. 48.

Gleicherweise die serbischen Vilen (wie die Elfinnen jung und schön, mit langen Haaren, auf Bergen und in Wäldern wohnend) halten auf Wiesen ihren Reihentanz (Kolo); ein Lied in der Wukischen Sammlung (Thl. I. Nr. 75.) beginnt:

O Kirschbaum, Kirschbaum,
heb die Äste oben,
unter dir die Vilen
führen Zaubertänze;
Radischa vor ihnen
schwingt Thau mit der Geisel
führt zwei Vilen,
redet zu der dritten.

3. Verbunden mit der Liebe zum Tanz ist die Liebe zur Musik. Wo die Elfen ein Fest feiern, da bringen sie auch die Musik mit, ebensowenig fehlt sie bei ihren großen Zügen; darin stimmen die Sagen aller Völker überein. Die Wasserjungfrauen wissen unbekannte Lieder zu singen (Deutsche S. Nr. 306.) und der Zauber ist nicht zu beschreiben (Danske Viser I. 234.), den der Gesang der Elfinnen auf die ganze Natur hervorbringt, alles horcht darauf und scheint gleichsam zu erstarren. Eine schottische Elfin kommt zu einem Landmann, bittet ihn, ihr ein altgälisches Lied zu singen und belohnt ihn reichlich dafür. Auch Elberich hat die Musik nicht vergessen, wie der schwedische Nix oder der Strömkarl, der in der Tiefe des Wassers sitzend den Elfen zum Tanz aufspielt, oder der Bräutigam, der durch sein Spiel den Nix

zwingt, ihm seine Braut zurückzubringen (Danske Viser I. 328. Svenska Visor III. 140.), hat er eine Harfe:

Otnit Str. 522. er ruorte also geswinde die seiten allesamt
in einem suezen dône, daz der sal erdôz.

Von dem Hausgeist Goldemar (Meibom script. I. 286.) heißt es: lusit dulcissime in instrumento musicali chordis aptato. Ein anderer singt (Deutsche Sagen I. S. 113.) und der irische Cluricaun pfeift sich zur Arbeit. In Norwegen heißt die Musik der Unterirdischen Huldre slaat und klingt dumpf und klagend. In Irland und Schottland schallt sie nächtlich aus den Riesenhügeln und Shians der Elfen. Ein Shetländer, der musikalisches Gehör hatte, lernte die Melodie eines nächtlich vorüberziehenden Haufens. Auf Seeland wie im südlichen Schweden kennt man ein Elfenkönigstück, das jeden der es hört, alt und jung, selbst leblose Dinge, zum Tanz treibt, wie jene irische Melodie des jungen Sackpfeifers (s. unten S. 125.), und der Spieler selbst kann nicht ablassen, wenn er nicht versteht das Lied genau rückwärts zu spielen oder ihm jemand von hinten die Saiten der Geige zerschneidet.

4. Gleich den Menschen begehen die Elfen zwei große Feste, bei dem höchsten und tiefsten Stand der Sonne, in feierlichen Umzügen. Am ersten Mai, morgens, wie die Sonne sich erhebt, steigt der irische Held O' Donoghue, unter dessen Herrschaft vordem die goldne Zeit auf Erden war, mit seinen leuchtenden Elfen aus der Tiefe des Sees Killarney und hält im höchsten Glanz und vollkommner Lust, selbst auf einem milchweißen Pferde reitend, seinen Zug über das Wasser. Seine Erscheinung verkündigt Segen für das Land und glücklich, wer ihn erblickt.

Weihnachten, wenn die Sonne am tiefsten gesunken ist, halten die Unterirdischen mit wilder, Schrecken erregender Lust ihren mitternächtlichen Umzug. Es sind die grün gekleideten Elfen, die durch Wälder und Einöden dahin brausen: man hört das Geräusch ihrer Pferde, das Hallogeschrei, den Klang der Hörner (Waldron p. 132.). Deshalb heißen sie das wütende Heer, die wütenden Jäger und auf Möen der Anführer Grön Jette (Thiele I. 196.). Der Ausdruck selbst ist alt, denn der Dichter Reinfrieds von Braunschweig (f. 4b) sagt: »Er rauschet wie das wütende Heer« und in dem oben erwähnten Gedicht Ruodigers (fol. 17d) schwört einer »bei dem wütenden Heer«. Es ist ebenso gefährlich dem rasenden Zug zu folgen, ja ihn nur zu sehen, als der Anblick des O'Donoghue segensreich ist. Auch hier jagt ein Anführer voraus, wozu die deutsche Sage die Frau Holle in ihrer bösen Eigenschaft (Nr. 4. 5.) und die Tutosel (Nr. 311.) macht; oder es wurde der Hackelberg (Nr. 248.), Rodenstein (Nr. 169.), der Ritter von Davensberg (Münster. Sagen. 1825. S. 168. 169.), in Dänemark Waldemar, Palnatoke und Abel (Thiele I. 52. 90. 110. II. 63.) vorangestellt. Sie reiten auf schwarzen, häßlichen und zerzausten Pferden.

X. Geheime Kräfte und Kunstfertigkeiten

1. Schon aus dem Besitz der Nebelkappe ergibt sich, daß die Elfen nach Gefallen verschwinden und sich unsichtbar machen können. Dieser Glaube herrscht überall, wir wollen daher bloß einige Zeugnisse aus älterer Zeit anführen. Elberich macht sich dem Otnit, obgleich von keiner tarnkappe in diesem Gedicht die Rede ist, vielleicht weil er eine Krone trägt, unsichtbar, wie er will, und Otnit selbst hat ihn nur kraft eines Ringes erblickt. Niemand kann ihn greifen:

Str. 298. wie sol man gevâhen daz nieman ensihet?

Und doch ist er nicht als ein Schatten, sondern körperlich zugegen. Schön wird diese elfische Gegenwart beschrieben:

Nr. 404. sie sluoc unde roufte sich diu maget minneclich,
dô huop ir die hende der kleine Elberich;
ir minnecliche hende er in die sînen gevie.
diu tohter sprach zuo der muoter: »wir sin niht einec hie
mich hat einez bevangen.«

Elberich spricht ungesehen, wie ein Hausgeist tut. Dieser zeigt sich überhaupt nicht gerne und endlich auf vieles Bitten von dem ganzen Körper nichts, als die kleine Hand allein (Deutsche Sagen I. S. 125 und 129.) und ganz übereinstimmend wird von Goldemar erzählt: manus sibi duntaxat palpandas praebuit, sed videri negavit et erant manus graciles et molles, ut si quis tangeret murem et ranam.; oder er entfernt sich, wenn man ihn belauscht und erblickt hat, auf immer (Thiele II. 5.). Auch Orthon (bei Froissart) will sich nicht sehen lassen.

2. Vor der Schnelligkeit der Elfen schwindet beinahe der Raum. Die irische Elfenkönigin sprang in einem Satz von einem Berg zum andern drei Stunden weit (s. unten S. 107.) Der Kobold bringt die eine Nacht in Schottland, die andere in Frankreich zu, oder gar in einem andern Weltteil. Der Cluricaun dringt ungehindert durch alle Schlüssellöcher und schwirrt auf einer Binse durch die Luft. Alle neun Welten hat der eddische Zwerg Alvîs durchwandert (Alvîsmâl IX.).

3. Die Elfen wissen die Zukunft voraus, so gut wie sie wissen, was in der Entfernung geschieht (Deutsche S. Nr. 175.). Sie weissagen (Thiele III. 63) und verkündigen bevorstehendes Unglück; die Bergmännchen klopfen den Bergleuten den Tod dreimal an (Deutsche S. Nr. 37. Vgl. der Klopfer auf Hohenrechberg in Gustav Schwabs Beschreib. der Alb. S. 227.). Auch die Wasserelfen verkündigen in den Nibelungen den Burgunden ihr Geschick. Ebenso weissagt die serbische Vile dem Helden Marco sein Ende. Der Zwerg Alvîs (der Allweise) in der Edda, dessen Name schon seine Eigenschaften verrät, läßt keine Frage des Gottes Tor unbeantwortet; überall ist er gewesen und jedes Ding ihm bekannt.

4. Sie können jede Gestalt annehmen. Häufig zeigen sie sich in menschlicher Größe. Die Nixen, die ans Land steigen und sich unter die Menschen mischen, gleichen den schönsten Mädchen, sind auch wie Menschen gekleidet, nur daß zum Zeichen ihrer Abkunft die Säume ihrer Kleider oder ein

Zipfel daran beständig naß bleiben (Deutsche S. Nr. 60.); der Hausgeist fliegt als weiße Feder bei dem Auszug seines Herrn neben dem Wagen her (D. S. I. S. 105. 116.); er entspringt als Marder (S. 111.) oder zeigt sich als Schlange (Vgl. Nr. 305.). Jene Elfin auf Tipperary (s. unten S. 104.) wußte den armen Hirten durch die furchtbarsten Gestalten zu erschrecken.

5. Sie teilen übernatürliche Kenntnisse und Kräfte mit. Elberich gibt dem Otnit einen Stein mit den Worten Str. 256. »der lêret dich alle sprâchen«, und damit stimmt das Versprechen, das die Elfinnen dem Jüngling tun (Danske V. I. 235.), »Wir wollen dich lehren Runen schneiden, schreiben und lesen«; auch Runcapituli legt den Zwergen die Eigenschaft bei, Runen zu schneiden und aufzulösen. Ein Ring, der die größte Gelehrsamkeit verleiht und den Hütchen schenkt (Deutsche S. Nr. 74.) will nichts anderes sagen. In dem Gedicht von Dieterich und Hildebrand Str. 54. gibt der Zwerg einen Ring, wobei man weder Hunger noch Durst empfindet. Einen andern, der Reichtum zusichert, erhält der Scherfenberger bei Ottokar von Horneck (Cap. 573.).

6. Die Kunstfertigkeiten der Elfen übertreffen alles, was Menschen zu leisten imstande sind. Nach der Edda vermögen sie darin mehr, als die Götter selbst. Sie verfertigen dem Odin den Spieß Gungner, Der Sif das goldne Haar und der Freja die goldne Kette. Das höchst künstliche Schiff Skidbladner, das wie ein Tuch kann zusammengelegt werden, ist ihre Arbeit und als die Götter den Wolf Fenrir binden wollten, sendeten sie eine Botschaft deshalb an die schwarzen Elfen, die dann das Band Gleipner aus wunderbaren Bestandteilen verfertigten. Altdeutsche und nordische Gedichte enthalten häufig Erzählungen von der Geschicklichkeit der Zwerge in künstlicher Schmiedearbeit, von ihnen rühren meist die berühmten Waffen, Rüstungen und Schwerter, in unterirdischen Schmieden gehämmert. Bei Zwergen kommt Wieland in die Lehre (Wilkina-Sage Cap. 20.) und Elberich, der doch ein König ist, hat selbst ein Schwert im Kaukasus geschmie-

det (Otnit Str. 122.) und ein Beingewand verfertigt (Str. 124.) und als er geht, dem Kaiser die versprochene Rüstung zu holen, heißt es:

Str. 188. dô huop sich der kleine wider in den berc
dô nam er ûz der essen daz herliche werc.

Die Wilk. S. schreibt ihm die Verfertigung der Schwerter Nagelring und Eckesar zu und bemerkt bei letzterm ausdrücklich, daß es unter der Erde geschmiedet sei (Cap. 40.). Auch den irischen Cluricaun hört man hämmern, er liebt vorzugsweise die Verfertigung von Schuhen, aber diese wurden vor Alters von Metall gemacht (altnordisch hießen die Schuhmacher Schuhschmiede), und merkwürdig genug zeigen die Wichtelmänner in einem Deutschen Märchen (Nr. 39.) dieselbe Neigung, denn was ein Schuster nur am Tage hat zuschneiden können, das arbeiten sie alles in der Nacht mit unglaublicher Geschwindigkeit fertig. Welche geschickte Hand die Elfen in vielen andern Dingen besitzen, davon enthalten die schottischen Sagen überraschende Beispiele. Was aber in den älteren Überlieferungen von Elfen und Zwergen erzählt wird, pflegen die jetzigen Kindermärchen oft von arbeitsamen Tieren, wie Ameisen und andern ausrichten zu lassen, wie das Gewimmel der Zwerge selbst dem der Ameisen und des Gewürms verglichen wird.

XI. Charakter

Sinnesart und Neigungen der Elfen zeigen eine eigentümliche Mischung von gut und böse, List und Aufrichtigkeit, die sich vollkommen aus der Mischung zweier ursprünglich entgegengesetzter Eigenschaften erklärt. So entschieden sie auch manchmal nach einer von beiden Richtungen hingetrieben werden und sich edel und hilfreich oder im höchsten Grad boshaft betragen, so halten sie sich doch im ganzen so bestimmt in einer zweifelhaften Mitte, daß man diese als das charakteristische ihrer Natur angeben muß.

1. Sie necken gerne, höhnen und spotten die Menschen, ohne ihnen eigentlichen Schaden damit tun zu wollen und eine gewisse Gutmütigkeit bricht neben dieser Neigung hervor. Der Hausgeist in der Deutschen Sage (Nr. 75.) hatte seine größte Freude daran, die Leute aneinander zu hetzen, trug aber vorher alle tödlichen Waffen fort, damit sie sich kein Leid antun konnten. Sonst narrte und neckte er die Leute, wo er konnte, hatte seine Kurzweil mit einem Narren und machte Spottlieder auf die, welche in seine Falle gegangen waren. Elberich zeigt dieselbe Natur:

Otnit Str. 451: er wolde die heiden irren, Elberich was kluoc,
der beiden abgöte er in die burc truoc
dâ mite wolt' er sie effen unde trîben sînen spot.

Er ruft ihnen dann unsichtbar zu, er sei ihr Gott, sie sollten ihn anbeten. Laurin neckt durch plötzliche Dunkelheit diejenigen, welche mit ihm in den Berg gegangen sind. Elberich lockt dem Otnit den wunderbaren Ring ab, macht sich dann unsichtbar, lacht ihn aus und spottet über seine Drohungen, gibt ihn gleichwohl gutwillig wieder zurück.

Die Wichte in den Bergwerken (Deutsche Sagen Nr. 37.) rufen, und wenn die Arbeiter herbeieilen, finden sie niemand. In Norwegen nehmen sie den Menschen ihr Werkzeug weg und bringen es mit Hohngelächter zurück.

Dagegen vertragen die Elfen selbst keinen Scherz und so gerne sie die Menschen auslachen, so gestatten sie doch nicht den Menschen es zu vergelten. Der Hausgeist duldet keine Neckerei. Die Elfen luden ein Dienstmädchen, das sie sehr liebten, zu einer Hochzeit; als das Brautpaar daher kam, lag unglücklicherweise ein Strohhalm auf dem Weg, der Bräutigam kam wohlbehalten darüber, aber die Braut nicht, sie fiel. Das Mädchen konnte Lachen nicht unterdrücken und augenblicklich verschwand alles. (Swenska Visor III. 159.). Ein Knecht verspottete einen Kleinen, weil er an einem einzigen Waitzenkorn schwer trug, zornig warf er es zur Erde, es war vom feinsten Golde, aber er und die Seinigen verschwanden seit der Zeit und das Haus geriet in Verfall. (Strack Beschr. v. Eilsen S. 124.). Das alte Sprichwort vom Halm an dem Wege (Bertholds Predigten S. 194a) erhält durch solche Erzählungen Bedeutsamkeit.

Die Elfen necken besonders gern, indem sie unsichtbar mit kleinen Steinen werfen. Ein schottischer Brownie erhielt davon einen Beinamen. Die Bergmännlein in Deutschen Sagen (Nr. 37.) lieben diesen Scherz; auch Elberich wirft nach Otnit, ohne daß dieser ihn sehen kann (Str. 162.). Nach der Legenda aurea cap. 177. war im Jahr 856 ein Poltergeist in Mainz, der die Priester, welche Messe sangen, mit Steinen warf.

2. Aber die Elfen sind auch treu und scheinen nur Vertrauen von den Menschen zu fordern. »Niemand soll feste Gelübde brechen!« sagt der eddische Zwerg (Alvîsmâl III.). Elberich, der im Nibelungenliede dem Siegfried von dem Augenblick an, wo er ihm Treue gelobt hat, völlig und aufrichtig ergeben ist, hält auch dem Otnit Wort und löst sich, wie er versprochen hat. Er sagt:

Str. 136: nû lâ mich ûf die triuwe mîn.

und Str. 137: ez sprechent mîn genôzen, daz ich getriuwe sî.

Dagegen bedrohen sie den, der ihnen das gegebene Wort nicht hält (Thiele III. 48.), oder bestrafen ihn (Deutsche S. Nr. 29.). In Island glaubt man, daß sie Recht und Billigkeit in allen Dingen üben. Einem, der ihnen einen Goldschuh heimlich mitgenommen, brannte das ganze Haus ab (Thiele III. 64.) – Unbezweifelt ist die Treue der Hausgeister, die keine Unredlichkeit dulden und deshalb selbst das Gesinde strafen. Die höchste Anhängigkeit zeigt die irische Banshi, die den Tod eines Familiengliedes jedesmal in der größten Trauer verkündigt und ihre Klaggesang bildet den Gegensatz zu dem verspottenden Lachen anderer Elfen. Auch in Tirol und Niedersachsen glaubt man an einen Geist, der zu dem Fenster hineinschaut, und schwer über das Haus legt, wenn jemand darin stirbt (Deutsche S. Nr. 266.), und die weiße Frau mit ihrer Schleierhaube (N. 267.) gleicht der Banshi vollkommen.

3. Als verschlagen und listig werden die Zwerge überall geschildert und es bedarf keiner Beispiele. Auch Elberich »ist kluoc« (Str. 451.) und weiß alles durch kluge Streiche zu erlangen, den Ring wie die Schiffe, die er den Heiden stiehlt, und von dieser Seite muß man es betrachten, wenn die Elfen als Diebe berühmt sind. Sie wenden dazu ihre Kenntnisse an, wie die schottischen Elfen Wirbelwinde erregen, selbst Feuersbrünste, um Gelegenheit zum Stehlen zu haben. Merkwürdig heißt Elberich deshalb in der Wilk. Sage (Cap. 16.) der große Dieb (hinn mikli stelari). Von den Diebereien der Zwerge kann man andere Deutsche Sagen (Nr. 152. 153. 155.) nachlesen. Meist holen sie sich Lebensmittel. Ein Dänischer Trold stahl Bier und als er erschreckt wurde, entfloh er und ließ seinen Kupferkessel stehen (Thiele I. 35.); die shetländische Elfin, welche die Kuh unsichtbar gemolken hatte, ließ ein seltsames aber schönes Gefäß bei ihre Flucht zurück. – Der Däumling in den deutschen und englischen Märchen, der nichts als ein kleiner und behender Elfe ist, hat seine Neigung zum Diebstahl nicht vergessen, holt im Spiel seinen Gesellen das ihrige aus dem Beutel und wirft die Taler aus der Schatzkammer des Königs (Hausm. Nr. 37. und 45. Vgl. III. S. 401.). Daß wir einen im dreizehnten Jahrhundert bei den hochdeutschen Dichtern berühmten Dieb, der geschickt war, den brütenden Vögeln die Eier unter dem Leib wegzuholen (eine Sage, die noch in den Hausmärchen fortdauert, vgl. Nr. 129.), gleichwohl so weit entfernt von gemeinen Dieben, daß er Karl dem Großen in einem durch einen Engel gebotenen Diebstahl Beistand leistete, als einen ursprünglichen Elfen hieher ziehen, scheint uns, teils weil er ganz die Natur eines treuen, seinen Herrn begleitenden Hausgeistes zeigt, teils seines Namens Elbegast wegen, nicht zu kühn (Vgl. Museum für altd. Litteratur II. 234. 235.).

1. Die Unterirdischen lieben ein verborgenes, heimliches Leben, können Lärm und Geräusch nicht vertragen und heißen in dieser Beziehung das stille Volk. »Daheim soll man nicht die Ruhe nehmen (stören)!« sagt ein eddischer Zwerg (Alvîsmâl I.). Bei Tag halten sie sich ruhig, erst wenn die Menschen schlafen, in der Nacht, werden sie tätig und munter. Sie haben es ungern, wenn ein menschliches Auge sie erblickt; begehen sie ein Fest, feiern sie eine Hochzeit, so vergönnen sie wohl dem Hausherrn zuzusehen, (Deutsche S. Nr. 31.), aber wenn ein anderes Auge nur durch die kleinste Öffnung neugierig schaut, entfliehen sie plötzlich und ihre Lust ist gestört. In Tipperary entfernen sie sich, wenn Menschen sich ihren alten Tanzplätzen nahen und das Gebrüll der Herden klingt ihren Ohren unerträglich. Kommt ein Geistlicher des Wegs (s. unten S. 118.), so verstecken sie sich eilig. Die erzgebirgischen Zwerge wurden durch Errichtung der Hämmer und Pochwerke (Deutsche S. Nr. 36.) verjagt, andere durch das Glockengeläut in nahgebauten Kirchen. Als ein Bauer im Wald Bäume fällt und Balken haut, verdrießt es den Berggeist, er ruft klagend: »Wer lärmt hier so stark?« »Ein Christ«, antwortet ihm sein Gesell, »ist gekommen, haut uns den Wald und unsere Schlupfwinkel weg und tut uns großes Leid an.« (Danske Viser I. 175. 176. 178.). Thiele (Danske Folkesagn I. 42. 43. 122. 174. 175.) hat ähnliche Sagen gesammelt, nach welchen die Trolde vor dem Glockengeläut das Land verlassen oder an einzelnen Orten wegbleiben. Eine Stelle im Angelsächsischen Gedicht von Beovulf zeigt das hohe Alter dieser Überlieferungen, der König hatte eine Burg unfern dem Aufenthalt des Geistes Grendel bauen lassen, fröhlich hausten darin die Helden, aber (S. 9.)

se ellengäst earfodlîce
thrage getholode, se the in thystrum bâd,
thät he dôgora gehvam dreám gehyrde

hlûdne in healle; thär väs hearpan svêg
svutol sang scôpes.

(Der gewaltige Geist, der im Finstern wohnte, duldete heftigen Kummer, daß er jeden Tag den lauten Lärm in der Halle hörte, Harfenspiel und Gesang des Dichters.) Grendel suchte mit aller Macht die Menschen zu schrecken, er und seine Mutter schlichen sich Mitternachts in die Burg, mordeten und raubten die Schlafenden, daß bald alles verödete. – Chaucer gleich im Eingang von the wif of Bathes tale 6446-6463 schildert die Austreibung der Elfen folgendergestalt:

but now can no man see non elves mo;
for now the grete charitee and prayerers
of limitoures (Bettelmönchen) and other holy freres,
that serchen every land and every streme,
as thicke as motes in the sonne beme,
blissing halles, chambres, kichenes and boures,
citees and burghes, castles highe and toures,
thorpes and bernes, shepenes and dairies,
this maketh, that ther ben no fairies.
For ther as wont to walken was an elf,
ther walketh now the limitour himself
in undermeles and in morweninges,
and sayth his matines and his holy thinges,
as he goth in his limitatioun.
Women may now go safely up and doun
in every bush, and under every tree,
ther is non other incubus but he,
and he ne will don hem no dishonour.

2. Die Elfen heißen aber auch, wie in Schottland, das gute Volk, gute Nachbarn, friedliche Leute (men of peace); in Wales (Fairy tales p. 134.) die Familie, die Gesegneten ihrer Mütter, die lieben Frauen; im altnord. und noch jetzt auf den Färöer Huldufolk; in Norwegen Huldre, und zeigen in Übereinstimmung mit diesen Benennungen ein dem vorigen ganz entgegengesetztes Bestreben in der Nähe der Menschen zu

sein und mit ihnen in gutem Vernehmen zu stehen. Sie legen ihre Wohnungen neben den menschlichen an, selbst, wie in Schottland, unter der Türschwelle, und es bildet sich ein gegenseitiger Verkehr. Die Zwerge bei der Stadt Achen haben Kessel und Töpfe und allerlei Küchengeschirr bei den Einwohnern geliehen und redlich zurückgebracht (Deutsche S. Nr. 33. Vgl. Thiele I. 121.), dagegen bei Quedlinburg ihr eigenes Zinnwerk den Leuten zu ihren Hochzeiten geborgt (Nr. 36. Vgl. Thiele II. 15.). Das genauste Verhältnis drückt jene Sage aus, derzufolge die Familie der Elfen sich völlig nach der menschlichen richtete, welcher sie zugehörte und von der sie gleichsam ein Abbild war. Die Hauselfen hielten mit den Menschen an demselben Tage Hochzeit, ihre Kinder wurden an demselben Tag geboren und sie beklagten ihre Toten an demselben Tage (Vgl. Nr. 42.). Dieses gute Volk hilft in Trübsal und Not, und bezeigt sich dankbar für empfangene Wohltat (Deutsche Sagen Nr. 30. 32. 45. Thiele I. 72.). Manchmal machen die Elfen Geschenke mit seltsamen und wunderbaren Dingen, die, solange sie erhalten werden, Glück bringen (Deutsche S. Nr. 35. 41. 70.). In Wales, wenn man ihrem Ausgang aus den Häusern kein Hindernis in den Weg legt und ihnen eine Schüssel mit Milch hinstellt, lassen sie ein kleines Geschenk zurück. Dankbar zeigte sich jener schottische Elfe, der den Hausherrn hernach von dem Tod rettete, weil er eine gewünschte Verbesserung seiner unterirdischen Wohnung bewilligt hatte. In der Schweiz sind die Zwerge oft nachts aus den Bergen gekommen und haben die schwere Arbeit getan, das Korn geschnitten, so daß die Landleute, die morgens mit ihren Wagen anlangten, schon alles verrichtet fanden. Oder sie haben die Kirschen gepflückt und gleich an den Ort getragen, wo sie gewöhnlich aufbewahrt wurden (Deutsche S. Nr. 149.). Ein gutartiger Zwerg legte für verwundete Arbeiter heilende Kräuter bündelweise hin, die er nachts zubereitet hatte (Krieger, der Bodenthäler. Halberst. 1819. S. 41.). Napfhans führte die Kühe auf die gefährlichsten Stellen zur Weide, ohne daß je nur eine verunglückte.

Man muß aber von ihren Wohltaten schweigen und das Geheimnis nicht verraten. Weil darüber gesprochen wurde, verlor jener schottische Bauer das segenreiche Saatkorn, das kein Ende nahm, so wie die sich immer füllende Kanne leer wurde, die ein Knabe von den Elfen geschenkt bekommen hatte (Deutsche S. Nr. 7.). Jene Zwerge in der Schweiz, als man Asche streute, um ihre Spur zu entdecken, flohen und versagten fortan ihre Hilfe.

3. Die Elfen nehmen auch Dienste der Menschen in Anspruch. Zwei Musiker mußten in einem schottischen Shian hundert Jahre lang aufspielen. Am häufigsten kommt jedoch vor, daß sie Wehemütter in ihre Berge oder unter das Wasser eilig geholt und ihren Beistand verlangt haben (Deutsche S. Nr. 41. 49. 304. Thiele I. 36.).

4. Von genaueren Verbindungen der Elfen und Menschen reden nicht bloß schottische Sagen, mehrmals auch die Dänischen Lieder. Rosmer, der Meermann, hat sich eine Frau von der Erde geraubt, Agnete lebt acht Jahre mit einem Wassermann in der Tiefe und zeugt acht Kinder, (Vgl. Thiele I. 114. Schwedische Volkslieder I. 1. II. 22.) so wie ein anderer mit Marstigs Tochter hinab in die Wellen tanzt (Danske Viser I. 311. Vgl. Schwedische Volksl. III. 129.), eine Sage, die ziemlich übereinstimmend auch in Deutschland erzählt wird (Nr. 51.). In Island glaubt man, solche Verbindungen nähmen immer ein trauriges Ende, wenn sie auch anfänglich glücklich zu sein schienen. Die Verbindung des Staufenbergers mit der Wassernixe bringt zuletzt Verderben. Elberich hat an einem Maitage Otnits Mutter unsichtbar gewonnen (Str. 181.), und Signild teilt mit dem Zwerg Laurin den Thron in dem unterirdischen Reich.

5. Schließt sich ein Elfe an einen einzelnen Menschen oder eine Familie an und begibt sich in seinen Dienst, so heißt er Kobold, Brownie (in Schottland), Cluricaune (in Irland), der

Alte im Hause (Tomte gubbe, in Schweden), Nisse-god-Dreng (in Dänemark u. Norwegen), Duende, Trasgo (in Spanien), Lutin, Goblin (in Frankreich) Hobgoblin (in England), erhält auch wohl noch einen Eigennamen, wie ein Napfhans (Jean de la Bolièta) in der franz. Schweiz (Alpenrosen für 1824. S. 74. 75.) und in deutschen Sagen ein Hodecken, Hinzelmann, Ekerken (Eichhörnchen), Kurd Chimgen, Klopfer, Stiefel (Nr. 71-78.) Pück (nordisch Pûki), Knecht Ruprecht, König Goldemar* vorkommt. Von nun an weicht er nicht mehr, zeigt die größte Anhänglichkeit an seinen Herrn und fördert dessen Angelegenheiten, wie er immer kann; nur unter gewissen Umständen verläßt er ihn, sonst bleibt er, solange der Herr oder ein Glied der Familie am Leben ist. Dagegen aber auch umgekehrt, kann ihn der Herr nicht wieder loswerden, verändert er den Ort, so folgt ihm sein Hausgeist nach: Hinzelmann flog in Gestalt einer Feder neben dem Herrn her, andere kriechen in ein Faß und gucken bei der Abfahrt zum Spündloch heraus, oder sitzen hinten auf dem Karrn (Deutsche Sagen Nr. 72. 44. Vgl. Anmerkung zu dem irischen Märchen Nr. 12.). Sie wohnen gewöhnlich unten in dem Keller und in der Nähe der Küche. Der irische Cluricaun durchsucht alle Weinkeller.

Der Hausgeist behält den Charakter des Elfen bei, er ist behend, schalkhaft, gutmütig und nur, wenn er beleidigt wird, zu heftiger Rache geneigt (Vgl. Nr. 74. und 273. Thiele III. 8. 61.), in allen Arbeiten höchst geschickt und unermüdlich, an geheimen und übernatürlichen Kräften unerschöpflich; »er dienete im sô sìn kneht, allerhande dinge was er im gereht«, heißt es übereinstimmend von Elberich im Nibelungenlied (V. 405.) und dem Otnit leistete er, obgleich selbst ein

* Goblinus Persona, der gegen das Ende des 15ten Jahrh. bis in das 16te hinein lebte, erzählte von dem König Goldemer, einem Hausgeist, der sich drei Jahre bei einem Neveling von Hardenberg aufhielt, alle Eigentümlichkeiten eines solchen zeigte und wahrscheinlich derselbe Goldemar ist, dessen im Reinfried von Braunschweig f. 194e wo er »daz riche keiserliche getwerc« genannt wird, und im Anhang vom Heldenbuch Erwähnung geschieht. (Vgl. Altdeutsche Wälder I. 297. 298.)

König, jeglichen Dienst. Nur scheint der Hausgeist einige Stufen herabgesunken zu sein und menschlichere Bedürfnisse zu fühlen. Nach Speise und Kleidung zeigt er überall ein deutliches Verlangen. Die Speise muß jedesmal an den bestimmten Ort gestellt werden, sonst zürnt er aufs äußerste (Deutsche Sage Nr. 73. und Anm. zu dem irischen Märchen Nr. 12. Dänische Sage bei Thiele I. 135.); um die Kleidung scheint er ordentlich zu dienen. Manchmal verschwindet er, wenn er sie empfangen hat, das erzählen übereinstimmend eine schottische und holländische Sage (Ol. Wormii epist. II. 669.) und ein deutsches Märchen (Nr. 39. I.), am deutlichsten aber die mecklenburgische Sage (in Hederichs Schwerin. Chronik) von Pück, der sich einen bunten Rock mit Schellen ausbedingt, eh er in Dienst geht und den er bei seinem Abschied anzieht. Verläßt er das Haus, so schenkt er gewöhnlich einige wunderbare Stücke, die bei der Familie müssen erhalten werden, oder sie sinkt in Verfall.

Glück verbreitet sich in dem Haus, das einen Elfen besitzt, das Vieh gedeiht besser als an andern Orten und wird von keiner Krankheit befallen, alle Unternehmungen gelingen. Nachts, wo der Geist am meisten tätig ist, denn er läßt sich, wie schon oben bemerkt ist, nicht gerne sehen und belauschen, verrichtet er dem Gesinde, falls er gut mit ihm steht, die sauerste Arbeit: trägt Wasser, haut Holz, besorgt die Pferde, die er manchmal besonders zu lieben scheint (Thiele II. 4.). Das ganze Haus findet sich jeden Morgen gereinigt und geordnet, jedes Ding an seiner Stelle. Dabei ist er streng, haßt Faulheit und Unredlichkeit, zeigt Vergehungen an und bestraft das nachlässige Gesinde, wie Hinzelmann den Stock gebraucht und jener Brownie den trägen Reitknecht mit der eignen Peitsche züchtigt. In Dänemark glaubt man sogar (Thiele I. 135.), daß in der Kirche ein Geist wohne, der darin Ordnung halte und bei ärgerlichen Vorfällen strafe.

Ein altes Zeugnis von dem Hausgeist findet sich bei Gervasius von Tilbury, das um so merkwürdiger ist, als es ihn genau so beschreibt, wie ihn die heutige Sage darstellt. Otia Imper. p. 180: Ecce enim in Anglia daemones quosdam habent, daemones, inquam, nescio dixerim, an secretae et ignotae generationis effigies, quos Galli Neptunos, Angli Portunos nominant. Istis insitum est quod simplicitatem fortunatorum colonorum amplectuntur, et cum nocturnas propter domesticas operas agunt vigilias, subito clausis januis ad ignem calefiunt et ranunculas ex sinu projectas prunis impositas comedunt, senili vultu, facie corrugata, statura pusilli, dimidium pollicis non habentes. Panniculis consertis induuntur et si quid gestandum in domo fuerit aut onerosi operis agendum, ad operandum se jungunt, citius humana facilitate expediunt. Id illis insitum est, ut obsequi possint et obesse non possint. Verum unicum quasi modulum nocendi habent. Cum enim inter ambiguas noctis tenebras Angli solitarii quandoque equitant, Portunus nonnunquam invisus, equitanti se copulat et cum diutius comitatur euntem, tandem loris acceptis equum in lutum ad manum ducit, in quo dum infixus volutatur, Portunus exiens cachinnum facit, et sic hujuscemodi ludibrio humanam simplicitatem deridet.

XIII. Feindliche Gesinnung

Die Elfen zeigten sich bei aller Lust zu Neckereien als gutgesinnte Wesen, den Menschen geneigt und wenn auch manchmal in die Stille sich zurückziehend, doch im ganzen gern mit ihnen verkehrend. Völlig entgegengesetzt ist eine andere Ansicht, wovon gleichwohl die Sagen aller Völker durchdrungen sind und welche die feindlichste Stellung der Elfen gegen die Menschen behauptet.

1. Schon ihr bloßer Anblick töte, glaubt man in Wales, oder sei im höchsten Grad gefährlich. Krankheit, heftiges Fieber, Verlust des Verstandes erfolgt daraus nach Thomas Bourkes Bekenntnissen (s. unten S. 158 f.). Ein Jüngling erblickte einen braunen Zwerg, fiel in eine langwierige

Krankheit und starb in Jahresfrist (Walter Scott Lady of the Lake, p. 386.). Überall wird geraten, sich zu entfernen oder nicht aufzublicken, wenn der nächtliche Zug der Elfen kommt. Wer durch ein Astloch nach den Elfen sieht, verliert das Auge. Eine Wehmutter erzählt, was sie im Berg bei den Unterirdischen gesehen hat und erblindet (Thiele I. 36.).

2. Sie haben ein Geschoß, einen Pfeil, wodurch Menschen und Tiere unfehlbar getötet werden; die bloße Berührung reicht schon hin (s. die schottischen Sagen). Die Elfenjungfrauen drohen dem Olof mit Krankheit und geben ihm einen Schlag zwischen die Schultern, und am andern Morgen liegt er tot auf der Bahre (Danske Viser I. 238. Schwed. Lieder III. 163.). Ein Jüngling auf der Insel Man entzog sich den Liebkosungen einer Nixe und erzürnt warf sie nach ihm; ob er sich gleich nur leicht vom Kiesel getroffen fühlte, so empfand er doch von dem Augenblick eine qualvolle Angst und starb nach sieben Tagen. Elberich übt noch die gewohnte Rache; als Otnit ihn berührt und forttragen will, heißt es:

Str. 108: im wart zuo dem herzen ein grôzer slac getân.

Und der Heidenkönig wird von dem lauten Schlag, den der Unsichtbare ihm gibt, wütend (Str. 299.). Die Vermutung ist wohl erlaubt, daß Elberich in dem Nibelungenlied die ungewöhnliche siebenfache Geisel mit den schweren Knöpfen führt (V. 1991.), um damit den Elfenschlag zu tun.

Der bloße Anhauch der Elfen bringt schon Gefahr. In Irland und Schottland entstehen davon Beulen und Krankheiten. In Norwegen heißt die Krankheit Alv-Gust oder Alvild (Elfenfeuer), im altnord. âlfabruni, und befällt den Menschen, wenn er nur an den Ort kommt, wo die Elfen hingespien oder Wasser gelassen haben. Der schottische Elfe speit in das Auge, das ihn gesehen hat, der preußische haucht hinein und es erblindet; der dänische reißt es aus (s. Nyerups Abhandlung) wie jener, von dem Gervasius in der gleich anzuführenden Stelle erzählt, es mit dem Finger ausdrückt.

3) Wer von Speise oder Trank, den Elfen vorsetzen, das

geringste anrührt und genießt, ist ihnen nach den schottischen Sagen verfallen und kann nicht mehr in das Menschenleben zurück. Darum tragen sie Goldbecher in den Händen und bieten sie dar (Thiele I. 23. 55. II. 67. III. 44. Schwed. Volksl. I. 111.), was aber aus dem Oldenburger Horn aufs Pferd sprützte, versengte die Haare (Vgl. Thiele I. 4. und 49.). Bei den Zwergen im Berg nimmt die Frau von Alvensleben nach der Deutschen Sage (Nr. 68.) von dargebotner Speise und Trank nichts und kehrt deshalb wieder zurück; andere bringt der erste Trunk um die Freiheit (Nr. 305. Vgl. Thiele I. 119.). Die Elfinnen versuchen alles, den schönen Jüngling zum Reden zu bewegen (Danske Viser I. 234. Vgl. Deutsche Sagen Nr. 7.) oder daß er mit ihnen in den Tanzkreis trete; dann gehört er ihnen. Wer ihnen Dienste geleistet hat und ein wenig mehr von dem hingeschütteten Gold nimmt, als er zu fordern hat, dessen Leben steht in Gefahr oder er muß bei ihnen bleiben (Deutsche Sagen Nr. 41. 65.). Selten kommt jemand von ihnen zurück, und wenn es geschieht, so ist der Mensch (wie man in Norwegen glaubt), auf immer wahnwitzig oder stumpfsinnig (elbisch). Manchmal erhält er nach langem Todesschlaf die Sinne wieder (Vgl. unten S. 75. und Thiele Dän. Sagen I. 119.). Deshalb glaubt man auch von einem Einfältigen, er stehe in Verbindung mit den Unterirdischen und wenn sie nächtlich erscheinen, springt er auf, zieht mit ihnen und zeigt sich vertraut mit den Bewegungen ihres Tanzes, wie eine shetländische Sage erzählt.

4) Die Elfen tragen Verlangen nach kleinen, gesunden Kindern, blühenden Jünglingen und schönen Frauen, die sie mit Gewalt oder List rauben. Unsichtbare Hände nehmen das Kind der Mutter weg (Waldron S. 128.), Nixen ziehen es ins Wasser (Deutsche S. Nr. 4. 61.). Oder sie suchen durch Musik und Tanz, durch Versprechungen wunderbarer Geschenke oder eines glückseligen Lebens die Menschen an sich zu locken; davon enthalten die schottischen und dänischen Sagen (Thiele I. 58.) Beispiele genug. Wie etwa Homer von

den Geistern erzählt, daß sie Blut begierig einsaugen, um das Gefühl des Lebens zu erlangen, so scheinen diese geisterhaften Wesen ihren Kreis durch die geraubten jugendlichen Menschen zu erfrischen oder wiederherzustellen, welches in Wales wirklich Volksglaube ist.

Am häufigsten vollbringen sie Diebstahl durch Vertauschung. In den deutschen Hausmärchen (Nr. 11. 135.) wird mehrmals erzählt, daß an die Stelle einer schönen Frau während des Wochenbetts die häßliche Tochter einer Hexe sei vertauscht worden. (Vgl. Thiele I. 89.). Sie sollen die Kinder der Elfen säugen, das sagt die schottische Sage ausdrücklich. Doch gewöhnlich ist es ein neugebornes rotwangiges Kind, dem der Platz in der Wiege von einem Wechselbalg geraubt wird. Der irische und schottische Glaube darüber ist so ausführlich abgehandelt, daß nur die große Übereinstimmung der deutschen Sagen (Nr. 81. 82. 87-90.) und der nordischen (Thiele I. 47. II. 1.) anzumerken ist. Das Alter desselben bezeugt auch eine, zugleich ihres Inhalts und ihrer schon oben angezeigten Ähnlichkeit mit einer noch lebenden schottischen Sage wegen, wichtige Stelle des Gervasius von Tilbury. Otia Imper. 987:

Sed et dracos vulgo asserunt formam hominis assumere primosque in forum publicum adventare sine cujusvis agitatione. Hos perhibent in cavernis fluviorum mansionem habere et nunc in specie annulorum aureorum supernatantium aut scyphorum, mulieres allicere ac pueros in ripis fluminum balneantes. Nam dum visa cupiunt consequi, subito raptu coguntur ad intima delabi, nec plus hoc contingere dicunt quam foeminis lactantibus, quas draci rapiunt, ut prolem suam infelicem nutriant et nonnunquam post exactum septennium remuneratae ad hoc nostrum redeunt hemispherium; quae etiam narrant, se in amplis palatiis cum dracis et eorum uxoribus in cavernis et ripis fluminum habitasse. Vidimus equidem hujuscemodi foeminam raptam, dum in ripa fluminis Rhodani panniculos ablueret, scypho ligneo superenatante, quem dum ad comprehendendum sequeretur, ad altiora praegressa a draco introfertur, nutrixque facta filii sui sub aqua, illaesa rediit, a viro et amicis vix agnita post septennium. Narrabat aeque miranda, quod hominibus raptis draci vescebantur, et se in humanas species transformabant, cumque uno aliquo die pastillum anguillarem pro parte dracus nutrici dedisset, ipsa digitos pastilli adipe linitos ad oculum unum et unam faciem casu ducens, meruit limpidissimum sub aqua ac subtilissimum habere intuitum. Completo ergo suae vicis anno tertio, cum ad propria rediisset, in foro Pellicadii (al Belliquadri h. e. Beaucaire) summo mane dracum obvium habuit, quem agnitum salutavit, de statu dominae ac alumni sui quaestionem faciens. Ad haec dracus, heus, inquit, quonam oculo mei cepisti agnitionem? at illa oculum visionis indicat, quem adipe pastilli pridem perunxerat, quo comperto dracus digitum oculo infixit sicque de caetero non visus aut cognoscibilis divertit.

Wie der Hausgeist Glück und Gedeihen, so bringt die Gegenwart des Wechselbalgs Verderben über Menschen und Tiere und jedes Unternehmen mißlingt (Vgl. unten S. 127.).

5. Die Toten gehören den Elfen an und sie feiern daher das Absterben eines Menschen wie ein Fest mit Tanz und Musik. Diesem irischen Glauben entspricht die deutsche Sage (Nr. 61.), wonach man die Nixen auf dem Wasser tanzen sieht, bevor ein Kind ertrinkt. In dem Zug des wütenden Heers bemerkt man längst verstorbene Menschen (Eyring Sprichwörter I, 781-786.).

6. Ein feindlicher Geist ist der Alp, schon bei den Dichtern des Mittelalters ein böses, schlafende Menschen zäumendes und reitendes Gespenst (getwâs), das ihnen im Traum vorgaukelt. Die Stellen sind oben im ersten Abschnitt mitgeteilt. Daher immer der Ausdruck triegen (täuschen), so wie für Gespenst selbst getruc (phantasma) schon bei O. III. 8, 48. gidrog, stehet; das Adj. elbisch bezeichnet nicht bloß die Eigenschaft des Alpseins, sondern auch des vom Alp

besessen seins, daher noch im Vocabul. 1482 elbischer: Phantast. Niederländische Dichter jener Zeit äußern dieselbe Ansicht. Vgl. Maerlant spec. hist. I. 5. elfs ghedroch (elbischer Trug.) – Ein altes Zeugnis für diesen Glauben findet sich in Snorres Heimskringla (I. p. 20.): der schwedische König Vanland klagt, daß ihn die Mara im Schlaf gedrückt habe (at mara trad hann) und der Skalde Thiodolf wiederholt das in einem Gedicht (mara qualdi). Ein anderes enthält Gervasius von Tilbury otia imper. c. 86. ut autem moribus et auribus hominum satisfaciamus, constituamus, hoc esse foeminarum ac virorum quorundam infortunia, quod de nocte celerrimo volatu regiones transcurrunt, domos intrant, dormientes opprimunt, ingerunt somnia gravia, quibus planctus excitant. Daß es nicht Elfen sind, sondern Geister wirklicher Menschen, welche andere im Schlaf drücken, kommt mit dem heutigen Glauben in Schweden (Westerdahl Beskrifning am svenska Seder S. 40.) und Dänemark (Thiele II. 18.) überein, wonach Mädchen im Schlafe unbewußt entrückt werden und andere schlafende quälen. Der Name ist Mare, auf den Färöer Marra, in England Night-mare und in Holland Nachtmaer. In Deutschland, und wie es scheint allein, bedient man sich zwar des Ausdrucks der Alp, allein das gleichbedeutende Mahr und Drud wird beides männlich und weiblich gebraucht und stimmt insoweit zu Gervasius, der von Männern und Frauen spricht. Glaube und Sagen (was jetzt noch gang und gäbe in Deutschland ist, findet sich gesammelt in Nr. 80.) scheinen allerorten ziemlich dieselben zu sein. Seltsam, daß man den Alp auch mit bloßen Gedanken aus Zorn und Haß andern zuschicken kann; dann kriecht er als ein kleiner weißer Schmetterling aus den zusammengewachsenen Augenbrauen des Menschen hervor, fliegt und setzt sich auf die Brust des Schlafenden. Zu diesem Glauben stimmt vollkommen, daß (nach Stalder) in der Schweiz Toggeli beides zugleich den Alp und den Schmetterling bedeutet und daß in den Hexenprozessen der böse Geist (der Elbe) als Molkendieb und Schmetterling vorkommt. In Frankreich kennt man den Cauchemar. Die irische Phuka entspricht in ihrem Wesen völlig der Mahr und es ist nur anzumerken, daß es noch eine besondere deutsche Sage (Nr. 79. Vgl. 272.) von einem in Schilf und Erlengesträuch sitzenden Gespenst gibt, welches, wie die Phuka, abends den Vorübergehenden auf den Rücken springt und sie nicht eher verläßt, bis sie ohnmächtig zur Erde sinken.

XIV. Alte Zeugnisse

Ein hohes Alter des Elfenwesens ergibt sich aus dem frühen Dasein verschiedener dabei vorkommender Benennungen, welche wir an den passenden Orten nachgewiesen haben. Aber es fehlt auch nicht an (bisher noch von niemand aufgesuchten) Zeugnissen, die sich auf den Inhalt der Sagen selbst beziehen und insoweit ein noch größeres Gewicht haben, als ihre Beweiskraft mehr in die Sinne fällt. Zwar hätten sie sich gleichfalls einfügen lassen, doch schien es teils vorteilhafter, sie der Reihe nach zu übersehen, teils war es nicht gut möglich, sie anders als hier, vorzüglich nachdem das Wesen des Hausgeistes dargestellt ist, vollständig zu erläutern.

1. Cassianus (im 5ten Jahrh. Geistlicher zu Marseille) collationes patrum VII. c. 32.

Nonnullos (immundos spiritus), quos faunos vulgus appellat, ita seductores et joculatores esse manifestum est, ut certa quaeque loca seu vias jugiter obsidentes nequaquam tormentis eorum, quos praetereuntes potuerint decipere, delectentur, sed derisu tantummodo et illusione contenti fatigare eos potius studeant, quam nocere; quosdam solummodo innocuis incubationibus hominum pernoctare.

Er beschreibt die Kleinen, welche das Volk Waldgeister nennt, die sich an Spielen vergnügen und die Menschen anlocken. Sie haben ihre Lieblingsplätze, wollen den Vorübergehenden nicht schaden, nur sie necken und auslachen, wie alles die Elfen zu treiben gewohnt sind. Zuletzt gedenkt er des Alps, der nächtlich die Menschen drückt.

2. Isidorus hispal. (Anfang des 7ten Jahrh.) Etym. Lib. VIII. c. ult.

Pilosi, qui graece panitae, latine incubi appellantur – hos daemones Galli Dusios nuncupant. Quem autem vulgo Incubonem vocant, hunc Romani Faunum dicunt.

Die pilosi sind die haarigen Erdelfen, wie der schottische Brownie noch jetzt zottig und im Wolfdieterich die rauche Els ausdrücklich dargestellt wird. Der gallische Name Dusii findet sich schon ein paar Jahrhunderte früher bei dem heil. Augustin de civ. Dei c. 23. daemones, quos Dusios Galli nuncupant, von dem vielleicht Isidor diese Bemerkung entlehnt hat, so wie aus einem von beiden nachher Hincmar de divortio Lotharii p. 654. und Gervasius I. 989. Sämtlich führen sie an, daß Frauen unerlaubten Umgang mit diesen Geistern gepflogen hätten. Die Erklärung von Incubo durch Faunus, welche gleichfalls aus dem Augustin genommen ist, zeigt, wie wir Faunus in der Stelle bei Cassian verstehen müssen; vgl. incubo in der oben angeführten Stelle des Petronius.

3. Eine Stelle bei Dücange (v. aquaticus) aus dem cod. reg. 5600, welcher um das Jahr 800 geschrieben ist:

Sunt aliqui rustici homines, qui credunt aliquas mulieres, quod vulgum dicitur, strias esse debeant et ad infantes vel pecora nocere possint, vel dusiolus vel aquaticus vel geniscus esse debeat.

Die Dusii werden also auch als kleine Geister gedacht und es bestätigt sich durch den Gegensatz zu den andern angeführten, daß sie Wald- oder Hausgeister sind, denn unter aquaticus wird ohne Zweifel ein Nix, unter geniscus aber (von genius, Alp) ein eigentlicher Elfe oder Lichtgeist verstanden; beide Worte enthalten wörtliche Übersetzungen. (Hincmarus remensis, opp. Paris 1645. T. I. p. 654. nennt lamiae, sive geniciales feminae). Sie schaden den Kindern, indem sie

Wechselbälge an ihre Stelle legen und daß sie das auch bei den Tieren tun, sagt die schottische Sage ausdrücklich.

4. Monachus Sangallens. (starb 885.) de Carolo M. (Bouquet V. p. 116.).

Daemon, qui dicitur larva, cui curae est ludicris hominum illusionibus vacare, fecit consuetudinem ad cujusdam fabri ferrarii domum (in Francia quae dicitur antiqua) venire et per noctes malleis et incudibus ludere. Cumque pater ille familias signo salutiferae crucis se suaque munire conaretur, respondit pilosus: »mi compater, si non impedieris me in officina tua jocari, appone hic potiunculam tuam et quotidie plenam invenies illam. Tum miser ille plus penuriam metuens corporalem, quam aeternam animae perditionem, fecit juxta suasionem adversarii. Qui adsumpto praegrandi flascone cellarium bromii vel ditis illius (eines habsüchtigen Erzbischofs) irrumpens, rapina perpetrata, reliqua in pavimentum fluere permisit. Cumque jam tali modo plurimae cubae exinanitae fuissent, animadvertens episcopus quia daemonum fraude periissent, benedicta aqua cellam adspersit et invecto crucis signaculo tutavit. Nocte autem facta furis antiqui callidus satelles cum vasculo suo venit et cum vinaria vasa propter impressionem sanctae crucis non anderet attingere, nec tamen ei liceret exire, in humana specie repertus et a custode domus alligatus, pro fure ad supplicium productus et ad palum caesus, inter caedendum hoc solum proclamavit: »vae mihi! vae mihi! quia potiunculam compatris mei perdidi!«

Deutlich wird hier der Hausgeist beschrieben und die ganze leicht tausendjährige Sage ist so sehr in dem Geist der noch heute umgehenden, daß man glauben könnte, sie sei daraus entnommen. Man nennt ihn larva, das heißt, Wicht, Schrat, wie die oben angeführten alten Glossen übersetzen; dann auch wie bei Isidor: Pilosus; er zeigt gleich den Wichtlein menschliche Gestalt. Er kommt nachts, und hat sein Spiel mit den Werkzeugen des Schmieds, so wie der Cluricaun klopft und man die Unterirdischen nächtlich hämmern hört. Er ist ihm dafür gewogen, macht ein Geschenk mit einer nie versiegenden Weinkanne, um nach Art des Kobolds für den Vorteil des Hauses zu sorgen. Er macht sich kein Gewissen daraus den Wein anderwärts zu stehlen, wie der irische Cluricaun nächtlich in die angefüllten Keller schlüpft, und um nach seiner Art Gerechtigkeit zu üben und den Geizigen zu bestrafen, läßt er den Wein aus den Fässern fließen.

5. Odericus Vidalis (geb. in England im Jahr 1075, lebte in der Normandie) hist. eccl. V. p. 556.

Deinde Taurinus fanum Dianae intravit Zabulonque coram populo visibilem adstare coegit, quo viso ethnica plebs valde timuit. Nam manifeste apparuit eis aethiops niger et fuligo, barbam habens prolixam et scintillas igneas ex ore mittens. Deinde angelus Dei splendidus ut sol advenit cunctisque cernentibus ligatis a dorso manibus daemonem adduxit. Daemon adhuc in eadem urbe degit et in variis frequenter formis apparens, neminem laedit. Hunc vulgus Gobelinum appellat et per merita S. Taurini ab humana laesione coercitum usque hoc affirmat.

6. Poenitentiale in einer Wiener Handschr. aus dem 12ten Jahrh. (Cod. univ. 633.); wahrscheinlich ist das Werk älter.

fol. 12. Fecisti pueriles arcus parvulos et puerorum sutularia et projecisti eos in cellarium sive in horreum ut satyri vel pilosi cum eis ibi jocarentur et tibi aliorum bona comportarent et inde ditior fieres.

Den Hauswichtlein werden, da sie klein sind, Kinderspielsachen, in den Keller oder die Scheune, ihren gewöhnlichen Aufenthaltsort, hingelegt: ein Bogen, um kleine Pfeile auf die Menschen abzuschießen und sie damit, wie sonst mit Steinchen zu necken, denn der gefährliche Elfenpfeil der schottischen Sage hat gewiß sein Gegenstück in einem unschädlichen. Ein paar Kinderschuhe, das sind die sutularia (bei Notker, Capella 16. 37. suftelâre, petasus, subtalare, was man unter den Fuß bindet, sie wurden nur bei Nacht und im Sommer getragen, s. Dü Cange), denn die Wichte lieben

Kleidungsstücke über alles. Das tut der Hausherr, damit der listige Kobold andern heimlich etwas (meist Nahrungsmittel) stehle und es ihm bringe, denn wo er haust, da ist Zufluß von allen Dingen.

7. Radevicus (im 12ten Jahrh.) de gestis Frid. I. L. II. c. 13. bemerkt die Vorzeichen, ehe die Kirche zu Freisingen abbrannte, darunter:

Pilosi, quos Satyros vocant, in domibus plerumque auditi.

Man hört nämlich die Kobolde in den Häusern klopfen und pochen, als Warnung, wie die Wichte dem Bergmann den Tod anklopfen (Deutsche Sagen Nr. 47.) und die Hausgeister Unglück voraus verkündigen.

8. Hieran schließen sich die in den vorigen Abschnitten angeführten Stellen aus dem Gervasius Tilburensis, dessen Otia imperialia in das 13te Jahrh. gehören, worin der Glaube von dem Brownie, Wechselbalg und Nachtmahr übereinstimmend mit den heutigen Sagen dargestellt wird.

9. Endlich führen wir ein Märchen von einem Hausgeist an, das in einem Heidelberger Codex (Nr. 341. f. 371. 372.) sich befindet und dessen mit der heutigen Sage völlig übereinstimmender Inhalt ebenso merkwürdig, als seine Darstellung artig ist. Die Handschrift gehört in das 14te Jahrhundert, das Gedicht selbst aller Wahrscheinlichkeit nach ist älter und noch in dem 13ten Jahrhundert abgefaßt. Was die Quelle dieser Erzählung betrifft, so scheint am natürlichsten anzunehmen, daß ein Deutscher im Norden die Sage gehört, oder ein reisender Norwege sie in Deutschland erzählt habe.

Der König von Norwegen will dem König von Dänemark einen zahmen, weißen Bären zum Geschenk machen. Der Normann, der ihn dahin führt, kehrt unterwegs in einem Dorfe ein und bittet einen Dänen um Nachtherberge. Dieser schlägt es nicht ab, klagt aber dem Fremden, daß er seines Hauses und Hofes nicht Herr sei, weil ihn ein Geist darin quäle:

mit niht' ich daz ervarn kan
swaz creatiuren ez sî.
sìn hant ist swär' alsam ein blî:
wen ez erreichet mit dem slage –
ez slät in, daz er vellet nider.
sîn gestalt unt sînin gelider
diu moht ich leider nie gesehen,
wan daz ich des vürwâr muoz jehen
unde sage ez iu ze wunder,
daz ich gevriesch nie kunder
sô stark noch sô gelenke:
tische, stuele unde benke
die sint im ringe alsam ein bal;
ez wirfet ûf unde ze tal
die schüzzeln unde die töpfe gar,
ez rumpelt stäte vür sich dar,
ovenbrete unt ovensteine,
körbe, kisten algemeine,
die wirfet ez hin unde her.
ez gêt ot allez daz entwer
waz ist in dem hove mîn.

Darauf habe er mit seinem Gesinde das Haus verlassen und sich lieber auf dem Feld eine Hütte gebaut. Der Normann will nur die Nacht über in dem Haus zubringen, kehrt in die Küche ein, brät sich bei angemachtem Feuer die Speise und ist guter Dinge; endlich legt er sich schlafen. Der Bär, der auch gefressen hat, und wegmüde ist, ruht neben dem Feuer aus:

dô nû der guote man gelac
unde slâfes nâch der muede pslac
unt ouch der muede ber entslief,
hoeret, wie ein schretel dort her lief,
daz was kûme drîer spannen lanc,
gein dem viure ez vaste spranc.
ez was gar eislich getàn,

unde hät ein rôtez keppel an.
daz ir die wàrheit wizzet,
ez hät ein vleisch gespizzet
an einen spiz îsenîn,
den truoc ez in der hende sin.
daz schretel ungehiure
sich sazte zuo dem viure
unde briet sîn vleisch durch lîpnar,
unz ez des bern wart gewar
ez dâhte in sìnem sinne:
waz tuot diz kunder hinne?
ez ist so griulîche getân!
unde sol ez bî dir hie bestân,
dû muost sin lîhte schaden nemen;
nein, blîbens darf ez niht gezemen.
ich hân die andern gar verjaget,
unde bin ouch noch niht sô verzaget,
ez muoz mir rûmen diz gemach.
nîtlich' ez ûf den bern sach,
ez sach ot dar unt allez dar,
zelest erwac ez sich sin gar
unde gap dem bern einen slac
mit dem spizze ûf den nac.
er rampf sich unde grein ez an,
daz schretel spranc von im hindan
unde briet sin vleischel vürbaz,
unz daz ez wart von smalze naz,
dem bern ez aber einez sluoc,
der ber im aber daz vertruoc,
ez briet sin vleisc vür sich dar
unz daz ez rehte wart gewar,
daz nû der brâte sûsete,
unt in der hitze brûsete,
den spiz ez mit dem brâten zôch
vaste ûf über daz houbet hôch,

daz boese tuster (oder custer?) ungeslaht
sluoc ûz aller sîner maht
den mueden bern über daz mûl.
nû was der ber doch niht sô vûl,
er vuor ûf unde lief ez an.

Nun geht es an ein Balgen und Kratzen zwischen dem Bären und Schretel, der Bär brüllt laut, daß sein Meister erwacht und vor Angst in einen Backofen kriecht

nû bîzâ bîz, nû limmâ lim!
nû kratzâ kraz, nû krimmâ krim!
sie bizzen unde lummen,
sie krazten unde krummen.

Der Kampf ist lange ungewiß, endlich überwindet der Bär und das Schretel verschwindet plötzlich. Der Bär, zerzaust und zerkratzt, legt sich auf dem Estrich nieder und rastet die kampfmüden Glieder. Morgens frühe kriecht der Normann ganz rußig aus dem Ofen, nimmt von dem Dänen Abschied, der sich verwundert, ihn noch lebendig zu erblicken und zieht mit dem Tiere seines Weges fort. Unterdessen rüstet der Däne seinen Pflug:

ze acker er damite gienc,
er mente sîn ohsen, hin treip er,
nû lief daz schretel dorther
unde trat ob im ûf einen stein,
mit bluote wâren sîniu bein
berunnen ûf unt ze tal,
sîn lîbel daz was überal
zekratzet unde zebizzen,
zezerret unde zerrizzen
was sîn kepel daz ez truoc.
ez rief eislîch' unt lûte genuoc
unde sprach dem bûmanne zuo,
ez rief wol drîstunt: »hörest dûz dû?
hörest dûz dû? hörest dûz iedoch?
lebet dîn grôze katze noch?«

er luoget ûf unde sach ez an,
sus antwurt' im der bûman:
»jâ, jâ, mîn grôze katze,
dir ze trutze unt ze tratze
lebet sie, dû bösez wihtel, noch:
sam mir daz öhsel unde daz joch!
vümf jungen sie mir hînt gewan,
die sint schoene unde wolgetân
lancsîtic, wîz unde herlich,
der alten katzen alle gelîch.«
»vümf jungen?« sprach daz schretelin.
»ja, sprach er, ûf die triuwe mîn,
louf hin unde schöuwe sie,
dû ne gesaehe sô schöner katzen nie,
besich doch, ob ez wâr sî.«
»pfî dich! sprach daz schretel, pfî!
sol ich sie schouwen, wê mir wart,
nein, nein, ich kom niht ûf die vart,
sint ir nû sehse worden,
sie begunden mich ermorden.
diu eine tät mir ê sô wê,
in dînen hof ich niemer mê
kom, die wîle ich hân mîn leben.«
diu rede kam dem bûman eben,
daz schretel sâ vor im verswant,
der bûman kêrte heim zehant,
in sînen hof zôch er sich wider
unde was dâ mit gemache sider,
er unde sîn wîp unt siniu kint,
diu lebeten dâ mit vröuden sint.

Merkenswert ist, daß der Schrat nachts zum Feuer herbeinaht, Fleisch zu braten, denn dies stimmt zu dem, was Gervasius von Tilbury in der vorhin angeführten Stelle sagt: die Kleinen kämen in der Nacht zum Feuer, wo sie sich Frösche brieten und solche verzehrten. Das Schretel hat dem Eigentümer Haus und Hof verleidet, wie der oben genannte teuflische Geist Grendel seine Burg dem dänischen König, welcher gleichfalls durch einen fremden Helden von der Plage befreit wird. Und Grendel treibt sein Spiel immer bei Nacht. In dieser Beziehung ist nicht zu verkennen, daß vielen heutigen Kindermärchen, worin ein mutiger Wanderer seine Nachtherberge von Geistern und Spuk reinigt, ganz dieselbe Idee unterliegt. Frühmorgens bezeigt sich der Wirt ebenso verwundert, daß der Gast mit dem Leben davon gekommen sei; zuweilen wird auch der Reisende von Tieren begleitet, die ihm, wie hier der Bär dem König, eigentlich die Sache gegen die Geister ausrichten.

XV. Elfische Tiere

Auf den Färöer glaubt man, daß große und fette Kühe und Schafe der Elfen unsichtbar unter dem übrigen Vieh weiden und daß manchmal ein Stück davon, oder einer ihrer Hunde, gesehen werde. Derselbe Glaube herrscht auf Island, man hält ihre Herden nicht für zahlreich, aber für sehr fruchtbar, sie zeigen sich nur, wenn es ihnen gefällt. In Norwegen treiben die Huldre Vieh vor sich her, das blau ist, wie sie selbst. Auch in Deutschland erzählt man von einer elfischen blauen Kuh, die voraus wußte, wenn Feinde sich näherten und den Menschen sichere Zufluchtsorte zeigte (Strack Beschr. von Eilsen. S. 7.). In Schweden treibt die Meerfrau schneeweißes Vieh auf Inseln und auf den Strand, da zu weiden (Schwed. Volksl. III. 148.) und die Elfenjungfrauen versprechen in einem Lied (das. III. 171. u. 173.) zwölf weiße Stiere.

Ausführlich ist die schottische Sage von dem Elfstier, gleichwohl schon sehr alt, denn bereits im Anfang des dreizehnten Jahrhunderts muß sie in Island bekannt gewesen sein, wie aus der, in jene Zeit fallende Eyrbyggia-Saga (Cap. 63.) erhellt. Eine Kuh kam abhanden, man wollte sie auf der Weide mit einem Stier, der die Farbe eines Grauschimmels hatte (apalgrâr) und der offenbar dem mäusefarbigen Stier der schottischen Sage entspricht, gesehen haben. Im Winter findet sie sich auf einmal wieder vor dem Stall ein, ist trächtig und wirft gegen den Sommer ein Stierkalb, das so groß ist, daß sie beim Kalben umkommt. Eine alte blinde Frau, die in ihrer Jugend hellsehend gewesen war, ruft, als sie das Kalb brüllen hört: »Das ist das Gebrüll eines Elfen und nicht eines lebendigen Wesens, ihr werdet wohl tun, es sogleich zu töten!« Sie wiederholt ihren Ausspruch, dem aber wegen der Schönheit des Tiers nicht Folge geleistet wird. Es wächst gewaltig heran, brüllt zum Entsetzen und durchbohrt mit den Hörnern im vierten Jahr seinen eigenen Herrn.

Auch in Deutschland scheint der Elfstier nicht unbekannt gewesen zu sein. Im Simplicissimus (Buch V. Cap. 10.) wird erzählt, daß aus dem Mummelsee, (d. h. dem See der Wassernixen, denn sie heißen auch Muhmen, Mummeln, so wie die Landelfinnen Roggenmuhmen vgl. Nr. 89.) als Hirten ihr Vieh dabei gehütet, ein brauner Stier herausgestiegen sei und sich zu dem andern Vieh gesellt habe; doch ein Wassernixe sei ihm sogleich nachgefolgt, um ihn wieder zurückzutreiben, dem er aber nicht gehorchen wollen, bis ihm dieser gewünscht, es solle ihm sonst aller Menschen Leid ankommen, worauf beide sich wieder in den See begeben hätten. Man muß hiermit die irische Sage von der Kuh mit den sieben Färsen und die Schweizersage von dem gespenstischen Tier, das die Alpen verheerte und nur durch einen besonders dazu auferzogenen Stier gebändigt werden konnte (Deutsche Sagen Num. 142.), vergleichen.

XVI. Hexen und Unholde

Wir schließen diese Betrachtungen mit folgender aus ihnen zugleich hervorgehender. Der Glaube an Elfen und Geister hat in ganz Europa dem Christentum lange voraus bestanden. Die Lehrer des neuen Glaubens suchten die tiefgewurzelten heidnischen Ideen und Gebräuche des Volks dadurch zu bekämpfen und zu vertilgen, daß sie solche als sündlich und im Zusammenhang mit dem Teufel darstellten. Dadurch nahmen allmählich viele ursprünglich heitere Mythen und Volkslustbarkeiten eine finstere, gemischte und zweideutige Farbe an. Nicht als hätte der Gegensatz des Bösen dem heidnischen Glauben gemangelt; die nordische Fabel weiß von Wesen, die nicht geheuer sind, zumal weiblichen, die nachts auf Schaden ausreiten, Sturm und Unwetter stiften; in Deutschland waren sie nicht unbekannt*.

Auch hat das Volk die unschuldige Ansicht seiner alten Meinungen sich nie völlig abgewinnen lassen, es sind selbst, wie wir darzutun bemüht waren, in den Legenden, Gebräuchen und Festen der christlichen Kirche einzelne Züge und Bilder aus dem Heidentum unvermerkt aufgenommen worden. Doch im ganzen hat sich der Gesichtspunkt und die Beurteilung jener uralten Überlieferungen im Sinne des gemeinen Manns getrübt. Zu der Scheu des Geisterhaften ist auch die des Sündlichen und Teuflischen getreten. Er meidet das stille Volk, wie man etwa einem Ketzer aus dem Wege geht, vielleicht ist manches von dem, was die Ketzer auszeichnet, darum auch den Elfen zugeschrieben worden, namentlich die Enthaltsamkeit von Fluchen und Schwören. Die Reihen auf dem Brocken, die Tänze um das Johannisfeuer waren sicher nichts anders, als Feste der Lichtelfen, sie haben sich in greuliche, teuflische Hexentänze verkehrt, und die Spuren im Wiesentau, vorher den leichten Fußtritten der Geister beigelegt, wurden aus jener Ursache hergeleitet. Auch die vormals hold und gnädig geglaubten Wesen sind gehässige und feindliche geworden, Unholde aus Holden,

* Folgende Glossen gehören hieher: gl. vindob. lamia: holzmuwa und holzmove. gl. trev. 70a holzmvia, lamia. – gl. lindenbrog. 996b lamia: holzmuwo – gl. flor. 988b holzruna, lamia. gl. doc. 210b holzmuoja, wildaz wîp, lamia. muoja scheint die schreiende, brüllende, muhende zu bedeuten. – Tradit fuldens. II. p. 544. domus wildero wibo, ein Ort. – Ein solches wildes Waldweib scheint die rauche Elfe, die den Wolfdietrich an sich zu locken sucht und Zauber über ihn wirft.

wenn schon der alte, milde Name noch hin und wieder fortdauert (in Hessen und Thüringen Frau Holle, woraus man die abgöttischere Frau Venus gemacht hat)*. Alle Hexengeschichten haben etwas Dürres, Einförmiges; es ist bloß die Hefe der alten Phantasie darin zurückgeblieben. Sie sind unfruchtbar und freudenlos, wie die Hexerei selbst, die den Ausübenden arm und dürftig läßt, ohne weltlichen Ersatz für den Verlust der Seele; Cervantes sagt (Persiles II, 8.), die Hexen tun nichts, das zu einem Zweck führt. Aber man sieht dennoch durch, wie genau, was die gemarterte Einbildungskraft der Unglücklichen zu bekennen weiß, in so trübem Fluß, auf die Quelle der Geistersage führt**. Die Hexen tanzen in nächtlicher Stille auf Kreuzwegen, entlegnen Bergen, auf Wiesen im Wald. Naht sich ein Ungeweihter, ruft er einen heiligen Namen aus, so zerstiebt alles Blendwerk. Auch Hahnenkrat (der Anbruch des Tages) unterbricht die Zusammenkunft (Remigius Daemonolatria, deutsche Übers. Frankf. 1598. 8. S. 121.); Salz und Brot fehlt bei ihren Mahlzeiten (das. S. 126. Actenmäßige Hexenprocesse, Eichstädt 1811. S. 32) wie bei denen der Elfen. Der Drudenschuß ist der Elfenpfeil; freitags (s. oben S. 21.) hört die Drud am schärfsten. In der Dunkelheit reiten die Hexen auf Tieren schnell durch die Lüfte, oder auf leblosen mit Zaubersalbe gekräftigten Stöcken und Gabeln, wie jener irische Cluricaun auf Binsen; wer, ihnen unbemerkt, mit dahin gefahren, hat Tage und Wochen lang zur Heimreise nötig. Sie brauen Wetter in Töpfen, daß ein Hagelschlag aufsteigt und »das liebe Getraide« trifft, wie das französ. Volksbuch vom Oberon berichtet, daß er Sturm, Hagel und Regen machte oder die serbische

* Die ältesten Verordnungen gegen die Hexen sind lex salica tit. 67. lex langob. L. I. tit. XI. cap. 9. Caroli M. Capitul. de partibus Saxoniae. cap. 5. s. eine besonders merkwürdige Stelle bei Regino eccl. discipl. lib. 2. §. 364. Vgl. Mone, Heidenthum 2, 128, der die Sache richtig ansieht.

** Die alte Benennung kommt hier und da noch vor (S. oben S. 43.): im niederdeutschen Roman von Malagis (Heidelberg. Handschr. f. 118b) heißt das Zauberweib ausdrücklich die Elfin.

Vile Wolken sammelt (bei Wuk I. Nr. 323.). Ihr Blick, ihr Händedruck tut es dem Vieh an, seltner dem Menschen, zumeist kleinen Kindern. Fast jedes Bekenntnis solcher Handlungen mußte auf ein wirkliches Ereignis gerecht sein, dessen tausendfältige natürliche Veranlassungen übersehen wurden. Aber weniger das Volk als die Richter haben gegen die Hexen gewütet, ein Prozeß zeugte den andern und warum soll in einem kleinen Landstrich, in einem Städtchen, wo man früher so wenig von Zauberern hörte, wie jetzt in unsern Tagen, im 16., 17ten bis in die Hälfte des 18ten Jahrhunderts, die entsetzliche Menge von Hexen gehaust haben? Der Umgang mit dem bösen Feinde*, dessen man sie zieh, ist nichts als was die früheren Überlieferungen von Verbindungen der Elfen und Elfinnen mit den Sterblichen erzählen. Die peinlichen Gesetze jener Zeit (bestärkt und hervorgerufen durch Innocenz des VIII. Bulle von 1484.) nach Karls V. Halsgerichtsordnung (ccc. 109.), sprachen grausame Wasserprobe, Folter und Feuertod dagegen aus und Tausende wurden hingerichtet. Der angeklagten, unmöglichen Verbrechen alle unschuldig; den unbarmherzigen Irrtum mag, wenn es kann, entschuldigen, daß die meisten Verurteilungen Weiber von unreinem, auch sonst zur Strafe reifem Lebenswandel getroffen zu haben scheinen. Nicht in allen Ländern hat ein unscheinbarer Aberglaube des Volks so schreckliche Macht ausgeübt; es war eine schauderhafte Parodie des baren Lebens auf das in der alten Poesie gegründete Geisterwesen.

* Er heißt Meister Hemmerlein (Remigius a.a.O. S. 181. 240. 280. 298. 359. 387. 408. 448) grade wie der Berggeist (Deutsche Sagen 1, 3); hängt das mit dem Zürcher Hämmerlin (geb. 1389) zusammen? vgl. Joh. Müller 3, 164. 4, 290 und Kirchhofers Sprichwörter S. 79. Oder ist Hammer ein viel älterer Mann für Teufel und Hexenmeister? vgl. Frisch unter Hämmerlein: Poltergeist, Erdschmidlein, Klopfer.

Das stille Volk

I. DAS WEISSE KALB

In Tipperary liegt ein Berg so seltsam gestaltet, wie einer auf der Welt. Seine Spitze besteht aus einer kegelförmigen Kuppe, auf der ein kleines Haus zur Erlustigung in den Sommertagen aufgebaut war, das jetzt auch verödet sein mag.

Bevor man aber jenes Haus baute oder einen Acker besäte, war dort ein geräumiger Weideplatz eingehegt, wo ein Hirte Tag und Nacht seine Herde hütete. Grund und Boden gehörte von Alters her den Elfen und die verdroß es, daß der Rasen, auf dem sie sonst behend und luftig umher gesprungen waren, von den schweren Klauen der Ochsen und Kühe zertreten wurde. Das Gebrüll der Herde klang ihren Ohren unerträglich und die Königin des Volkes entschloß sich endlich selbst, die Ankömmlinge wieder zu vertreiben. Als die Erntenächte kamen, der Mond über den Berg sein Licht ausgoß, das Vieh still und gesättigt auf dem Boden lag und der Hirte, in seinen Mantel eingewickelt, hin und her sinnend sich der Gesellschaft der Sterne erfreute, die über ihm flimmerten, da zeigte sie sich in verschiedenen, aber immer häßlichen und furchtbaren Gestalten vor ihm tanzend. Einmal erschien sie als ein mächtiges Roß mit Adlerflügeln und einem Drachenschweif, laut zischend und Feuer ausatmend. Plötzlich verwandelte sie sich in ein kleines Männchen, lahm an einem Bein, mit einem Ochsenkopf und von einer lodernden Flamme umkreist. Dann war sie ein großer Affe mit Entenfüßen und schlug ein Rad dazu, wie ein welscher Hahn. Aber ich könnte tagelang erzählen, wenn ich sagen sollte, was für Gestalten sie noch annahm. Sie brüllte, oder wieherte, oder blöckte, oder heulte, oder krächzte, wie bisher noch niemand auf der Welt hatte brüllen, wiehern, blöcken, heulen oder krächzen hören. Der arme Hirte bedeckte sein Gesicht, aber was half ihm das! Sie hauchte ihn nur einmal an und das Stück Mantel, das er mit aller Kraft vor die Augen drückte, war weggeblasen; nun stand er da, ohne sich zu rühren; nicht einmal seine Augen konnte er zuschließen; von unbekannter Macht gefesselt, mußte er diese schrecklichen Gesichte anstarren, bis sich sein Haar aufrecht erhob und die Zähne im Munde klapperten. Das Vieh aber riß wütend aus, als wäre es von Bremsen gestochen und der Spuk dauerte, bis die Sonne über den Hügel schien.

Die armen Tiere magerten aus Mangel an Ruhe ganz ab, auch wollte das Futter bei ihnen nicht anschlagen; dazu kam ein Unfall auf den andern. Keine Nacht verging, daß nicht einige Stücke in einen Sumpf fielen, lahm wurden und gar umkamen; oder sie gerieten in den Fluß und ertranken. Kurz die Unfälle nahmen kein Ende und was die Sache noch schlimmer machte, es war kein Hirte mehr zu finden, der nachts bei dem Vieh bleiben wollte. Eine einzige Erscheinung des Geistes reichte hin, auch dem Unverzagtesten die Besinnung zu rauben. Der Eigentümer des Weideplatzes wußte nicht, was er anfangen sollte. Er bot doppelten, dreifachen, ja vierfachen Sold, aber kein Geld konnte jemand bewegen, dem Grausen sich auszusetzen, das der Anblick des Geistes erregte. Sie selbst freute sich über den glücklichen Erfolg ihres Unternehmens und ließ mit ihren Quälereien nicht nach. Da die Herde immer kleiner wurde und kein Mensch mehr wagte, in dem Bereich der Geister zu verweilen, so kam das stille Volk in großer Anzahl zurück. Jetzt sprangen sie wieder so lustig, wie sonst umher, berauschten sich an den Tautropfen der Eicheln und feierten ihre Feste unter den geräumigen Schirmen der Pilze.

Der arme, verwirrte Landmann wußte um sein Leben keinen Rat. Sein Vermögen nahm von Tag zu Tag ab, seine Leute waren in Furcht gejagt und der Termin, wo er die Pacht bezahlen sollte, rückte herbei. Was Wunder, daß er ganz trübselig aussah und sorgenvoll auf der Landstraße dahin wandelte.

Nun lebte in der Gegend ein Mann, namens Lorenz Hulahan, der blies die Pfeife besser als irgend einer in funfzehen Kirchensprengeln. Ein toller Rauschenblatt war Lorenz, aber sich fürchten, das hatte er noch nicht gelernt. Reichte ihm jemand eine gute Herzstärkung, so nahm er es mit dem Teufel selber auf. Er hätte sich einem wütenden Ochsen entgegengestellt und allein gegen einen ganzen Jahrmarkt geschlagen. Diesem Lorenz begegnete der Pächter einmal auf seinen sorgvollen Gängen, und auf die Frage was denn die Ursache seines Kummer sei, erzählte er ihm sein Mißgeschick.

»Wenns weiter nichts ist«, rief Lorenz, »so gebt euerm Herzeleid den Abschied! Wären noch mehr Elfen auf dem Berg, als Kartoffelblüten in Eliogurty, sie sollten mich nicht in Furcht jagen. Ich müßte ja ein rechter Bärenhäuter sein, ich, der ich keinen Menschen mit Fleisch und Bein fürchte, wollte ich vor einem solchen Balg von Gespenst nur daumensbreit zurückweichen.«

»Rede nicht so frech, Lorenz«, erwiderte der andere, »du weißt nicht, wers mit anhört, doch wenn du deine Worte wahr machst und meine Herde eine Woche auf dem Rücken des Bergs hütest, so soll deine Hand in meine Schüssel tauchen, so lange bis die Sonne zu einem dünnen Lichtchen herabgebrannt ist.«

Der Handel ward abgeschlossen und als der Mond hinter dem Felsen hervorkam, stieg Lorenz auf den Berg. Der Pächter hatte ihm erst vorgestellt, was das Haus vermochte, auch mit einem frischen Trunk sein Herz gestärkt. Lorenz nahm oben seinen Sitz auf einem großen Stein unter einer Höhle, den Rücken gegen den Wind und holte seine Pfeifen hervor. Er hatte noch nicht lange darauf geblasen, als sich die Stimme der Elfen hören ließ, tönend wie ein leiser Strom von Musik. Nun aber brachen sie in lautes Gelächter aus und Lorenz konnte deutlich einen sagen hören: »Was, wieder ein Mensch in dem Elfenkreis! geh hin, Königin, und laß ihn seine Verwegenheit fühlen!«

Sie flogen fort und Lorenz fühlte, wie sie gleich einem Mückenschwarm vorbeizogen; als er aufblickte, sah er zwischen sich und dem Mond eine große, schwarze Katze, die auf den Spitzen ihrer Pfoten stand, einen krummen Buckel machte und miaute, daß es klang, wie das Geräusch einer Wassermühle. Dann schwoll sie auf bis zu den Wolken und auf ihrem linken Hinterbein sich herumdrehend wirbelte sie so lange, bis sie auf den Boden fiel, von welchem sie in der Gestalt eines Lachses aufsprang, der eine weiße Binde um den Hals hatte und ein paar Stulp-Stiefel an. »Nur zu, mein Schatz«, sagte Lorenz, »willst du tanzen, so will ich pfeifen!« und setzte an. So verwandelte sie sich bald in dieses, bald in jenes Ungeheuer, aber Lorenz blies immer zu, ohne sich irre machen zu lassen. Zuletzt verlor sie die Geduld, wie Frauen pflegen, auf deren Schelten man nicht achtet, und verwandelte sich in ein Kälbchen, so weiß wie Milch und mit Augen so sanft, wie die meiner Liebsten. Sie kam spielend und schmeichelnd herbei und dachte ihn in der Güte von seinem Geschäft abzubringen und ihm dann einen Streich zu spielen; aber Lorenz war nicht zu überlisten und als sie herankam, setzte er seine Pfeifen ab und sprang auf ihren Rücken.

Wenn du von dem Gipfel des Elfenberges westwärts nach dem Weltmeer schaust, so erblickst du den königlichen Fluß Shannon, wie er, gleich einer See sich ausbreitend, in stolzem Lauf durch die Stadt Limerick fließt, um sich endlich mit dem Ozean zu vermischen. Der Mond schien hell und glänzend über das ferne Gebirg. Fünfzig Boote schwammen hin und her auf dem lieblichen Strom und der Gesang der Fischer stieg fröhlich von den Ufern in die Höhe.

Lorenz saß, wie ich schon erzählt habe, auf dem Rücken des weißen Kalbs und die Elfin wollte ihren Vorteil nutzen. Von der Spitze des Bergs sprang sie in einem Satz über den Fluß Shannon hinweg, durchflog in einer Sekunde drei volle Stunden und sich auf einem entlegnen Damm niederlassend, schlug sie aus und warf den Lorenz auf den weichen Rasen.

Aber wie er da lag, sah er ihr gerade in das Gesicht, strich sich über die Haare und rief: »Wahrhaftig gut gemacht! das war kein schlechter Sprung für ein Kalb!«

Sie betrachtete ihn einen Augenblick, dann nahm sie ihre wahre Gestalt wieder an und sprach: »Lorenz, du bist ein tüchtiger Bursche, willst du den Weg auch wieder zurück machen?« »Freilich«, antwortete er, »wenn Ihr es zufrieden seid.« Sie verwandelte sich wieder, Lorenz setzte sich auf den Rücken des weißen Kalbs und mit einem zweiten Sprunge waren sie auf der Bergspitze zurück.

Da sprach die Elfin in ihrer natürlichen Gestalt: »Du hast dich so unerschrocken gezeigt, Lorenz, daß, solange du die Herden hier auf diesem Berg hütest, du weder von mir noch einem der meinigen sollst gestört werden. Der Tag dämmert, geh hinab zu deinem Herrn und sage ihm das; und wenn du noch sonst einen Wunsch hast, will ich ihn erfüllen.« Darauf verschwand sie.

Die Elfe hielt Wort. Solange Lorenz lebte, zeigte sie sich nicht auf dem Berg. Aber er ward ihr auch nicht durch Bitten lästig. Er blies seine Pfeifen, trank auf seines Herrn Kosten, ruhte sich hinter dem Ofen aus und sah dann und wann nach der Herde. Er starb endlich und ward in einem grünen Tal der schönen Landschaft Tipperary begraben. Ob das stille Volk nach seinem Tode wieder auf den Berg gezogen ist, kann ich nicht sagen.

2. DIE ERZÜRNTEN ELFEN

Wer nicht beständig in Furcht vor den Geistern lebt, der tut wohl, gewißlich haben sie dann weniger Gewalt über den Menschen; wer aber gar keine Rücksicht auf sie nimmt oder gar nicht an sie glaubt, der handelt sehr unklug, sei es Mann, Weib oder Kind.

Es heißt mit Recht: »An guten Sitten trägt keiner schwer«,

oder: »Artigkeit kostet kein Geld«; und doch gibt es Menschen, die so verstockt sind, daß sie sich einer Artigkeit schämen. Diese sollten sich an Caroll O'Daly ein Beispiel nehmen. Das war ein junger Bursche aus Connaught, groß und stark gewachsen und in seiner Heimat gewöhnlich Teufel Daly genannt.

Er pflegte von einem Orte zum andern zu ziehen, ohne daß irgendeine Furcht ihn zurückhielt. Er ging zu jeder Stunde der Nacht über einen verfallenen Kirchhof oder sonst einen Platz, wo die Elfen gerne hausten. Auch trat er aus einer Wohnung in die andere ohne das Zeichen des Kreuzes zu machen oder Glück auf! zu sagen.

Es begab sich, daß er einmal in der Grafschaft Limerick umherzog und sich auf dem Weg nach der ehrwürdigen Stadt Kilmallock befand. Gerade am Fuße von Knockfierna erreichte er einen Mann von würdigem Ansehen, der auf einem weißen Pferdchen dahintrabte. Die Nacht war herangekommen und nachdem sie sich gegenseitig mit Artigkeit gegrüßt hatten, ritten sie eine Zeit lang nebeneinander her, ohne viel Worte zu wechseln. Endlich fragte Caroll O'Daly seinen Gefährten, wie weit er noch reite?

»Nicht lange mehr euern Weg«, antwortete der Pächter, von dem er das Aussehen hatte, »ich will bloß auf die Spitze dieses Berges.«

»Und was treibt Euch in der Nachtzeit dahin?« fragte O'Daly.

»Wenn Ihrs doch wissen wollt«, antwortete der Pächter, »das stille Volk.«

»Die Elfen meint Ihr?« rief O'Daly.

»Redet leise!« sagte der andere, »oder es könnte Euch übel bekommen.« Mit diesen Worten wendete er sein Pferdchen seitwärts nach einem schmalen Pfad, der den Berg hinauf führte, indem er dem Caroll gute Nacht und glückliche Reise anwünschte.

»Der Gesell«, dachte Caroll, »hat nichts gutes vor in dieser lieben Nacht und ich wollte darauf schwören, es treibt ihn zu dieser Stunde etwas ganz anderes auf den Berg, als die Elfen oder das stille Volk!«

»Die Elfen!« wiederholte er, »sollte ein vernünftiger Mensch den kleinen Rotkäppchen nachlaufen? einige behaupten wohl, daß es solche Geschöpfe gibt, andere leugnen es. So viel weiß ich aber, daß mich kein Dutzend davon erschrecken sollte, ja keine zwei Dutzend, wenn sie nicht größer sind, als ich sagen höre.«

Während diese Gedanken ihm durch den Kopf gingen, richtete er seine Augen beständig auf den Berg, hinter welchem der Vollmond in aller Pracht aufstieg. Er bemerkte auf einer Erhöhung gerade vor der Mondscheibe die schwarze Gestalt eines Mannes, der ein Pferd leitete und zweifelte nicht, daß dies derselbe Mann sei, mit dem er des Weges gekommen war.

Der Entschluß ihm zu folgen fuhr blitzschnell durch seine Seele; Mut und Neugierde zusammen hatten jede Bedenklichkeit verscheucht. Ein Lied vor sich hin brummend stieg er ab, band sein Pferd an einen alten Dornstamm und stieg unerschrocken den Berg hinan. Er folgte dem Pfade in der Richtung, die der Mann mit dem Pferdchen genommen hatte; dann und wann erblickte er ihn wieder und nahm ihn zu seinem Ziel. Beinahe drei Stunden lang stieg er mühsam auf dem rauhen und manchmal sumpfigen Pfad, bis er endlich zu einem grünen Rasen auf der Spitze des Berges gelangte, wo er das Pferdchen in aller Freiheit und Ruhe grasen sah. O'Daly schaute sich rings nach dem Reiter um, er war nirgends zu sehen. Bald aber entdeckte er in der Nähe des Pferdchens eine Öffnung in dem Berg, gleich der Mündung eines tiefen Schachts, und erinnerte sich, in seiner Kindheit manche Erzählung von der schwarzen Höhle des Berges Knockfierna gehört zu haben: sie sei der Eingang zu der Wohnung, welche das stille Volk mitten im Berge innehabe und einmal sei ein Mann, namens Ahern, Landmesser in diesem Teil der Grafschaft, welcher mit einer Schnur versucht habe, die Tiefe der Höhlung zu ergründen, an eben dieser Schnur hinabgezogen worden, ohne daß man je wieder etwas von ihm gehört habe; und manches andere dieser Art. »Das sind alte Weibergeschichten!« dachte O'Daly, »und da ich den weiten Weg gemacht habe, so will ich an die Haustüre klopfen und sehen, ob die Geister daheim sind.«

Und ohne sich weiter zu bedenken, faßte er einen gewaltigen Stein, so dick, ja so dick, als seine beiden Hände, und schleuderte ihn mit aller Kraft in die Öffnung. Er hörte, wie er hinabsprang und von einem Felsen zum andern mit gewaltigem Getöse abprallte; er bog sein Gesicht vor, um zu vernehmen, ob der Stein auf dem Grund niederfiele. Aber derselbe Stein, den er hinabgeworfen hatte, kam mit nicht geringerer Gewalt, als er hinunter gesprungen war, wieder zurück und gab ihm einen solchen Schlag ins Gesicht, daß er über Hals und Kopf von einer Klippe zur andern taumelnd, den Berg hinabrollte, viel schneller, als er hinaufgestiegen war.

Am folgenden Morgen fand man Caroll O'Daly neben seinem Pferde liegend, seine Haut war geschunden und zerrissen, die Augen geschlossen und die eingedrückte Nase entstellte ihn auf sein Lebtag.

3. FINGERHÜTCHEN

Es war einmal ein armer Mann, der lebte in dem fruchtbaren Tale von Acherlow an dem Fuße des finstern Galti-Berges. Er hatte einen großen Höcker auf dem Rücken und es sah gerade aus, als wäre sein Leib heraufgeschoben und auf seine Schultern gelegt worden. Von der Wucht war ihm der Kopf so tief herabgedrückt, daß wenn er saß, sein Kinn sich auf seine Knie zu stützen pflegte. Die Leute in der Gegend hatten Scheu, ihm an einem einsamen Orte zu begegnen und doch war das arme Männchen so harmlos und friedliebend wie ein neugebornes Kind. Aber seine Ungestaltheit war so groß, daß er kaum wie ein menschliches Geschöpf aussah, und boshafte Leute hatten seltsame Geschichten von ihm verbreitet. Man erzählte sich, er besitze große Kenntnis der Kräuter und Zaubermittel, aber gewiß ist, daß er eine geschickte Hand hatte, Hüte und Körbe aus Stroh und Binsen zu flechten, auf welche Weise er sich auch sein Brot erwarb.

Fingerhütchen war sein Spottname, weil er allzeit auf seinem kleinen Hut einen Zweig von dem roten Fingerhut oder dem Elfenkäppchen trug. Für seine geflochtenen Arbeiten erhielt er einen Groschen mehr als andere und aus Neid darüber mögen einige wohl die wunderlichen Geschichten von ihm in Umlauf gebracht haben. Damit verhalte es sich nun, wie es wolle, genug es trug sich zu, daß Fingerhütchen eines Abends von der Stadt Cahir nach Cappagh ging und da er wegen des lästigen Höckers auf dem Rücken nur langsam fortkonnte, so war es schon dunkel, als er an das alte Hünengrab von Knockgrafton kam, welches rechter Hand an dem Wege liegt. Müde und abgemattet, niedergeschlagen durch die Betrachtung, daß noch ein gutes Stück Weg vor ihm liege und er die ganze Nacht hindurch wandern müsse, setzte er sich unter den Grabhügel, um ein wenig auszuruhen und sah ganz betrübt den Mond an, der eben silberrein aufstieg.

Auf einmal drang eine fremdartige, unterirdische Musik zu den Ohren des armen Fingerhütchens. Er lauschte und ihm deuchte, als habe er noch nie so etwas entzückendes gehört. Es war wie der Klang vieler Stimmen, deren jede zu der andern sich fügte und wunderbar einmischte, so daß es nur eine einzige zu sein schien, während doch jede einen besondern Ton hielt. Die Worte des Gesangs waren diese: »Da Luan, Da Mort, Da Luan, Da Mort, Da Luan, Da Mort. Darnach kam eine kleine Pause, worauf die Musik von vorne wieder anfing.

Fingerhütchen horchte aufmerksam und getraute kaum Atem zu schöpfen, damit ihm nicht der geringste Ton verloren ginge. Er merkte nun deutlich, daß der Gesang mitten aus dem Grabhügel kam und obgleich anfangs auf das höchste davon erfreut, ward er es doch endlich müde, denselben Rundgesang in einem fort, ohne Abwechslung, anzuhören. Als abermals Da Luan, Da Mort dreimal gesungen war, benutzte er die kleine Pause, nahm die Melodie auf und führte sie weiter mit den Worten: augus Da Cadine! dann fiel er mit den Stimmen in dem Hügel ein, sang Da Luan, Da Mort, endigte aber bei der Pause mit seinen augus Da Cadine.

Die Kleinen in dem Hügel, als sie den Zusatz zu ihrem Geistergesang vernahmen, ergötzten sich außerordentlich daran und beschlossen sogleich das Menschenkind hinunter zu holen, dessen musikalische Geschicklichkeit die ihrige so weit übertraf, und Fingerhütchen ward mit der kreisenden Schnelligkeit des Wirbelwindes zu ihnen getragen.

Das war eine Pracht, die ihm in die Augen leuchtete, als er in den Hügel hinabkam, rund umher schwebend, leicht wie ein Strohhälmchen! und die lieblichste Musik hielt ordentlich Takt bei seiner Fahrt. Die größte Ehre wurde ihm aber erzeigt, als sie ihn über alle die Spielleute setzten. Er hatte Diener, die ihm aufwarten mußten, alles was sein Herz begehrte, wurde erfüllt und er sah, wie gerne ihn die Kleinen hatten; kurz, er wurde nicht anders behandelt, als wenn er der erste Mann im Lande gewesen wäre.

Darauf bemerkte Fingerhütchen, daß sie die Köpfe zusammensteckten und mit einander ratschlagten und so sehr ihm auch ihre Artigkeit gefiel, so fing er doch an sich zu fürchten. Da trat einer der Kleinen zu ihm hervor und sagte:

»Fingerhut, Fingerhut!
faß dir frischen Mut!
lustig und munter,
dein Höcker fällt herunter,
siehst ihn liegen, dir gehts gut,
Fingerhut, Fingerhut!«

Kaum waren die Worte zu Ende, so fühlte sich das Fingerhütchen so leicht, so selig, daß es wohl in einem Satz über den Mond weggesprungen wäre, wie die Kuh in dem Märchen von der Katze und der Geige. Er sah mit der größten Freude von der Welt den Höcker von seinen Schultern herab auf den Boden rollen. Er versuchte darauf, ob er seinen Kopf in die Höhe heben könnte, tat es aber mit Vorsicht und Verstand, aus Furcht, er möchte ihn an dem Tafelwerk der großen Halle einstoßen. Dann aber schaute er rings herum mit der größten Bewunderung und ergötzte sich an all den Dingen, die ihm immer schöner vorkamen. Zuletzt ward er so überwältigt von der Betrachtung des glänzenden Aufenthalts, daß ihm der Kopf schwindelte, die Augen geblendet wurden und er in einen tiefen Schlaf verfiel.

Bei seinem Erwachen war es voller Tag geworden. Die Sonne schien hell, die Vögel sangen und er lag gerade an dem Fuße des Riesenhügels, während Kühe und Schafe friedlich um ihn her weideten. Nachdem Fingerhütchen sein Gebet gesagt hatte, war sein erstes Geschäft mit der Hand nach seinem Höcker zu greifen, aber es war auf dem Rücken keine Spur davon zu finden, und er betrachtete sich nicht ohne Stolz, denn aus ihm war ein wohlgebildeter, behender Bursche geworden, und, was keine Kleinigkeit schien, er sah sich von Kopf bis zu Füßen in neuen Kleidern und merkte wohl, daß die Geister ihm diesen Anzug besorgt hatten.

Nun machte er sich auf den Weg nach Cappagh, er ging so tapfer daher und sprang bei jedem Schritte, als wenn er es sein Lebtag nicht anders gewohnt gewesen wäre. Niemand, der ihm begegnete, erkannte Fingerhütchen ohne den Höcker und er hatte große Mühe, die Leute zu überreden, daß er es wirklich wäre und in der Tat, seinem Aussehen nach war er es auch nicht mehr.

Wie es aber zu gehen pflegt, die Geschichte von Fingerhütchens Höcker wurde überall bekannt und viel Wesens davon gemacht. Meilenweit in der Gegend redete Jedermann, vornehm oder gering, von nichts als von dieser Begebenheit.

Eines Morgens saß Fingerhütchen an seiner Haustüre und war guter Dinge. Da trat eine alte Frau zu ihm und sagte: »Zeigt mir doch den Weg nach Cappagh.«

»Ist nicht nötig, liebe Frau«, antwortete er, »denn das ist hier Cappagh, aber wo kommt ihr her?«

»Ich komme aus der Gegend von Decie in der Grafschaft Waterford und suche einen Mann, der Fingerhütchen genannt wird und dem die Elfen sollen einen Höcker von der Schulter genommen haben. Da ist der Sohn meiner Gevatterin, der hat einen Höcker auf sich sitzen, der ihn noch tot drücken wird; vielleicht würde er davon erlöst, wenn er wie Fingerhütchen ein Zaubermittel anwenden könnte. Nun stellt Ihr Euch leicht vor, warum ich so weit hergekommen bin, ich möchte, wenns möglich wäre, etwas von dem Zaubermittel erfahren.«

Fingerhütchen, das immer gutmütig gewesen war, erzählte der alten Frau den Hergang ganz umständlich, wie es den Gesang der Elfen in dem Grabhügel fortgeführt, wie sie den Höcker von seinen Schultern weggenommen und wie sie ihm einen neuen Anzug von Kopf bis zu Füßen noch obendrein gegeben hätten.

Die alte Frau dankte tausendmal und machte sich wieder auf den Heimweg, zufrieden gestellt und ganz glücklich in ihren Gedanken. Als sie bei ihrer Gevatterin in der Grafschaft Waterford angelangt war, erzählte sie genau, was sie von Fingerhütchen erfahren hatte. Darnach setzte sie den kleinen buckelichen Kerl, der sein Lebelang ein heimtückisches, hämisches Herz gehabt hatte, auf einen Wagen und zog ihn fort. Es war ein langer Weg, »aber was tut das«, dachte sie, »wenn er nur den Höcker los wird«; eben als die Nacht einbrach, langte sie bei dem Riesenhügel an und legte ihn dabei nieder.

Hans Madden, denn das war der Name des Buckelichen, hatte noch gar nicht lange gesessen, so hub schon die Musik in dem Hügel an, noch viel lieblicher als je, denn die Elfen sangen ihr Lied mit dem Zusatz, den sie von Fingerhütchen gelernt hatten: Da Luan, Da Mort, Da Luan, Da Mort, Da Luan, Da Mort, augus Da Cadine, ohne Unterbrechung. Hans, der nur geschwind seinen Höcker los sein wollte, wartete nicht, bis die Elfen mit ihrem Gesang fertig waren, noch achtete er auf einen schicklichen Augenblick, um die Melodie weiter, als Fingerhütchen fortzuführen, sondern als sie ihr Lied mehr als siebenmal in einem fort gesungen hatten, so schrie er ohne Rücksicht auf Takt und Weise der Melodie, und wie er seine Worte passend anbringen könnte, aus vollem Halse: Augus Da Dardine, augus Da Hena, und dachte: »war ein Zusatz gut, so sind zwei noch besser, und hat Fingerhütchen einen neuen Anzug erhalten, so werden sie mir wohl zwei geben.«

Kaum waren aber die Worte über seine Lippen gekommen, so ward er aufgehoben und mit wunderbarer Gewalt in den Hügel hineingetragen. Hier umringten ihn die Elfen, waren sehr böse, und schreiend und kreischend riefen sie: »Wer hat unsern Gesang geschändet? Wer hat unsern Gesang geschändet?« Einer trat hervor und sprach zu ihm:

»Hans Madden, Hans Madden!
deine Worte schlecht klangen,
so lieblich wir sangen,
hier bist du gefangen,
was wirst du erlangen?
zwei Höcker für einen! Hans Madden!«

Und zwanzig von den stärksten Elfen schleppten Fingerhütchens Höcker herbei und setzten ihn oben auf den Buckel des unglückseligen Hans Madden und da saß er so fest, als wenn er mit zwölfpfennigs Nägeln von dem besten Zimmermann, der je Nägel eingeschlagen hat, aufgenagelt wäre. Darnach stießen sie ihn mit den Füßen aus ihrer Wohnung und am Morgen, als Hans Maddens Mutter und ihre Gevatterin kamen, nach dem kleinen Kerl zu sehen, so fanden sie ihn an dem Fuß des Hügels liegen, halbtot mit einem zweiten Höcker auf seinem Rücken. Sie betrachteten ihn eine nach der andern, aber es blieb dabei; am Ende ward ihnen Angst, es könnte ihnen auch ein Höcker auf den Rücken gesetzt werden. Sie brachten den armseligen Hans wieder heim, so betrübt im Herzen und so jämmerlich anzusehen, als noch je ein paar alte Weiber. Hans, durch das Gewicht des zweiten Höckers und die lange Fahrt erschöpft, starb bald hernach, indem er jedem eine schwere Verwünschung hinterließ, der auf den Gesang der Elfen horchen wollte.

4. DIE MAHLZEIT DES GEISTLICHEN

Leute, die sich auf solche Dinge verstehen, sagen, das stille Volk sei ein Teil jener aus dem Himmel verstoßenen Engel, die nun auf Erden festen Fuß gefaßt haben, während ein anderer Teil, größerer Sünden wegen, an einen viel schlimmern Ort noch tiefer gesunken sei. Da mag dahin gestellt bleiben.

Gegen Ende Septembers war einmal eine muntere Gesellschaft von Elfen versammelt, welche im Glanze des Mondlichtes herumtanzten und ihre wunderlichen Streiche und Sprünge machten. Der Platz lag nicht weit von Inchegila in dem westlichen Teile der Grafschaft Cork, einem armen Dörfchen, von welchem große Berge und dürre Felsen, die es umschließen, allen Wohlstand abhalten. Doch was kümmern sich Elfen, die alles, wornach sie Verlangen tragen, herbeiwünschen können, um die Armut einer Gegend. Sie sorgen nur für einen heimlichen, unbesuchten Platz, wo sich nicht leicht jemand hin verirrt und sie in ihrer Lust stört.

Auf einem weichen grünen Rasen, nahe bei des Flusses Rand tanzten die kleinen Gesellen im Kreis, fröhlicher als je; ihre roten Käppchen wackelten bei jedem Sprung in dem

Mondschein und doch waren diese tollen Sprünge so leicht, daß die Tautropfen unter ihren Füßen zwar zitterten, aber nicht auseinander rollten. So trieben sie ihr wildes Spiel, zogen Kreise umher, wirbelten und zappelten durch die Luft und auf und nieder tauchend erschöpften sie ihre Künste, bis endlich einer von ihnen zirpte:

»Geschwind, geschwind hört auf zu sausen,
laßt euer tolles, wildes Brausen;
ich wittre einen, der kommt heran,
ich wittre einen geistlichen Mann!«

Alsbald fuhren sie auseinander, so geschwind als möglich, und steckten sich unter die grünen Blätter des Fingerhuts, denn wo ihre roten Käppchen hervorguckten, da schienen sie nur die dunkelroten Blütenglocken der Pflanze zu sein. Andere verbargen sich in dem Schatten von Steinen und Brombeergesträuch, wieder andere unter das Ufer des Flusses oder sonst in eine Höhle oder Spalte.

Der Elfe hatte sich bei seiner Warnung nicht geirrt, denn auf dem Weg, den man von dem Fluß aus sehen konnte, kam Vater Horrigan auf seinem Klepper dahergeritten und indem er bedachte, daß es schon so spät wäre, entschloß er sich seiner Reise bei der ersten Hütte, zu der er gelangte, ein Ende zu machen. Er hielt demnach bei dem Hause des Dermod Leary, drückte auf die Klinke und mit den Worten: »Gesegnet sei Alt und Jung!« trat er ein.

Ich brauche nicht zu sagen, daß Vater Horrigan überall, wo er eintrat, ein willkommener Gast war, denn in der ganzen Grafschaft war niemand frömmer und mehr geliebt. Nur ein Umstand bekümmerte Dermod: er hatte dem ehrwürdigen Herrn zu einer Abendmahlzeit nichts anzubieten, als ein Gericht Kartoffel, welche die alte Mutter, so nannte Dermod seine Frau, obgleich sie nicht viel über zwanzig war, in einem Topf zum Feuer gebracht hatte. Ihm fiel ein, daß er sein Netz in den Fluß gestellt hatte, aber da es erst vor kurzem geschehen war, so war wenig Hoffnung vorhanden, einen Fisch darin zu finden. »Was tuts«, dachte Dermod, »es kann nichts schaden, wenn ich mich aufmache und nachsehe; wer weiß vielleicht fängt sich ein Fisch zu dem Abendessen des Herrn, eh ich dort hinkomme.«

Dermod ging also hinaus nach dem Flusse und fand in dem Netz einen Lachs, so schön, als je einer im Wasser geschnalzt hat. Doch als er sich näherte, um ihn herauszunehmen, ward ihm, er wußte nicht wie und von wem, das Netz aus der Hand gerissen und der Fisch weggenommen, der dahinschwamm, so vergnügt, als wenn gar nichts vorgefallen wäre.

Dermod sah betrübt die Furche an, die der Fisch im Wasser gezogen hatte und die wie ein Silberfaden im Mondlicht glänzte, dann mit einer ärgerlichen Bewegung seiner rechten Hand und mit dem Fuß auf den Boden stampfend, brummte er zornig: ». . . Ei! So möge das böse Geschick Euch treffen Tag und Nacht, wo Ihr den Fuß nur hinsetzt, um so ein armseliges Ding von einem Fisch! Ihr müßt Euch vor Euch selber schämen, wenn Ihr noch wißt, was Scham heißt, mich auf diese Art hinters Licht zu führen! Euch hat ein anderer geholfen! Fühlte ich nicht, daß mir mit solcher Gewalt das Netz entrissen würde, als hätte es der Teufel selbst in den Klauen?«

»Das ist nicht wahr!« rief einer von den Elfen, der bei der Annäherung des Geistlichen entflohen war und jetzt zu Dermod Leary herauskam, indem ein ganzer Haufen seiner Gesellen ihm auf der Ferse folgte, »es waren bloß anderthalb Dutzend der unsrigen, die es dir wegrissen.«

Dermod starrte voll Verwunderung auf das winzige Geschöpf, das in seiner Rede fortfuhr: »Sorge nicht um die Abendmahlzeit für den geistlichen Herrn, denn wenn du zurückgehen willst und ihm eine Frage von uns vorlegen, so soll er ein Essen haben, so gut, als je eins auf eine Tafel ist aufgetragen worden und das in weniger, als gar keiner Zeit.«

»Ich will mit Euch nichts zu schaffen haben«, antwortete

Dermod rasch und ohne sich einen Augenblick zu besinnen; nach einer Pause fügte er hinzu: »Ich sage Euch Dank für Euer Anerbieten, Herr, aber ich habe keine Lust für eine Mahlzeit mich an Euch oder eueresgleichen zu verkaufen und außerdem weiß ich, Vater Horrigan trägt zu viel Sorge für meine Seele, als daß er wünschen sollte, sie auf immer wegen irgend einer Sache, die Ihr ihm vorsetzen könnt, zu verpfänden. Darum laßts gut sein!«

Der Kleine aber, ohne sich durch Dermods Äußerungen abhalten zu lassen, hub wieder an: »Willst du dem Geistlichen unsertwegen eine bescheidene Frage vorlegen?«

Dermod besann sich eine Zeitlang und tat Recht daran, doch da er überlegte, daß eine solche bescheidene Frage ihm nicht zum Nachteil gereichen könnte, so antwortete er: »Ich sehe keinen Grund, warum ich das nicht tun sollte, aber mit eurer Mahlzeit will ich mein Lebtag nichts zu schaffen haben.«

»Wohlan«, sagte das kleine Geschöpf, während die übrigen von allen Seiten sich herzudrängten, »geh und frage den Vater Horrigan, ob unsere Seelen am Jüngsten Tage begnadigt werden, gleich den Seelen guter Christen? Und wenn du es gut mit uns meinst, so bringe uns alsbald seinen Ausspruch zurück.«

Dermod ging wieder nach seiner Hütte, wo er die Kartoffeln schon auf den Tisch ausgeschüttet sah. Seine Frau reichte dem Vater Horrigan die größte dar, einen schönen lachend roten Erdapfel, rauchend wie ein Roß, das in kalter Nacht stark getrabt hat.

»Ehrwürdiger Herr«, sagte Dermod nach einigem Zaudern, »erlaubt Ihr mir wohl eine Frage?«

»Was begehrst du zu wissen?« antwortete Vater Horrigan.

»Verzeiht mir meine Freiheit, ich möchte wissen, ob die Seelen des stillen Volkes am Jüngsten Tage werden begnadigt werden?«

»Wer hieß dich das fragen?« sagte der Priester und richtete

seine Augen so fest auf Dermod, daß dieser davor nicht bestehen konnte.

»Ich wills Euch offenherzig bekennen«, antwortete Dermod, »wie ich mein Lebelang getan habe. Das stille Volk selbst hat mich geschickt, Euch die Frage vorzulegen; sie sind zu tausenden drunten an dem Rand des Flusses und warten auf die Antwort, die ich ihnen bringen soll.«

»Geh sogleich wieder hin«, sprach der Geistliche, »und sage ihnen, wenn sie es zu wissen wünschten, so möchten sie selbst zu mir herkommen; ich wollte ihnen auf jede Frage, die sie mir vorzulegen Lust hätten, herzlich gerne Antwort geben.«

Dermod ging also wieder zu den Elfen zurück, die gleich um ihn herum schwärmten und wissen wollten, was der Geistliche erwidert hätte. Er trat ohne Furcht mitten unter sie und teilte ihnen die Antwort mit. Als sie aber hörten, daß sie zu dem Geistlichen selbst gehen sollten, flogen sie fort, einige hierhin, andere dorthin und rauschten an dem armen Dermod so hart und in so großer Menge vorbei, daß er ganz verwirrt wurde.

Als er nach einiger Zeit wieder zu sich selbst kam, ging er nach seiner Hütte zurück und aß seine trockenen Kartoffeln mit dem Vater Horrigan, der wenig aus dem Vorfall machte. Aber Dermod konnte es nicht vergessen, daß der ehrwürdige Herr, dessen Worte Kraft genug hatten, die Elfen in alle Welt zu jagen, nicht ein erträgliches Gericht bei seiner Abendmahlzeit haben sollte, und der gute Lachs auf eine so ärgerliche Art ihm aus dem Netz genommen war.

5. DER KLEINE SACKPFEIFER

Vor noch nicht lange lebte an den Grenzen der Grafschaft Tipperary ein rechtschaffenes Ehepaar, Michael Flanigan und Judy Muldun, denn dort herrscht die Sitte, daß die Frau den Namen ihrer Familie fortführt. Diese armen Leute hatten vier Kinder, alle Knaben. Drei davon waren so schöne, wohlgewachsene, gesunde, frisch aussehende Kinder, als die Sonne je beschienen hat, und es war genug, einen Irländer auf das Geschlecht seiner Heimat stolz zu machen, daß er an einem hellen Sommertag zu Mittagszeit diese vier Knaben erblickte, wie sie vor der Haustüre ihres Vaters standen mit dem prächtigen Flachshaar, das gelockt von dem Kopf herabhing, und eine dicke, lachende Kartoffel einem jeden in der Hand dampfte. Stolz war Michael auf diese schönen Kinder und Judy war auch stolz darauf, und beide hatten Recht genug dazu. Aber ganz anders verhielt es sich mit dem noch übrigen, welcher der dritte von oben war. Das war der erbärmlichste, häßlichste und mißgeschaffenste Wicht, dem Gott noch je Leben verliehen hatte, so ungestalt, daß er nicht fähig war, allein zu stehen oder seine Wiege zu verlassen. Er hatte langes, struppichtes, verfitztes, rabenschwarzes Haar, eine grüngelbe Gesichtsfarbe, Augen wie feurige Kohlen, die immer hin und her blickten und in beständiger Bewegung waren. Ehe er zwölf Monat alt war, stand ihm der Mund schon voll großer Zähne, seine Hände glichen Katzenkrallen, seine Beine waren nicht dicker als ein Peitschenstiel und nicht gerader als eine Sichel. Und was die Sache noch schlimmer machte, er hatte den Magen von einem Vielfraß und sein Mund hörte nicht auf zu bellen, zu kreischen und zu heulen. Die Nachbarn schöpften Argwohn, es möchte nicht ganz richtig mit ihm sein, besonders als sie beobachteten, wie er sich betrug, sobald von Gott oder andern frommen Dingen die Rede war. Wenn dies, nach der Sitte des Landes, abends beim Feuer geschah, in dessen Nähe die Mutter gewöhnlich seine Wiege gestellt hatte, damit der Balg recht warm liege, so pflegte er mitten in diesem Gespräch sich aufzusetzen und zu heulen nicht anders, als ob der Teufel selbst in ihm steckte. Sie ratschlagten deshalb einmal gemeinschaftlich, was mit ihm anzufangen wäre. Einige meinten, man sollte ihn auf eine Schaufel setzen, aber das litt Judys Stolz nicht. »Das wäre schön!« dachte sie, »Mein leibliches Kind auf eine Schaufel legen und hinaus auf den Mist werfen wie eine tote Katze oder eine vergiftete Ratte! Nein, davon will ich nichts hören!« Ein altes Weib, von dem bekannt war, daß es sich auf das Hexenwesen wohl verstand, sprach: »Ich will Euch einen sichern Rat geben, legt die Zange ins Feuer, bis sie glutrot ist und packt seine Nase damit; dann ist er gezwungen zu sagen, wer er ist, und woher er kommt, darauf könnt ihr euch verlassen.« Denn sie glaubten alle, der Balg sei von dem stillen Volke vertauscht worden. Aber Judy hatte ein zu gutes Herz und liebte das Teufelchen zu sehr, als daß sie hätte dazu einwilligen können, obgleich ein jeder sagte, daß sie nicht recht handelte. Nachdem der eine dies, der andere jenes vorgeschlagen hatte, sagte zuletzt eines, man sollte nach dem Geistlichen, einem frommen und gelehrten Mann senden, daß er das Kind besähe, dagegen hatte zwar Judy nichts einzuwenden, aber immer wenn sie in Begriff war es zu tun, kam etwas dazwischen und das Ende war, daß der Geistliche das Kind niemals sah.

Eine Zeitlang blieb es daher in dem alten Gleise. Der Balg kreischend und heulend aß mehr, als seine drei Brüder zusammen. Streiche aller Art führte er aus und die boshaftesten waren ihm die liebsten. Endlich trug es sich zu, daß ein im Lande umziehender, blinder Sackpfeifer, Tim (Timotheus) Carrol genannt, hereingerufen wurde und sich zu der Hausfrau beim Feuer niedersetzte, ein wenig zu schwätzen. Nach einiger Zeit holte Tim, der mit seiner Musik nicht gerade zurückhaltend war, die Pfeifen hervor und begann gewaltig zu lärmen. In demselben Augenblick richtete sich das kleine Ding, das bisher in seiner Wiege mäuschenstill gelegen hatte, in die Höhe, grinste und verdrehte sein garstiges Gesicht, focht mit seinen langen, braungelben Armen in der Luft umher, streckte seine krummen Beine heraus, kurz, gab alle Zeichen der größten Freude über die Musik von sich. Es hatte auch nicht eher Ruhe, als bis es die Pfeifen in seine eigenen Hände bekam, und um ihm den Spaß zu machen, sagte die

Mutter zu Tim: »Gib sie ihm auf einen Augenblick.« Tim, der die Kinder gern hatte, war sogleich bereit dazu; weil er aber des Gesichts beraubt war, so nahm Judy selbst das Instrument, brachte es dem Kind zu der Wiege und wollte es ihm vorhalten: aber das war nicht nötig, der Kleine schien sich schon vollkommen darauf zu verstehen. Er setzte die Pfeifen an, nahm Balg und Säcke unter die Arme und handhabte beides, als wäre er schon zwanzig Jahre dabei gewesen und blies ein wohlbekanntes Lied, daß es eine Art hatte. Jedermann war im größten Erstaunen und die arme Mutter bekreuzigte sich, aber Tim, der seiner Blindheit wegen nicht recht wußte, wer bliese, geriet außer sich vor Freude und als er vernahm, daß der kleine Duckmäuser noch nicht fünf Jahre alt war und sein Lebtag keine Pfeifen gesehen hatte, wünschte er der Mutter Glück zu ihrem Sohn. »Könnt Ihr Euch von ihm trennen, so will ich ihn aus euern Händen zu mir nehmen, das ist ein geborner Pfeifer, ein Musikus von Natur, noch ein bißchen guter Unterricht bei mir, so gibts seinesgleichen in der ganzen Grafschaft nicht mehr.« Die arme Frau, in der größten Freude über alles, was sie da hörte, besonders was Tim von natürlichen Gaben sagte, beschwichtigte einige Besorgnisse, die sich in ihren Gedanken erhoben. »So ist doch nicht wahr«, dachte sie, »was die Nachbarn zu verstehen gaben und es freut mich, daß mein liebes Kind einmal nicht nötig hat herumzuziehen und zu betteln, sondern ehrlich sein Brot verdienen kann.«

Als abends Michael von der Arbeit heim kam, erzählte sie ihm alles, was sich zugetragen und Tim Carrol gesagt hatte. Michael war natürlicherweise sehr erfreut über das, was er zu hören bekam, denn der hülflose Zustand des armen Geschöpfs war ihm ein großer Kummer. Den folgenden Tag trieb er ein Schweinchen auf den Markt und mit dem Erlös ging er nach Clommel und bestellte funkelneue Pfeifen von passender Größe für das Kind. Nach vierzehn Tagen kamen sie an, in demselben Augenblicke richtete auch das kleine Ungeheuer seine Blicke darauf, schrie vor Vergnügen, zappelte mit seinen erbärmlichen Gliedmaßen, tobte in der Wiege und wackelte auf eine lächerliche Art herum, bis sie ihm, damit er nur ruhig wurde, die Pfeifen gaben. Alsbald setzte er sie an und spielte ein Lied zur Verwunderung aller, die es anhörten. Der Ruf von seiner Geschicklichkeit verbreitete sich nah und fern, denn in den sechs nächsten Grafschaften war niemand im Stande, ihm es nachzutun, wenn er die alten beliebten Lieder und Reigen, wie »der Has im Korn«, oder: »der Fuchsjäger«, oder jene artigen irischen Tänze aufspielte, bei welchen jedermann tanzen muß, er mag wollen oder nicht. Man erstaunte, wenn er »die Fuchsjagd« vorschnarrte; es war nicht anders, als hörte man die Rüden anschlagen, die Hetzhunde hinterdrein bellen, die Jäger und die Peitscher loben oder strafen; kurz es war fast eben so gut, als sähe man die Jagd selbst. Dabei kargte er gar nicht mit seiner Musik und die Bursche und Mädchen pflegten oft in seines Vaters Hütte zu tanzen. »Wenn er Musik macht«, sagten sie, »ists als ob wir Quecksilber in die Füße bekämen und bei keinem andern läßt es sich so leicht und lustig tanzen.«

Außer dieser artigen irischen Musik hatte er noch eine ganz wunderliche, ihm allein eigene Weise, die seltsamste, die man je mit Ohren gehört hat. In dem Augenblick, wo er sie zu spielen begann, schien jedes Ding im Haus Lust zum Tanz zu bekommen. Teller und Schüsseln klapperten auf dem Küchentisch, Töpfe und Henkel raschelten an dem Herd und wer auf dem Stuhl saß, wurde von derselben Neigung getrieben, welche der Stuhl unter ihm empfand. Wie sich das nun auch mit den Stühlen verhalten mochte, soviel ist gewiß, niemand konnte sich lange auf dem Sitz behaupten, denn beides alt und jung fiel in tollen Sprüngen zur Erde nieder. Die Mädchen klagten, daß wie er nur diese Weise anfange, sie zum Tanz getrieben würden und ohne ihre Füße länger in der Gewalt zu haben auf den Boden niederfielen, als tanzten sie auf glattem Eis, und jeden Augenblick in Gefahr wären, auf ihrem Rücken oder ihrem Angesicht herum zu zappeln. Und die jungen Burschen, die ihre Geschicklichkeit zeigen wollten, ihre neuen Tanzschuhe, ihre glänzenden roten, grünen oder gelben Strumpfbänder, schwuren, daß sie nicht imstande wären, ihre kunstreichen Tänze und Wendungen herauszubringen, sondern sich alsbald ganz betäubt und verwirrt fühlten. Alt und jung stießen und prallten aneinander, daß es zum Erbarmen war, und wenn dann alles auf der Flur durcheinander wirbelte, so grinste der unselige Wechselbalg, kicherte und ächzte, gerade wie ein Affe, wenn er ein Schelmenstück ausgeführt hat.

Je älter, je schlimmer ward er und als er erst sechs Jahr alt war, war das ganze Haus in der Flucht vor ihm; er stellte es immer an, daß seine Brüder sich am Feuer verbrannten oder mit siedendem Wasser begossen oder ihre Beine über Töpfen und Stühlen zerbrachen. Im Herbst, wenn er allein daheim gelassen wurde und seine Mutter kam nach Haus, so fand sie die Katze auf dem Rücken des Hundes sitzen mit dem Gesicht nach dem Schwanz und die Beine waren ihr fest angebunden. Dazu blies das Alraunchen seine tolle Weise, so daß der Hund heulend umhersprang und Miezekätzchen um sein liebes Leben miaute und sein Schwänzchen auf und nieder schlug; und berührte es damit des Hundes Schnauze, so schnappte dieser darnach und biß hinein und das war dem Balg eine Herzenslust. Ein andermal, als Michael bei der Arbeit war, trug es sich zu, daß ein ehrbarer Mann eintrat. Judy wischte einen Stuhl mit ihrer Schürze ab und sagte: »Setzt Euch nieder und ruht Euch von euerm Wege aus.« Der Mann setzte sich mit dem Rücken gegen die Wiege, hinter ihm stand eine Pfanne mit Blut, da Judy Würste machen wollte; das kleine Scheusal lag still in seinem Nest und wartete die Gelegenheit ab, bis es einen an dem Ende einer Schnur befestigten Haken behend und geschickt in die Zöpfe der zartgekräuselten Perücke, welche der Mann trug, werfen konnte, und dann zog es sie daran herab in die Pfanne mit

Blut. Ein andermal hatte seine Mutter die Kuh gemolken und kam mit dem Eimer Milch auf dem Kopf; so wie er sie sah, hob er seine teuflische Musik an und in demselben Augenblick ließ die arme Frau den Eimer los, klatschte die Hände zusammen, fing an zu tanzen und goß die ganze Milch ihrem Mann auf den Kopf, der eben Torf herbeibrachte, das Essen daran zu kochen. Es würde kein Ende nehmen, wenn man alle seine boshaften Streiche erzählen wollte.

Bald darauf ereignete sich an dem Vieh des Pächters ein Unfall nach dem andern. Das Pferd bekam den Schwindel, ein hübsches Kälbchen konnte sich nicht mehr auf den Beinen erhalten, die Kuh ward bösartig und trat den Milcheimer um, und die Decke von einem Ende der Scheune fiel herab. Der Pächter setzte sich in den Kopf, daß das unglückliche Kind des Michael Schuld an allem diesem Unheil wäre. Eines Tages rief er Michael zu sich und sprach: »Ihr seht selbst, es geht nicht so zu, wie es sollte und um es gerade heraus zu sagen, ich glaube euer Kind ist die Ursache davon. Ich komme immer weiter herunter und lege mich keinen Abend in mein Bett, ohne zu denken, was wird dir nun morgen wieder begegnen. Es wäre mir daher lieb, wenn Ihr Euch nach einer andern Arbeit umschauen wolltet, Ihr seid ein Mann, so brav als einer im Land und Ihr braucht um Arbeit nicht verlegen zu sein.« Michael antwortete, er sei selbst voll Kummer über die Unglücksfälle, er habe sich auch schon Gedanken über das Kind gemacht, das doch einmal sein Kind sei und für das er also auch Sorge tragen müsse. Er versprach auch sich alsbald nach einer andern Stelle umzusehen.

Demnach machte Michael den nächsten Sonntag in der Kirche bekannt, daß er willens sei, die Arbeit des Johann Riordans aufzugeben, und sogleich kam ein Pächter, der in einer Entfernung von einigen Meilen wohnte und gerade einen Ackermann suchte, zu Michael und bot ihm Haus und Garten an und Arbeit für das ganze Jahr. Michael, der wußte, daß dies eine gute Stelle war, schloß ohne weiteres seinen

Vertrag mit ihm und es ward verabredet, daß der Pächter einen Karren senden sollte, sein bischen Hausrat darauf zu laden und dann wollte er künftigen Donnerstag dort einziehen. An dem bestimmten Tag kam der versprochene Wagen, Michael belud ihn mit dem Hausgerät und stellte die Wiege, worin das Kind mit seinen Pfeifen lag, zuletzt oben auf; Judy setzte sich daneben, um acht zu haben, damit es nicht herausrolle und sich tot stürze. Die Kuh trieben sie vor sich her, der Hund folgte nach, die Katze aber mußte zurückbleiben. Die drei andern Kinder liefen neben her und suchten sich Hambutten und Brombeeren; denn es war ein schöner Tag im Spätherbst.

Sie mußten über einen Fluß, den sie, weil er zwischen hohen Ufern in der Tiefe sein Bett hatte, nicht eher sehen konnten, als bis sie nahe dabei waren. Ein paar Tage vorher war ein anhaltender Regen gefallen, der Fluß angeschwollen und das Wasser rauschte stark. Als sie die Brücke betraten, richtete sich der Wechselbalg, der bisher ganz ruhig in seiner Wiege gelegen hatte, bei dem Rauschen der Wellen in die Höhe und schaute sich um; und als er das Wasser sah und bemerkte, daß sie im Begriff waren darüber zu gehen, so fing er an aufzukreischen und zu ächzen. »Stille, mein Söhnchen«, sagte Judy, »du brauchst dich nicht zu fürchten, ich sage dir, wir gehen über eine steinerne Brücke.« »Daß du versauern möchtest, altes Gerippe!« rief er, »da habt Ihr einen saubern Streich gemacht, mich hierher zu bringen!« Dabei fuhr er fort zu heulen und je weiter sie auf der Brücke kamen, desto lauter ward seine Stimme. Endlich gab ihm Michael, der es nicht länger aushalten konnte, einen tüchtigen Streich mit der Peitsche, die er in der Hand hielt und rief: »Der Teufel stopfe dir das Maul, du Klotzkopf, willst du dein Geschrei lassen! Kein Mensch kann ja sein eigenes Wort vor dir hören.«

In dem Augenblick, wo der Junge den Peitschenriemen fühlte, erhob er sich in der Wiege, nahm die Pfeifen in den Arm, grinste den Michael boshaft an und sprang behend über das Geländer der Brücke in den Fluß hinab. »O mein Kind! Mein Kind!« schrie Judy, »es ist verloren auf immer!« Michael und die andern Kinder liefen auf die andere Seite der Brücke und schauten und sahen ihn unter dem Brückenbogen hervorkommen, wie er mit kreuzweis geschlagenen Beinen oben auf einer weißhauptigen Welle saß und seine Pfeifen so lustig blies, als wenn nichts vorgefallen wäre. Das Wasser strömte heftig, er wurde gewaltsam fortgewirbelt, doch er spielte so schnell, ja noch schneller, als der Strom rann. Sie liefen zwar so geschwind sie konnten nebenan dem Ufer mit, aber da sich der Fluß ein paar hundert Schritte unter der Brücke plötzlich um den Berg drehte, verloren sie ihn aus dem Gesicht und keiner hat ihn je wieder mit Augen erblickt. Jeder glaubte nicht anders, als daß er zu den seinigen, dem stillen Volke, heim gegangen sei, um ihnen Musik zu machen.

6. DIE BRAUEREI VON EIERSCHALEN

Frau Sullivan fürchtete, die Elfen hätten ihr jüngstes Kind gestohlen und ein anderes an seine Stelle gelegt, und gewisse Anzeigen schienen auch den Verdacht zu bestätigen, denn ihr gesundes, blauäugiges Kind war in einer einzigen Nacht zu einem armen Wicht zusammengeschrumpft, der unaufhörlich schrie und heulte. Die arme Frau Sullivan ward dadurch recht unglücklich und alle die Nachbarn, mit denen sie über diese Angelegenheit sprach, sagten, daß ihr eigenes Kind ohne allen Zweifel bei dem stillen Volke sich befände und eins aus diesem dafür hingelegt worden wäre.

Frau Sullivan mußte wohl glauben, was jedermann sagte, aber ein gewaltsames Mittel wollte sie doch nicht anwenden. Obgleich sein Gesicht verwelkt, sein Leib fast zu einem Gerippe abgemagert war, so hatte es doch eine bestimmte Ähnlichkeit mit ihrem eigenen Kind und sie konnte sich nicht entschließen, es lebendig auf einen glühenden Rost zu legen, oder seine Nase mit einer glühenden Zange zu zwicken, oder es in den Schnee neben den Weg zu legen, ob ihr gleich diese und ähnliche Mittel angelegentlich empfohlen wurden, um ihr Kind wieder zurück zu erhalten.

Eines Tages begegnete Sullivan einer weisen Frau, unter dem Namen der grauen Lene in der Gegend wohl bekannt. Sie hatte die Gabe (wie sie auch immer mochte dazu gelangt sein) zu sagen, wo der Tod umgehe und was für die Ruhe der Seelen gut sei. Sie konnte Warzen und Kröpfe heilen und manches andere Wunder dieser Art vollbringen.

»Ihr seht mir heute so trübselig aus, Frau Sullivan«, waren die ersten Worte der grauen Lene.

»Das geht natürlich zu, Lene«, antwortete Frau Sullivan, »mein eigenes liebes Kind ist mir ohne weiteres aus der Wiege geholt worden und ein häßliches, winziges, eingeschrumpftes Ding von den Elfen an seine Stelle gelegt; kein Wunder, daß Ihr mich voll Sorgen seht.«

»Das macht Euch keine Schande, Frau Sullivan«, sagte Lene, »aber seid Ihr auch gewiß, daß es die Elfen getan haben?«

»Freilich!« erwiderte Frau Sullivan, »Gewiß genug zu meinem Leidwesen; und darf ich meinen beiden Augen nicht trauen? Jedes Mutterherz müßte es an meiner Stelle fühlen.«

»Wollt Ihr den Rat einer alten Frau annehmen?« sagte die graue Lene, indem sie die unglückliche Mutter mit einem seltsamen, geheimnisreichen Blick anschaute und nach einigem Stillschweigen hinzufügte: »Doch Ihr werdet ihn vielleicht töricht nennen.«

»Kann ich mein Kind zurückerhalten, mein eigenes liebes Kind, Lene?« fragte Frau Sullivan mit großer Bewegung.

»Wenn Ihr tut, wie ich Euch sage«, antwortete Frau Lene, »so werdet Ihrs erfahren.« Frau Sullivan schwieg voll Erwartung und die Alte fuhr fort: »Setzt einen Kessel mit Wasser über das Feuer und laßt es sieden, dann holt ein Dutzend frisch gelegter Eier, schlagt sie auf und nehmt die Schalen;

das übrige schüttet weg. Wenn das getan ist, so werft die Schalen in den Kessel mit dem siedenden Wasser und dann werdet Ihr bald erfahren, ob es euer eigen Kind ist, oder ein Elfe. Findet Ihr aber, daß es ein Wechselbalg ist, so nehmt die glühende Feuerzange und stoßt sie ihm in seinen garstigen Rachen und er soll Euch weiter keinen Verdruß machen, dafür stehe ich Euch.«

Frau Sullivan ging heim und folgte dem Rat der grauen Lene. Sie setzte den Kessel über das Feuer, legte Torf genug unter und brachte das Wasser in ein gewaltiges Sieden und Sprudeln.

Das Kind lag zum Erstaunen still und ruhig in der Wiege, doch jetzt, bei dem Anblick des großen Feuers und des Kessels mit Wasser darüber, riß es die Augen auf, die wie Sterne in einer Winternacht funkelten. Es sah mit großer Aufmerksamkeit zu, als Frau Sullivan die Eier aufschlug und die Schalen in das siedende Wasser warf. Endlich fragte es, und es klang wie die Stimme eines alten Mannes: »Was macht Ihr da, Mutter?«

Der Frau war, wie sie selbst sagte, zu Mut, als ob ihr der Atem genommen würde, wie sie das Kind sprechen hörte. Doch sie beschäftigte sich nur damit, das Eisen in die Glut zu legen und antwortete, ohne ein Erstaunen über die Worte zu zeigen: »Ich braue, mein Sohn.«

»Und was braut Ihr, Mutter?« fragte der Balg, dessen unnatürliche Gabe zu sprechen außer allen Zweifel gesetzt hatte, daß er von den Elfen abstammte.

»Wäre nur das Eisen schon glühend!« dachte Frau Sullivan; aber das erforderte einige Zeit und sie entschloß sich, ihn im Gespräch aufzuhalten, bis das Eisen geschickt wäre, durch seine Kehle zu fahren. Sie wiederholte deshalb die Frage: »Du willst wissen, was ich braue, mein Söhnchen?«

»Ja, Mutter«, sagte er, »was braut Ihr?«

»Eierschalen, mein Söhnchen.«

»Ach«, schrie das Teufelchen laut auf, richtete sich in der

Wiege in die Höhe und schlug die Hände zusammen: »Ich bin fünfzehn hundert Jahre auf der Welt und habe niemals gesehen, daß man Eierschalen braut!«

Indessen war das Eisen glühend geworden. Die Frau ergriff es und eilte damit nach der Wiege, aber wie es nun geschah, sie glitt mit dem Fuß aus, fiel auf den Boden und das Eisen fuhr aus ihrer Hand in die andere Ecke des Hauses. Sie raffte sich jedoch geschwind auf und lief zu der Wiege in der Absicht, den verwünschten Balg, der darin lag, in das siedende Wasser zu werfen. Doch was erblickte sie darin? Ihr eigenes Kind in süßem Schlafe, eins seiner weichen, runden Ärmchen auf das Kopfkissen gelegt, und seine Züge waren so mild, als wenn es niemals in seiner Ruhe wäre gestört worden, bloß der rote Mund ward von einem reinen und sanften Atem bewegt.

Wer kann beschreiben, was eine Mutter fühlt, die auf ihr schlafendes Kind blickt! Und diese hier erhielt eben den lang verlornen Knaben wieder. Du kannst denken, daß ihr stillschweigends die Tränen über die Wangen liefen und sie sich keine Mühe gab, sie zurückzuhalten, denn sie weinte vor Freude.

7. DER WECHSELBALG

Eine junge Frau, Marie Scannell, lebte mit ihrem Ehemann noch nicht viele Jahre zu Castle Martyr. Eines Tages zur Herbstzeit war sie mit andern hinausgegangen, um beim Weizenbinden behilflich zu sein, sie legte ihr Kind, das sie noch stillte, in eine Ecke des Feldes, und glaubte, es wäre da, in ihren Mantel eingewickelt, auf das Beste versorgt.

Als sie mit ihrer Arbeit zu Ende war, kehrte sie zu dem Kinde zurück, aber an dessen Stelle fand sie in dem Mantel ein Geschöpf, das nicht halb so groß war und ein solches Zetergeschrei ausstieß, daß man es eine Meile weit hören konnte. Sie vermutete gleich, was möchte vorgefallen sein und ohne sich einen Augenblick aufzuhalten, nahm sie es in den Arm und indem sie behauptete, daß sie ganz vernarrt in das Kind sei, brachte sie es zu einer weisen Frau. Diese flüsterte ihr zu, sie sollte ihm nicht satt zu essen geben und auf es los hauen und peitschen ohne Barmherzigkeit.

Marie befolgte den Rat und gerade eine Woche hernach fand sie morgens beim Erwachen ihr eigenes Kind wieder an ihrer Seite im Bette liegen. Dem Elfen, der an die Stelle des Kindes gelegt war, hatte die Behandlung der Marie Scannell, wozu sie sich, obgleich sie eine mitleidige Frau war, entschlossen hatte, schlecht gefallen, und er machte sich, nachdem er es eine Woche versucht, wieder fort und schickte der Frau ihr eigenes Kind zurück.

8. DIE BEIDEN GEVATTERINNEN

Zu Minane bei Tracton, das etwa fünf Stunden südlich von Cork liegt, lebte ein junges Ehepaar, namens Mac Daniel, und sie hatten ein so schönes, wohlaussehendes Kind, daß die Elfen Lust bekamen, es zu sich zu holen und einen Wechselbalg an seine Stelle zu legen. Doch Frau Mac Daniel hatte eine Gevatterin, namens Norah Buckeley, und die ging gerade bei dem Hause, worin die beiden lebten (es war eben neu mit Schiefern gedeckt und hatte ein neues Schild erhalten) in der Abenddämmerung vorbei. »Es ist zu spät«, dachte sie, »um einzutreten und mich nach der Gevatterin Befinden zu erkundigen.« Sie hatte noch eine gute Stunde zu gehen, überdies bemerkte sie, daß die Elfen ausgezogen waren, denn den Weg von Carrigaline war vor ihr ein Wirbel von Staub nach dem andern aufgestiegen; das sicherste Zeichen von einem Aufbruch und Umzug des stillen Volkes, und es tat ihr in den Beinen weh, sich so oft neigen zu müssen.

Indessen als Norah vor dem Hause ihrer Gevatterin war, blieb sie einen Augenblick stehen und sprach vor sich hin:

»Gott laß es ihr wohl ergehen!« Kaum hatte sie diese Worte ausgesprochen, so sah sie, daß sich eins von den Fenstern öffnete und das schöne Kind ihrer Gevatterin eilig herausgereicht wurde; sie konnte, und wenn es ihr Leben gekostet hätte, nicht sagen, wie oder von wem. Sie ließ sich aber nicht abhalten, herbei zu gehen und das Kind in Empfang zu nehmen. Sie wickelte es aufs beste in ihren Mantel und eilte damit nach Haus.

Am folgenden Morgen machte sie sich auf, um nach ihrer Gevatterin zu sehen, die klagte und jammerte über die Veränderung ihres Kindes, die ganze Nacht sei sie von seinem Geschrei aufgeweckt worden und es mit nichts in der Welt zu beruhigen gewesen.

»Ich will Euch sagen, was Ihr mit dem Balg anfangen müßt«, sagte Norah, »streicht ihn erst mit einer Rute, dann tragt ihn hinaus auf den Kreuzweg und laßt ihn da in dem Graben liegen, wo ihn holen kann, wer Lust hat. Wißt, ich habe Euer leibliches Kind gesund und wohl daheim bei mir, in der letzten Nacht ist es mir aus Euerm Fenster herausgereicht worden.«

Als die Mutter das hörte, geriet sie ins größte Erstaunen und ging hinaus, eine Rute zu holen. Kaum aber kehrte sich die Gevatterin um und schaute umher, so war der Elfe fort und weder sie noch des Kindes Mutter sahen ihn wieder, noch konnten sie erfahren, auf welche wunderbare Weise er verschwunden war.

Die Frau Mac Daniel lief in aller Eile in das Haus ihrer Gevatterin, fand da ihr eigenes Kind, nahm es mit sich nach Haus und es ist zu dieser Zeit ein feiner junger Mann.

9. DIE FLASCHE

In den guten Tagen, wo das stille Volk sich noch häufiger sehen ließ, als jetzt in dieser ungläubigen Zeit, lebte ein Mann, Michael Purcell, der einige Acker schlechtes und unfruchtbares Land gepachtet hatte, in der Nachbarschaft der ehemals so berühmten Pfründe von Mourne, anderthalb Stunden von Mallow und sieben von Cork. Michael hatte Frau und Kinder, sie taten, was in ihren Kräften stand, das war freilich nicht viel, denn es war noch kein Kind so weit herangewachsen, daß es dem armen Manne bei seiner Arbeit helfen konnte, und die gute Frau besorgte die Kinder, melkte die Kuh, kochte Kartoffeln und trug die Eier nach Mallow; doch wie sie auch schafften, es war kaum genug, um die Pacht zu zahlen. Sie schickten sich eine Zeitlang, so gut es gehen wollte, in die Umstände, doch zuletzt kam ein schlechtes Jahr, das bischen Hafer verdarb, die Hühnchen verkümmerten, das Schwein magerte ab und wurde beinahe für nichts zu Mallow verkauft; und der arme Michael fand, daß er nicht genug hatte, um die Hälfte des Pachtgeldes zu zahlen und zwei Termine war er schon schuldig.

»Was sollen wir nun anfangen, Marie?« fragte er.

»Was wir anfangen sollen?« antwortete sie, »Treib unsere Kuh auf den Markt nach Cork und verkaufe sie dort. Montag ist Markttag, da mußt du frühe gehen, damit das arme Tier sich verschnauft, ehe es auf den Markt kommt.«

»Und was sollen wir anfangen, wenn sie fort ist?« sagte Mick bekümmert.

»Das weiß ich nicht, Michael, doch gewißlich wird uns Gott nicht verlassen und du weißt doch, wie gütig er gegen uns war, als der kleine Wilhelm krank lag und wir gar nichts für ihn hatten? Der Doktor von Ballydahin, der sanfte, feine Mann kam geritten und verlangte einen Trank Milch; er gab uns zwei Schillinge, schickte die Arzneien für das Kind und was es sonst nötig hatte und gab mir jedesmal etwas zu essen, wenn ich kam, ihn um Rat zu fragen, den er mir niemals versagte; er kam auch und sah nach dem Kind und hörte mit seinen Wohltaten nicht auf, bis es ganz gesund war.«

»Du denkst immer so, Marie, und ich glaube, du hast Recht, darum will ich mir auch über den Verkauf der Kuh keine Sorgen machen. Ich will morgen gehen, du mußt aber Nadel und Zwirn nehmen und meinen Rock flicken, er ist unter dem Arm aufgerissen.«

Marie versicherte, daß sie alles in Ordnung bringen wollte; den folgenden Tag schickte er sich an und sie schärfte ihm beim Abschied ein, die Kuh nicht anders zu verkaufen, als um den höchsten Preis. Michael versprach, es nicht zu vergessen und machte sich auf den Weg. Er trieb die Kuh langsam durch den kleinen Fluß, der den Weg durchschneidet und unter den alten Mauern von Mourne hinrinnt. Als er vorbei kam, fielen seine Augen auf die Türme und einen von den alten Holunderstämmen, die damals wie kleine Gerten aussahen.

»Ja«, rief er aus, »hätte ich nur die Hälfte des Geldes, das unter Euch begraben liegt, so brauchte ich die arme Kuh nicht dahin zu treiben! Ists nicht ein Jammer, daß es unter der Erde ruht, während noch andere als ich es entbehren müssen! Nun, wenns Gottes Wille ist, so komme ich mit etwas Geld in der Tasche zurück.«

Mit diesen Worten trieb er sein Vieh weiter. Es war ein schöner Tag und die Sonne schien glänzend auf die Mauern der alten Abtei, als er daran vorbei kam. Der Weg führte über eine Reihe allmählich aufsteigender Berge, bis er nach drei Stunden auf die Spitze der Anhöhe (die jetzt der Flaschenberg heißt, aber damals den Namen noch nicht führte) gelangte, an welcher Stelle ihn jemand einholte. »Guten Morgen!« sagte dieser. »Guten Morgen!« antwortete Michael freundlich, und sah sich nach dem Fremden um; es war ein kleines Männchen, daß man ihn einen Zwerg hätte nennen können, doch war er nicht ganz so klein. Er hatte ein altes, verschrumpftes, gelbliches Antlitz, das genau wie welker Blumenkohl aussah, dabei eine dünne, kleine Nase, rote Augen und weiße Haare. Seine Lippen waren nicht rot, sondern sein ganzes Gesicht von einer Farbe, seine Augen ohne Ruhe, überall sich umschauend und obgleich sie rot waren, so ward doch Michaels Herz eiskalt, wenn er sie ansah. Er hatte in der Tat wenig Gefallen an der Gesellschaft des Kleinen, und er konnte nicht das mindeste von seinen Beinen oder seinem Körper erblicken; das Männchen hatte sich, obgleich der Tag warm war, ganz in einen dicken, weiten Rock eingewickelt.

Michael trieb die Kuh ein wenig schneller, aber der Kleine hielt sich immer neben ihm. Er wußte nicht, auf welche Art er schritt, denn er fürchtete sich zu sehr, um sich nach ihm umzuschauen und wollte auch nicht das Kreuz über sich schlagen, denn er war bange, der alte Mann möchte zornig werden. Doch deuchte ihn, sein Reisegefährte ginge nicht wie ein anderer Mensch und setzte einen Fuß vor den andern, sondern glitte nur über den rauhen Weg (und rauh war er genug) wie ein Schatten dahin, ohne Geräusch und ohne Anstrengung. Dem armen Michael zitterte das Herz im Leibe, er sagte ein Gebet für sich und wünschte, er wäre den Tag nicht ausgegangen, oder er wäre schon auf dem Markt, oder er brauchte die Kuh nicht zu hüten, damit er vor dem Gespenst fortlaufen könnte.

Mitten in diesen Ängsten ward er von seinem Gefährten angeredet: »Wohin wollt ihr mit der Kuh, lieber Mann?«

»Nach dem Markt zu Cork«, antwortete Michael zitternd bei dem schnarrenden und schneidenden Ton der Stimme.

»Wollt Ihr sie verkaufen?« sagte der Fremde.

»Freilich treibe ich sie dahin, um sie zu verkaufen.«

»Wollt Ihr sie mir verkaufen?«

Michael fuhr erschrocken zurück, er fürchtete sich, mit dem Kleinen etwas zu tun zu haben und fürchtete sich noch mehr, nein zu sagen. Endlich sprach er: »Was wollt Ihr mir dafür geben?«

»Ich will Euch etwas sagen«, antwortete der Kleine, »ich gebe Euch diese Flasche dafür«; indem er eine Flasche unter dem Mantel hervor holte.

Michael schaute erst ihn und die Flasche an, dann mußte er, mitten in seiner Angst, in ein lautes Gelächter ausbrechen.

»Lacht nach Herzenslust«, sprach der Kleine, »aber ich sage Euch, diese Flasche ist mehr wert für Euch, als alles Geld, das Ihr für die Kuh in Cork bekommt, ja tausendmal mehr.«

Michael lachte wieder: »Ihr denkt wohl«, sagte er, »ich wäre ein solcher Narr, daß ich meine gute Kuh für so eine Flasche hingäbe, die obendrein noch leer ist? Wahrhaftig, daraus wird nichts.«

»Ihr tut besser, wenn Ihr mir die Kuh gebt und die Flasche nehmt; Ihr braucht es Euch nicht leid sein zu lassen.«

»Aber Marie, was würde die sagen? Das würde kein Ende nehmen! Und wie sollte ich meine Pacht zahlen? Und was sollen wir anfangen ohne einen Heller Geld?«

»Ich versichere Euch, die Flasche ist besser, als alles Geld, nehmt sie und gebt mir die Kuh. Jetzt sage ich es Euch zum letztenmal, Michael Purcell.«

Michael war bestürzt. »Wie hat er meinen Namen erfahren!« dachte er.

Der Fremde fuhr fort: »Michael Purcell, ich kenne Euch und habe Achtung vor Euch, darum folgt meinem Rat, oder Ihr werdet es empfinden. Wißt, Eure Kuh wird Euch hinfallen, ehe Ihr nach Cork kommt.«

Michael wollte eben sagen: »Das verhüte Gott!« aber der Kleine setzte hinzu (und Michael war zu aufmerksam, um etwas zu sagen, das ihn schweigen gemacht hätte und viel zu höflich, als jemand in der Rede zu unterbrechen): »Dann sollt Ihr wissen, es wird so viel Vieh auf dem Markt sein, daß Ihr zu einem geringen Preis losschlagen müßt und vielleicht fallt Ihr, wenn Ihr nach Haus geht, noch Räubern in die Hände. Doch wozu sage ich Euch das alles, da Ihr doch entschlossen seid, Euer Glück von Euch zu stoßen!«

»O nein, Herr, mein Glück möchte ich nicht von mir stoßen«, sagte Michael, »und wäre ich gewiß, daß die Flasche so gut ist, als Ihr sagt, obgleich ich niemals großen Gefallen an einer leeren Flasche gehabt, wenn ich sie auch selbst ausgetrunken hatte, so wollte ich Euch die Kuh geben im Namen –«

»Bekümmert Euch nicht um Namen«, unterbrach ihn der Kleine, »sondern gebt mir die Kuh; ich habe Euch keine Unwahrheit gesagt und wenn Ihr damit heim kommt, so tut genau, was ich Euch heißen werde.«

Michael zögerte.

»Wohlan«, sagte der Fremde, »guten Tag, Michael Purcell, ich kann nicht länger warten. Noch einmal, nehmt sie hin und seid reich; schlagt sie aus und bettelt für Euern Lebensunterhalt, seht Eure Kinder in Armut, Euer Weib sterbend vor Mangel: das wird Euer Schicksal sein, Michael Purcell.« Bei diesen Worten lächelte der Kleine boshaft, was seinen Anblick noch grausenhafter machte.

»Mag sein! Ist wohl wahr!« sagte Michael immer noch zaudernd und unschlüssig, was er tun sollte. Er konnte nicht anders, er mußte dem alten Manne glauben und endlich in einem Anfall von Verzweiflung griff er nach der Flasche und sagte: »Nehmt die Kuh und wenn Ihr mich belogen habt, so wird Euch der Fluch des Armen treffen.«

»Ich achte weder auf Euern Fluch noch auf Euern Segen, Michael Purcell, aber ich habe die Wahrheit gesprochen, das werdet Ihr noch heute abend erfahren, wenn Ihr tut, was ich Euch sage.«

»Was soll ich tun?« fragte Michael.

»Wenn Ihr heim kommt, so kümmert Euch nicht darum, daß Euer Weib ärgerlich ist, sondern bleibt selbst gelassen und heißt sie die Flur sauber kehren, setzt den Tisch zurecht und deckt ein reines Tuch darüber, dann stellt die Flasche auf den Boden und sprecht die Worte: Flasche tue deine Schuldigkeit! und Ihr werdet den Erfolg sehen.«

»Und das ist alles?« fragte Mick.

»Nichts weiter«, sagte der Kleine. »Guten Tag, Michael Purcell, Ihr seid ein reicher Mann.«

»Das gebe Gott!« sagte Michael, als der alte Mann die Kuh forttrieb und er wieder auf dem Heimweg war; doch konnte er nicht umhin den Kopf umzudrehen und dem Käufer seiner Kuh nachzusehen, bis er ganz verschwunden war.

»Gott behüte und bewahre uns!« rief Michael, »Der gehört nicht dieser Welt an. Aber wo ist meine Kuh?« Sie war fort und Michael ging heimwärts, Gebete für sich hersagend und seine Flasche fest haltend.

»Was wollt' ich anfangen«, dachte er, »wenn sie mir zerbräche, doch dafür will ich tun« und steckte sie vor seine Brust, besorgt über den Erfolg und zweifelhaft über den Empfang, den er bei seiner Frau zu erwarten hatte. Während er Sorge und Erwartung, Furcht und Hoffnung gegeneinander abwog, erreichte er abends seine Hütte und überraschte seine Frau, die bei dem Torffeuer am Herde saß.

»Ei, Michael, du bist wieder da! Gewiß bist du nicht nach Cork gekommen! Sprich, was ist dir begegnet? Wo ist die Kuh? Hast du sie verkauft? Wie viel hast du dafür gelöst? Was gibts Neues? Erzähl mir davon.«

»Willst du mir Zeit lassen, Marie, so will ich dir alles haarklein erzählen. Wo unsere Kuh ist, möchtest du gerne wissen; aber das kann ich dir nicht sagen, denn ich weiß am allerwenigsten, wo sie ist.«

»Was hast du dafür gelöst, Michael? Heraus mit dem Geld!«

»Kleine Geduld, Marie, und du sollst alles hören.«

»Aber was ist das für eine Flasche unter deiner Weste?« fragte Marie, die den hervorragenden Hals bemerkte.

»Nun sei vergnügt«, sagte Michael, »doch ich muß dir erst erzählen!« und stellte die Flasche auf den Tisch. »Das ist alles, was ich für die Kuh bekommen habe.«

Die arme Frau war wie vom Donner gerührt. »Alles was du bekommen hast! Und wozu taugt das, Michael? So hätte ich doch mein Lebtag nicht gedacht, daß du ein solcher Narr wärest. Wie willst du nun die Pacht bezahlen?«

»Willst du Vernunft annehmen, Marie?« sagte Michael, »so will ich dir erzählen, wie der alte Mann, oder wer es sonst war, mir begegnete, nein, er begegnete mir nicht, sondern er war da bei mir, oben auf dem Berg, und wie er mich dazu bewog, ihm die Kuh zu verkaufen und mir sagte, diese Flasche wäre etwas für mich.«

»Wahrhaftig bloß für dich, du Narr!« sagte Marie und griff nach der Flasche, um sie ihrem armen Mann an den Kopf zu werfen. Aber Michael faßte sie geschwind, machte sie ganz gelassen (denn er erinnerte sich an den Befehl des Kleinen) von den Händen seines Weibes los und steckte sie wieder vor seine Brust.

Die arme Marie saß da und weinte während ihr Michael seine Geschichte erzählte und sich dabei oft bekreuzigte und segnete. Indessen konnte sie nicht umhin, ihm Glauben beizumessen, zumal sie an Geister glaubte. Ohne ein Wort zu sprechen stand sie auf und fing an, die Flur mit einem Büschel Heidekraut zu kehren. Hierauf ordnete sie alles, setzte den langen Tisch zurecht und deckte ein reines Tuch, das einzige, das sie hatten, darüber her und Michael stellte die Flasche auf die Erde und sprach: »Flasche, tue deine Schuldigkeit!«

»Dort! dort! Mutter, sieh doch!« rief der älteste Knabe, ein pausbackiges Kind von fünf Jahren, und sprang an seiner Mutter Seite, als zwei winzige kleine Gestalten, wie Lichtstrahlen, aus der Flasche hervorstiegen und in einem Augenblick den Tisch mit silbernen und goldenen Schüsseln und Tellern besetzten, auf welchen die köstlichsten Speisen lagen, und so wie alles in Ordnung war, wieder in die Flasche hinabstiegen. Michael und seine Frau betrachteten alles mit höchstem Erstaunen, denn sie hatten solche Schüssel und Teller ihr Lebtag nicht gesehen und glaubten, dergleichen könnte man nicht genug bewundern, so daß sie von dem bloßen Anschauen allen Hunger vergaßen. Endlich sagte Marie:

»Komm, Michael, und setz dich nieder, versuchs und iß ein wenig, du mußt ja hungrig sein nach einem so guten Tagwerk.«

»Siehst du, der Mann hat keine Unwahrheit von der Flasche gesagt.«

Michael setzte sich und gab auch den Kindern ihren Platz an dem Tisch; sie hielten eine herrliche Mahlzeit und doch blieb die Hälfte der Schüsseln unangerührt.

»Mich soll doch wundern«, sagte Marie, »ob die guten, kleinen Herrn diese kostbaren Sachen wieder wegnehmen werden!« Sie warteten, aber niemand kam. Da hob Marie sorgfältig Schüssel und Teller auf und sprach: »Gewißlich, es war keine Unwahrheit, du bist jetzt ein reicher Mann, Michael Purcell.«

Sie gingen alle zu Bett, doch nicht um zu schlafen, sondern um zu verabreden, wie sie diese köstlichen Dinge, deren sie nicht bedurften, zu Geld machen wollten, um mehr Ländereien zu übernehmen. Michael ging nach Cork, verkaufte seine Goldschüsseln, erhandelte sich Wagen und Pferd und überlegte, wie er viel Geld erwerben könnte. Sie gaben sich alle Mühe, die Flasche geheim zu halten, doch vergeblich; der Gutsherr brachte es heraus. Eines Tages kam er zu Michael und fragte ihn, wie er zu all dem Geld gekommen wäre, das er doch in keinem Falle durch die Pacht gewonnen hätte; er quälte ihn so lange, bis Michael ihm endlich von der Flasche sagte. Der Gutsherr bot viel Geld, doch dafür wollte sie Michael nicht geben, bis er ihm zuletzt alles, was er jetzt in Pacht hatte, als Eigentum anbot. Da dachte Michael, der reich genug war, nun bedürfe er des Geldes weiter nicht mehr und gab die Flasche hin.

Michael hatte sich verrechnet, er und die Seinigen verschleuderten das Geld, als wenn es kein Ende nehmen könnte und um die Geschichte kurz zu machen, sie wurden immer ärmer und ärmer, bis sie am Ende nichts mehr übrig hatten, als eine Kuh, welche Michael abermals wieder vor sich her trieb, um sie auf dem Markt zu Cork zu verkaufen, nicht ohne

Hoffnung, dem kleinen Mann von neuem zu begegnen und eine andere Flasche zu erhalten. Der Tag brach eben an, als er sich von Haus aufmachte und er ging einen guten Schritt, bis er zu der Höhe kam. Die Nebel schliefen noch in den Tälern und kräuselten sich in duftigen Kränzen auf der braunen Heide rings um ihn her. Die Sonne erhob sich zu seiner Linken und vor seinen Füßen sprang eine Lerche aus ihrem Lager im Gras und stieg, ihren fröhlichen Morgengesang anstimmend, in den blauen Himmel hinauf.

Michael bekreuzigte sich, horchte auf den süßen Gesang der Lerche und mußte beständig an das alte, kleine Männchen denken. Da wurde er, gerade als er den Gipfel des Bergs erreichte und seine Augen auf die weite Aussicht vor und hinter sich warf, von der wohlbekannten Stimme sowohl erschreckt, als erfreut, die ihm zurief: »Nicht wahr, Michael Purcell, ich sagte dir, du würdest ein reicher Mann werden?«

»Gewiß, es war keine Lüge, Herr! Ich wünsche Euch einen guten Morgen, aber daß ich zur Zeit ein reicher Mann bin, kann ich nicht sagen. Habt Ihr eine andere Flasche? Ich bedarf ihrer so gut, wie vordem. Habt Ihr sie, Herr, hier ist die Kuh dafür.«

»Und hier ist die Flasche«, sagte der Kleine und lächelte, »du weißt, was du damit zu tun hast.«

»Ach ja«, antwortete er, »ich will es schon recht machen.«

»Guten Tag, Herr«, rief Michael, als er sich auf den Heimweg begab, »gutes Glück Euch und gutes Glück dem hohen Berg, dem Flaschenberg, damit er einen Namen bekommt; guten Tag, Herr, guten Tag!« Damit eilte er, so schnell er konnte, zurück, ohne sich nur einmal nach dem Kleinen mit dem weißen Gesicht und der Kuh umzuschauen, nur besorgt, seine Flasche heimzubringen. Wohlbehalten langte er damit an und sobald er Marie erblickte, rief er aus: »Ja, ich habe eine andere Flasche!«

»Tausend!« rief die Frau, »hast du sie? Du bist ein Glückskind, Michael Purcell, ja das bist du!«

Sie brachte alles sogleich in Ordnung und Michael, seine Flasche betrachtend, schrie in seiner Freude: »Flasche, tue deine Schuldigkeit!« In einem Augenblick sprangen zwei große, gewaltige Männer aus der Flasche mit dicken Knütteln in den Händen, die den armen Michael, seine Frau und seine ganze Familie unbarmherzig bläuten, bis alles auf dem Boden lag, worauf sie in die Flasche zurückeilten. Michael, sobald er wieder zu Besinnung kam, stand auf und sah sich um. Er sann und sann. Endlich hob er Frau und Kinder in die Höhe, und sprach: »Macht, daß Ihr Euch wieder erholt, so gut es geht«, nahm die Flasche unter den Mantel und begab sich zu seinem Gutsherrn.

Dort war große Gesellschaft und Michael bat einen Bedienten, dem Herrn zu sagen, daß er ein paar Worte mit ihm zu sprechen wünsche. Endlich kam der Herr heraus und fragte: »Was bringt Ihr mir neues, Michael?«

»Nichts, Herr, als daß ich eine andere Flasche habe.«

»Ei, ei! Ist sie auch so gut, wie die erste?«

»Ja wohl, Herr, noch besser. Wenns Euch beliebt, so will ich sie Euch vor allen Herrn und Damen zeigen.«

»Tretet nur herein«, sprach der Gutsherr und Michael ward in den Saal geführt, wo er seine alte Flasche erblickte, die oben auf dem Gesimse stand. »Sieh da!« sagte er sich selbst, »Vielleicht habe ich dich in kurzem wieder!«

»Wohlan«, sagte der Gutsherr, »zeigt her Eure Flasche!« Michael setzte sie auf den Boden und sprach die Zauberworte. In einem Augenblick lag der Gutsherr darnieder, Damen und Herren, Bediente und wer sonst zugegen war, rannten, schrien, wälzten sich, stießen mit den Füßen und heulten. Becher und Teller rollten nach allen Seiten hin, bis der Gutsherr endlich ausrief: »Bring diese zwei Teufel zur Ruhe, Michael Purcell, oder ich lasse dich aufhängen!«

»Nicht eher sollen sie aufhören«, sagte Michael, »als bis Ihr mir meine Flasche wiedergebt, die ich dort oben auf dem Gesims sehe.«

»Holt sie ihm herab«, sagte der Herr, »ehe wir alle ermordet sind.«

Michael steckte die alte Flasche vor seine Brust, die Männer sprangen wieder in die neue hinein und er trug sie beide heim. Was soll ich noch weiter erzählen, daß Michael reicher ward, als zuvor, daß sein Sohn die Tochter des Gutsherrn heiratete, daß er und sein Weib in hohem Alter starben und bei ihrer Leichenfeier einige Diener in Streit gerieten und die Flaschen zerbrachen! Doch der Berg hat noch immer den Namen und wird wohl Flaschenberg heißen, bis ans Ende der Welt.

10. DIE BEKENNTNISSE DES THOMAS BOURKE

Thomas Bourke wohnt in einem niedrigen, langgestreckten Pächterhaus, welches von außen einer großen Scheune gleicht und an dem Fuße eines Berges liegt, gerade da, wo die neue Straße von der alten sich scheidet, welche von Kilworth nach Lismore führt. Er gehört zu einer Klasse von Leuten, die in Irland eine Art schwarzer Schwäne sind; er ist nämlich ein wohlhabender Pächter. Sein Vater hatte in der guten, alten Zeit, wo hundert Pfund Sterling ein nicht unbeträchtlicher Schatz waren, seinem Gutsherrn mit dieser Summe ausgeholfen, und als Vergeltung dieser Bereitwilligkeit eine lange Pacht erhalten, die zehnmal mehr wert war, als das Darlehen, dem er sie zu verdanken hatte. Der alte Mann starb mit einem Vermögen von einigen hundert Pfunden, wovon er den größten Teil, samt dem Pachtgute, seinem Sohn Thomas vermachte. Außerdem erhielt Thomas von seinem Vater eine Gabe, die mehr Wert hatte, als alle irdische Reichtümer, so hoch er diese auch zu allen Zeiten schätzte. Es ward ihm das Vorrecht verliehen, dessen sich wenige Menschenkinder erfreuen, mit jenen geheimnisreichen Wesen Verkehr zu haben, welche man das stille Volk nennt.

Thomas Bourke ist ein kleiner, stämmiger, frischer und

tätiger Mann, von etwa fünf und funfzig Jahren. Sein Haar ist schneeweiß, kurz und am Hinterhaupt buschig, während es an der Stirne gerade und borstig wie eine Kleiderbürste in die Höhe steht. Seine Augen sind von der Art, wie man sie nicht selten bei Menschen findet, die einen regen, jedoch beschränkten Geist haben: sie sind klein, grau aber lebhaft. Die langen vorragenden Augenbrauen, unter oder vielmehr zwischen welchen sie funkeln, geben ihm einen Ausdruck von verschmitzter Klugheit, wo nicht von Feinheit. Und das ist auch in der Tat der Charakter des Mannes. Wer ein Geschäft mit ihm abmachen will, muß sich einen Feldherrn zum Muster nehmen, der eine Stadt erobern will, und lange vorher Anstalten machen, ehe er hoffen kann, in den Besitz zu kommen. Wer gerade drauf los geht, und sogleich seine Absicht an den Tag gibt, der kann sicher sein, daß ihm die Türe vor der Nase zugemacht wird: Thomas wünscht sich nicht von dem zu trennen, wonach der andere Verlangen trägt oder ein dritter hat schon wegen des Ganzen vorige Woche mit ihm gesprochen. Oder vielleicht scheint der Vorschlag die beste Aufnahme zu finden. »Freilich, Herr!« »Das ist richtig, Herr!« »Ich danke Euch für die Ehre, die Ihr mir erzeigt!« und mit dergleichen Ausdrücken von Artigkeit und Zutrauen werden alle Worte, die der andere vorbringt, begrüßt und er geht weg und wundert sich, wie der Mann in den Ruf gekommen sei, der sich so allgemein verbreitet hat, daß man kein Geschäft mit ihm zustande bringen könne. Wenn er ihn aber das nächstemal trifft, so ist die angenehme Täuschung vorüber und er findet sich ein großes Stück weiter von seinem Ziel zurück, als da er sich Hoffnung auf einen guten Erfolg machte. Thomas Augen und Zunge drücken eine völlige Vergessenheit von dem aus, dessen er sich innerlich aufs genauste bewußt ist und der andere muß seine Arbeit von neuem anfangen mit dem Nachteil, daß sein Gegner sich in allen Stücken zu hüten weiß.

Obgleich Thomas, sei es durch übernatürliche Mitteilung,

oder, wie manchem wahrscheinlicher vorkommt, durch Erfahrungen belehrt, mißtrauisch gegen die Menschen und im Umgange verschlossen sich zeigt, so ist er doch kein Menschenfeind. Niemand schätzt mehr als er die Freuden einer lustigen Tafel. Die Liebe zum Geld, die eine vorherrschende Neigung bei ihm ist, und der Gewinn, den ihm sein unermüdlicher Fleiß, während eines ziemlich langen und glücklichen Lebens gebracht, haben ihn den Wert der Mäßigkeit während dieser Zeit erkennen lassen; wenigstens wenn ein Geschäft verlangt, daß man seine Gedanken beisammen habe. Es ist ihm daher Hauptregel, keinen Trunk anzunehmen, als an einem Sonntage. Doch gestattet er sich Ausnahmen; unter diesen waren alle Markttage, die in seiner Nachbarschaft gehalten wurden, ferner alle Tage, an welchen Leichenbegängnisse, Hochzeiten und Taufen unter seinen Freunden im Umfange einiger Meilen stattfanden. Seltsam scheint es vielleicht, daß er Leichen größere Aufmerksamkeit schenkte, als Taufen oder Heiraten. Man kann dies als uneigennützige Teilnahme an der Würde der Dahingegangenen betrachten, die in unserer selbstischen Welt nicht häufig ist; aber ich besorge, dasjenige was Thomas Bourke treibt, dem Toten mehr Rücksicht zu bezeigen, als dem Lebenden, ist genau dasselbe, was die meisten andern Menschen gerade zu dem Gegenteil bewegt: nämlich Hoffnung eines zukünftigen Vorteils und Furcht vor zukünftigem Übel. Denn das stille Volk, diese eben so mächtigen als launenhaften Wesen, haben unter denen, welche die Erde bewohnen, ihre Lieblinge, manchmal äußern sie ihre Gunst dadurch, daß sie diese von der Bürde eines niederdrückenden Lebens erlösen, und oft belohnen oder bestrafen sie den Lebenden nach dem Grad von Achtung, den er der Beerdigung und dem Andenken des erwählten Toten bezeigt.

Vielleicht sucht darin auch mancher den Grund der vielen menschenfreundlichen und liebreichen Handlungen, die Thomas und andere Glieder seiner Familie so oft und mit sichtbarer Bereitwilligkeit ausüben. Ein Bettler hat selten ihren Hof mit einem leeren Sack verlassen, vergeblich um ein Nachtlager gebeten oder um eine Mahlzeit von Kartoffeln und Milch, welche hinreicht, den Hunger eines irländischen Bettlers zu befriedigen. Denn wer diesen stillen will, muß zugleich Rücksicht auf den Beistand nehmen, den ein ausgemergelter Hund und zwei oder drei nicht minder heißhungrige Kinder zu leisten pflegen, die sich zur Entschädigung für ihre äußeren Blößen gerne innerlich ausfüttern. Wird einer von den armen Wichten in der Nachbarschaft vom Fieber niedergeworfen, so räumt Thomas dem Kranken eine ledig stehende Hütte auf einem seiner Pachtgüter (denn er hat dem ererbten noch eins zugefügt) ein oder schickt seine Arbeiter, um ihm einen Schoppen neben der Hecke aufzuschlagen und sendet ihm Stroh zum Lager, wenn die Kränklichkeit fortdauert. Seine Frau, deren Milchkammer wegen ihrer Größe berühmt ist, liefert eine Woche lang Milch, und diese Hilfleistungen werden oft auf die ganze Familie des Kranken ausgedehnt, die vielleicht in den höchsten Grad von Elend versinkt, so lange der Mann oder Vater zur Arbeit unfähig ist.

Wenn auch einige dieser Handlungen in jener vorhin erwähnten Furcht oder Hoffnung ihren Grund haben, so entspringen doch andere aus dem gemischten Gefühl von Mitleid und Pflicht, welches bisweilen aus dem Herzen eines irländischen Bauern hervorbricht, obgleich es gewöhnlich in eine Decke von Geiz und Trug eingehüllt ist. Daher kamen auch die Worte, die ich einmal hörte und die man nicht mißverstehen darf: »Wenn wir etwas empfangen, so ists nur ehrlich, daß wir ein wenig davon wieder zurückgeben.«

Thomas läßt sich nicht leicht bewegen, von dem stillen Volke zu sprechen, mit dem er in häufigem und genauem Verkehr stehen soll. Glaubt aber jemand an die Elfen und ihre Macht und an die gelegentliche Übertragung derselben auf ihn, so schlägt er es, auf besondere Bitten, selten ab, sein hohes Vorrecht in Ausübung zu bringen, wenn ein Unglücklicher in der Nachbarschaft von einem Schlag der Elfen ist gelähmt worden. Immer aber will er erst durch Bitten gewonnen sein, er macht anfangs Schwierigkeit und muß mit einer kleinen, freundlichen Gewalt genötiget werden. Bei solchen Gelegenheiten ist er ungewöhnlich feierlich und geheimnisreich und fällt etwa ein Wort von Vergeltung, so verläßt er sogleich den unglücklichen Kranken, weil dergleichen Anerbietungen die Überirdischen geradezu beleidigen.

Es ist wahr, daß, da der Arbeiter seines Lohnes wert ist, andere, die gleich ihm begabt sind, kein Bedenken tragen von den Kranken, aber erst nach der Genesung, eine Belohnung anzunehmen. Es ist aufgezeichnet, daß einmal einer Frau eine ansehnliche Belohnung gegeben wurde, welche wie Thomas in der geheimen Wissenschaft erfahren war und welche hier verdient erwähnt zu werden, nicht bloß, weil sie eine Nachbarin und Nebenbuhlerin von Thomas war, sondern auch wegen des besonderen Umstandes, daß eine Mutter ihren Namen von ihrem Sohn ableitete. Ihr Sohn hieß Owen und sie überall Owen sa vauher (Owens Mutter). Sie war bei der vorhin erwähnten Gelegenheit überredet worden, einem jungen Mädchen ihre Hilfe angedeihen zu lassen, welches den Gebrauch des rechten Beins verloren hatte. Owens Mutter fand die Heilung sehr schwer. Eine Reise von etwa neun Stunden war nötig, wahrscheinlich um einen aus dem stillen Volke zu besuchen, der in so weiter Entfernung wohnte; und diese Reise mußte auf dem Rücken einer weißen Henne gemacht werden. Sie kam indessen zustand, und zur bestimmten Stunde, wie die seltsame Frau vorher gesagt hatte, nämlich als die Henne mit ihrem Reiter an dem Ziel der Fahrt angelangt war, wurde die Kranke von einer unwiderstehlichen Tanzlust ergriffen, welcher sie bei vollkommenem Gebrauch der kranken Glieder zu großer Freude ihrer bekümmerten Familie ein Genüge tat. Die Belohnung war in diesem Falle, wie billig, ungewöhnlich groß, wegen der Schwierigkeit eine Henne zu finden, die willig war mit einer solchen Last eine so lange Reise zu unternehmen.

Um Thomas Gerechtigkeit widerfahren zu lassen, so muß man gestehen, daß er bei solchen Gelegenheiten völlig uneigennützig ist, wie ich von mehr als einem gehört habe, der davon genau unterrichtet war. Vor einigen Monaten heilte er ein junges Mädchen, die Schwester eines Krämers, der in seiner Nähe lebt, welche der Elfenschlag getroffen hatte, als sie von einer Leiche zurückkehrte und mehrere Tage lang sprachlos geblieben war. Er schlug beharrlich jede Belohnung aus und sagte, daß, wenn er auch nicht so viel hätte, um sich satt zu essen, er in diesem Falle nichts annehmen würde, weil das Mädchen bei der Leiche einen von dem guten Volke, der zu seiner eigenen Familie gehörte, beleidigt hätte, und ob er ihr gleich einen Gefallen tun wollte, so könnte er doch nichts von ihr annehmen. – Zu der Zeit ungefähr, wo diese letzte merkwürdige Begebenheit sich ereignete, hatte ein Freund von mir, Herr Martin, der ein Nachbar von Thomas ist, ein Geschäft mit ihm abzuschließen und unsägliche Mühe es zu beendigen. Zuletzt, nachdem alle Mittel der Güte vergeblich waren, nahm Martin seine Zuflucht zu gerichtlicher Hilfe, welche den Thomas zur Vernunft brachte. Die Sache ward zu gegenseitiger Zufriedenheit und bei vollkommen guter Laune zwischen beiden Teilen vollführt. Da die Übereinkunft in Herrn Martins Hause nach dem Mittagsessen stattfand, so nötigte er den Thomas zu einem Glas feinen Punsch in den Saal herein. Er hatte schon längst gewünscht, mit seinem ungewöhnlich begabten Nachbar in ein Gespräch zu geraten, worin er etwas näheres von dessen übernatürlichen Kräften herausfragen könnte; und da Frau Martin, welche in dem Zimmer zugegen war, bei Thomas in besonderer Gunst stand, so schien die Gelegenheit günstig.

»Wahrhaftig, Thomas«, hub Herr Martin an, »das war ein seltsamer Handel mit der Marie Dwyers, die ihre Sprache so plötzlich am folgenden Tag wieder erhielt.«

»Das sollte man wohl meinen, Herr«, antwortete Thomas, »indessen meine Arbeit dabei war gering, nicht der Rede wert. Euer Wohl, Madame«, sagte er, indem er sich zu Frau Martin wandte.

»Ich danke Euch, Thomas, aber mir ist erzählt worden, Ihr hättet einmal Kummer dieser Art in eurer eigenen Familie gehabt.«

»Jawohl, Madame«, antwortete er, »Kummer genug, doch zu der Zeit wart Ihr noch ein Kind.«

»Kommt her, Thomas«, sagte der gastfreie Herr Martin, indem er ihn unterbrach, »nehmt noch ein Glas« und reichte es ihm hin. »Ich wünschte, Ihr erzähltet uns einiges davon, wie Ihr mehrere Eurer Kinder verloren habt. Mir ist erzählt worden, daß sie dahin gestorben sind, eins nach dem andern und daß Euer ältester Sohn auf eine wunderbare Weise gerettet wurde, nachdem ihn die Ärzte schon aufgegeben hatten.«

»Das ist wahr, Herr«, antwortete Thomas, »Euer Vater der Doktor (Gott habe ihn selig, ich will ihn nicht in seinem Grabe beunruhigen) sagte mir, als mein viertes Söhnchen eine Woche lang krank gelegen hatte, daß er und Doktor Barry alles täten, was sie könnten, aber nicht imstande wären, ihn vom Tod zu erretten. Sie vermochten nichts mehr, wenn das Volk, welches die übrigen wegnahm, auch diesen wegnehmen wollte. Doch sie ließen mir ihn und mir ist sehr leid, daß ich nicht vorher wußte, warum sie mir meine Kinder wegnahmen, und hätte ich es gewußt, so würde ich mich auf zwei Ärzte nicht verlassen haben.«

»Und wie fandet Ihr das heraus, Thomas?« fragte Herr Martin weiter.

»Das will ich Euch sagen, Herr. Als Euer Vater so zu mir sprach, wie ich Euch erzählt habe, wußte ich nicht, was ich anfangen sollte. Ich ging hinab zu dem kleinen Heckenweg, den Ihr kennt, neben dem Fluß bei Dick Heafys Grund, weil das ein einsamer Ort ist, wo ich meinen Gedanken nachhängen wollte. Ich war schwermütig, Herr, und mein Herz gepreßt, wenn ich an den bevorstehenden Verlust meines kleinen Knaben dachte, ich wußte nicht, wie ich mit dieser Nachricht vor die Augen der Mutter treten sollte, die ihn auf das zärtlichste liebte. Und sie von allen konnte sich am schwersten trösten, da sie eben vor einer Woche bei der Leiche ihres Bruders geweint hatte! Auf dem Wege dahin begegnete ich einem alten Bettler, der des Jahrs ein- oder zweimal auf den Platz zu kommen pflegt und der gewöhnlich in eurer Scheune schläft, wenn er sich in der Nachbarschaft aufhält. Er fragte, wie es mir ginge. Schlimm genug, Jacob, antwortete ich. Mich betrübt Euer Unglück, sagte er, doch Ihr seid ein einfältiger Mann, Herr Bourke. Euer Sohn würde bald wieder gesund sein, wenn Ihr nur tun wolltet, was für seine Umstände gut ist! Was kann ich mehr tun, Jacob? fragte ich, die beiden Ärzte geben ihn auf. Die Ärzte wissen so wenig, was ihm fehlt, als sie wissen, was einer Kuh fehlt, wenn sie keine Milch geben will, antwortete Jacob, geht zu dem und dem, und nannte mir seinen Namen, und versucht das, was er Euch sagen wird.«

»Und wer war das, Thomas?« fragte Herr Martin.

»Ich kann Euch das nicht sagen, Herr«, antwortete Thomas mit einem geheimnisvollen Blick, »indessen Ihr habt ihn oft gesehen und er lebt nicht weit von hier. Ich hatte ihn schon vorher auf die Probe gestellt, und wenn ich gleich zu ihm gegangen wäre, so hätte ich noch einige von jenen, die dahin sind, und das hat mir Jacob oft gesagt. Also, ich ging zu dem Manne und er kam mit mir in mein Haus. Ich tat alles, was er verlangte. Seinem Befehl gemäß nahm ich meinen kleinen Knaben gleich aus dem Wohnhaus, todkrank wie er war, und machte ihm und mir ein Bett im Stall. Ja, Herr, ich lag neben ihm im Bett zwischen zwei Kühen und er fiel in einen tiefen Schlaf. Er geriet in großen Schweiß (mit Eurer Erlaubnis zu reden), als sei er durch das Wasser gezogen, atmete schwer, mit großer Beängstigung der Brust und es stand schlimm, sehr schlimm mit ihm. Gegen Mitternacht glaubte ich sein

Ende sei gekommen und ich stand auf, den Mann zu holen, von dem ich Euch gesagt habe; aber ich traf ihn nicht. Es war kein Mensch in dem Stall, als das Kind und ich. Ein Kerzenlichtchen brannte nur, in die Mauer vom fernen Ende des Hauses gesteckt. Es war gerade hell genug, um eine Gestalt zu erkennen, die daherkam oder bei uns stand. Es war so still, wie auf dem Kirchhofe, nichts hörte man, als die Kühe, welche ihr Futter fraßen. Eben, als ich, wie gesagt, im Begriffe war, aufzustehen, – ich will meinem Vater nichts nachsagen, es war ein guter Vater gegen mich – so sah ich ihn neben dem Bette stehen, die rechte Hand streckte er nach mir aus, mit der linken stützte er sich auf einen Stock, dessen er sich im Leben zu bedienen pflegte und sah heiter und lächelnd zu mir, als wollte er sagen, ich sollte ohne Furcht sein, ich würde das Kind nicht verlieren. Seid Ihr es, Vater, redete ich ihn an, bei der Liebe zu denen, die dahin gegangen sind, laßt mich Eure Hand fassen. Er tat es, Herr, und seine Hand war so zart, wie die eines Kindes. Er stand da so lange, als wenn Ihr die Straße hinabgehen wolltet bis zu ihrem Ende und wieder zurück. In weniger als einer Woche war das Kind so wohl, als wenn ihm nie etwas gefehlt hätte und es gibt zur Stunde keinen gesundern Burschen von neunzehn Jahren von Euerm gesegneten Hause bis zur Stadt Ballyporin über die Berge von Kilworth.«

»Aber mich dünkt, Thomas«, sagte Herr Martin, »Ihr hättet Euerm Vater mehr Verbindlichkeit, als dem Manne, der Euch von Jacob empfohlen ward. Oder meint Ihr vielleicht, daß er es war, der Eure Feinde unter dem stillen Volke günstig stimmte und daß dann Euer Vater . . .«

»Ich bitte um Verzeihung, Herr«, sagte Bourke, indem er ihn unterbrach, »aber nennt sie nicht meine Feinde. Ich möchte um vieles nicht dabei sitzen, wenn sie so genannt werden. Nehmt mirs nicht übel, Herr. – Ich wünsche Euch gute Gesundheit und langes Leben!«

»Ich versichere Euch«, entgegnete ihm Herr Martin, »ich

wollte Euch nicht beleidigen. Aber war es nicht so, wie ich sagte?«

»Ich kann Euch das nicht mitteilen«, sagte Thomas, »ich bin deshalb gebunden. Wie sich das aber auch verhält, Ihr könnt gewiß sein, der Mann, von dem ich sprach, mein Vater und jene, die es wissen, die begütigten es.«

Hierauf entstand eine Pause, welche Frau Martin benutzte, den Thomas auszuforschen, ob sich nicht einmal etwas Seltsames mit einer Ziege und ein paar Tauben zugetragen habe, während der Krankheit der Kinder, da Thomas oft geheimnisreich auf diese Umstände angespielt hatte.

»Ei sieh!« sagte er, indem er sich zu Frau Martin wendete, »was für ein gutes Gedächtnis! Aber Ihr habt Recht. Die Ziege gab ich Eurer Mutter, weil die Ärzte ihr Ziegenmolke verordnet hatten.«

Frau Martin nickte Bestätigung zu und Thomas fuhr fort: »Die Ziege befand sich in so gutem Zustand, als irgend eine, einen Monat nachdem sie zu Euerm Vater geschickt war. Am Morgen nach jener Nacht, von der ich Euch erzählt habe, ehe das Kind erwachte, stand seine Mutter an der Luke, die aus dem Scheunenhof auf den Weg führte und sah zwei Tauben, welche von dem Turm der Stadt Kilworth über die Kirche herwärts flogen. Nun merkt, sie hielten in ihrem Fluge nicht an, bis sie zu dem Hause kamen, das jenseits des Flusses an dem Berge steht und nach eurer Meierei hin gerichtet ist. Da fielen sie auf den Schornstein des Hauses, und nachdem sie sich eine Minute oder zwei umgeschaut hatten, flogen sie gerade über den Fluß und ließen sich auf der First des Stalles nieder, wo wir, das Kind und ich, lagen. Glaubt Ihr, Herr, daß diese Tauben ohne Ursache kamen?«

»Gewiß nicht, Thomas«, sagte Herr Martin.

»Gut, die Frau kam ganz erschrocken, und erzählte es mir. Sie fing an zu schreien. Stille, du unkluges Weib, sagte ich, das ist desto besser. Wahrhaftig, das war es. Was denkt Ihr davon, Madame? Die Ziege, die ich Eurer Mutter gab und die denselben Morgen bei Sonnenaufgang neben Hans Cronin gesehen wurde, grasend und so munter als eine Biene, fiel plötzlich tot hin, ohne daß ein Mensch wußte warum, vor seinen Augen, und in dem Augenblick sah er zwei Tauben von dem Gipfel des Hauses aus der Stadt fortfliegen nach dem Weg von Lismore. Es war zu derselben Zeit, wo meine Frau sie sah, wie ich Euch erzählt habe.«

»Das war in der Tat seltsam, Thomas«, sagte Herr Martin, »ich wollte, Ihr könntet uns eine Erklärung davon geben.«

»Ich wollte, ich dürfte es, Herr«, war die Antwort, »aber meine Zunge ist gebunden. Ich darf nur soviel sagen, als mir verstattet ist; ein wenig mehr, als einer Schildwache erlaubt ist, von ihrem Posten sich zu entfernen.«

»Mich dünkt, Ihr sagtet, daß Ihr schon vorher einige Bekanntschaft mit dem Manne gehabt hättet, der Euch bei der Heilung eures Sohnes Beistand leistete?« sagte Herr Martin.

»Freilich, Herr, ich hatte schon eine Probe von dem Mann. Doch mehr darf ich Euch nicht sagen. Aber habt Ihr Lust, zu hören, wie er zu seiner Kunst gekommen ist?«

»O, sehr gern«, sagte Herr Martin.

»Doch Ihr könnt ihn bei seinem Taufnamen nennen, damit wir die Geschichte von ihm besser verstehen«, fügte Frau Martin hinzu.

Thomas hielt einen Augenblick inne, um den Vorschlag zu erwägen. »Wohlan«, sagte er, »ich glaube, ich darf es tun, wie es auch kommen mag. Sein Name ist Patrick. Er war ein durchaus lebhafter, tätiger und gescheiter Mann, und er wäre ein vornehmer Geistlicher geworden, wenn er danach getrachtet hätte. Das erstemal, wo ich ihn kennen lernte, war bei meiner Mutter Leichenfeier. Ich war in großer Besorgnis, weil ich nicht wußte, wo ich sie hin begraben sollte. Ihr Volk und meines Vaters Volk, ich meine, ihrer beider Freunde unter dem stillen Volke, kämpften miteinander auf das heftigste an dem Kreuzwege von Dunman, auf wessen Kirchhof sie sollte begraben werden; der Streit dauerte drei Nächte, ohne daß er konnte beigelegt werden. Die Nachbarn wunderten sich, daß ich so lange wartete, ehe ich meine Mutter begrübe, aber ich hatte meine Gründe, die ich nur damals nicht sagen konnte. Um kurz zu sein, Patrick kam am vierten Morgen und sagte mir, die Sache sei abgetan und wir begruben sie auf den Kilcrumper Kirchhof bei meines Vaters Volk.«

»Das war ein schätzbarer Freund, Thomas«, sagte Herr Martin, indem er mit Mühe ein Lächeln unterdrückte, »doch Ihr wolltet uns ja erzählen, wie er zu so großen Einsichten gekommen ist.«

»Herzlich gerne«, antwortete Bourke, »Euer Wohl, Madame, aber ich trinke zu viel von diesem Punsch, Herr; jedoch, die Wahrheit zu sagen, ich habe noch niemals so guten gekostet, der läuft die Gurgel hinab, wie süßes Öl. Doch was wollte ich eben sagen? Ja, Patrick war einmal, vor vielen Jahren, auf dem Heimweg von einer Leichenfeier und befand sich auf der Seite des Flusses, die dem großen Wiesengrund gegenüber liegt, neben der Furt von Ballyhefaan. Er hatte ein Glas getrunken, das ist wahr, doch er war nur ein wenig lustig und wußte sehr wohl, was er tat. Der Mond schien, es war in dem Monat August und der Fluß so klar und glänzend, wie ein Spiegel. Er hörte eine Zeitlang nichts als den Fall des Wassers an dem Mühlendamm, eine halbe Stunde den Fluß weiter hinab, und dann und wann das Blöken der Lämmer auf der andern Seite des Flusses. Plötzlich entstand ein Lärm von einer großen Menge Volk, sie lachten, als wollte ihnen das Herz zerspringen und ein Pfeifer war unter ihnen und machte Musik. Es kam von dem Wiesengrund auf der andern Seite der Furt und er sah durch den Dunst, der über dem Fluß hing, einen ganzen Haufen Volk, welches auf dem Anger tanzte. Patrick liebte den Tanz nicht weniger als das Glas, und das ist genug gesagt; er zog geschwind Schuhe und Strümpfe aus und eilte durch die Furt hinüber. Nachdem er Schuhe und Strümpfe wieder angezogen hatte, ging er in das Getümmel hinein und mischte sich eine Zeitlang darunter, ohne bemerkt zu werden. Er dachte, sie sollten an ihm einen Tänzer sehen, der sie alle überträfe, denn er bildete sich auf die Geschicklichkeit seiner Füße etwas ein und zwar mit vollem Recht, denn es war kein Bursch in dem ganzen Sprengel, der behendere Sprünge machen konnte. Doch pah! sein Tanz verhielt sich zu ihrem Tanz, wie sich mein Tanz zu dem Eurigen, Madame, verhalten würde. Es sah gar nicht aus, als ob sie Knochen in ihrem Leib hätten und sie sprangen in die Höhe, als ob sie nichts ermüden könnte. Patrick schämte sich innerlich, weil er gedacht hatte, seinesgleichen wäre in der ganzen Grafschaft nicht zu finden und machte sich davon, als ein kleiner, alter Mann zu ihm kam, der die ganze Gesellschaft verdrießlich ansah, als hätte er kein Wohlgefallen an dem, was vorging. Patrick! sagte er, Patrick starrte ihn an, er dachte nicht, daß jemand ihn kennen sollte. Patrick, sagte er, Ihr habt den Mut verloren und das ist kein Wunder. Doch es steht ein Freund bei Euch. Ich bin Euer und Euers Vaters Freund und Euer kleiner Finger ist mir lieber, als alles was hier ist, obgleich sie denken, niemand sei so vortrefflich, wie sie. Geht hin in den Kreis und verlangt einen Tanz. Seid ohne Furcht, ich versichere Euch, der beste von ihnen vermag nicht, was Ihr könnt, wenn Ihr tun wollt, wie ich Euch bitte. Patrick hatte ein inneres Gefühl, daß er dem alten Manne nicht widersprechen dürfe. Er trat in den Kreis und rief dem Pfeifer zu, den besten Tanz, den er wisse, zu spielen. Und in der Tat, alles was die andern leisten konnten, war nichts gegen ihn. Er sprang auf wie ein Aal hierhin und dorthin, leicht wie eine Feder, wiewohl das Volk die Musik hören konnte, welcher seine Bewegungen folgten, indem sie zu jeder Wendung den Takt angaben, gleich dem linken Fuße des Pfeifers. Zuerst tanzte er einen Bauerntanz auf ebener Erde. Dann brachten sie einen Tisch herbei und er tanzte darauf einen Hopser, welcher das Freudengeschrei der ganzen Gesellschaft hervorlockte. Zuletzt verlangte er einen großen, runden Teller, auf welchem man die Speisen zu zerschneiden pflegt, und als sie sahen, daß er gleich einem Kräusel sich darauf drehte, so wußten sie nicht mehr, was sie von ihm halten sollten. Einige rühmten ihn als den besten Tänzer, der in den Kreis gekommen wäre, andere haßten ihn, weil er sie übertraf, gleichwohl hatten sie vollkommen Recht, wenn sie sich für besser hielten, als ihn oder jeden andern, der schon einen so weiten Weg gemacht hatte.«

»Und was war der Grund von diesem großen Erfolg?« fragte Herr Martin.

»Er konnte nicht anders, Herr«, erwiderte Thomas Bourke. »Die ihm dazu die Geschicklichkeit verliehen, können mehr, als was sie an ihm taten. Wie sich das nun verhalten mag, als er fertig war, wünschten sie, daß er noch einmal tanzen möchte, aber er war müde und sie konnten ihn nicht überreden. Zuletzt ward er böse und schwur einen teuern Eid, daß er keinen Schritt mehr tanzen wollte und kaum war das Wort aus seinem Munde, als er sich ganz allein befand und nur eine weiße Kuh neben ihm graste.«

»Entdeckte er niemals, wie er mit dieser ungewöhnlichen Fertigkeit im Tanze begabt worden war, Thomas?« fragte Herr Martin.

»Das will ich Euch gleichfalls erzählen, Herr«, antwortete Bourke, »wenn ich daran komme. Auf dem Heimweg ward er von einem Schauer überfallen und er legte sich zu Bette. Den folgenden Tag hatte er Fieber oder etwas der Art, denn er redete irr, als wenn er wahnsinnig wäre. Sie konnten nicht verstehen, was er sagte, wiewohl er in einem fort redete. Die Ärzte gaben ihn auf, doch die wußten viel, was ihm fehlte. Als er nun, wie ich Euch sage, zehn Tage krank lag und jedermann dachte, er würde hinsterben, trat einer seiner Nachbarn zu ihm ein mit einem Manne, einem Freund von ihm, aus Ballinlacken, der einige Zeit zuvor sich bei ihm aufgehalten hatte. Ich kann Euch von ihm nur soviel sagen, daß er Darby hieß. In dem Augenblick, wo Darby den Patrick erblickte, zog er eine kleine Flasche mit Kräutersaft aus seiner Tasche und gab ihm davon zu trinken. Das tat er drei Wochen lang jeden Tag und danach hatte Patrick Kräfte genug wieder auszugehen und war so gesund und stark, wie je in seinem Leben. Doch es dauerte lange Zeit, ehe er wieder zu sich selbst kam und er pflegte den ganzen Tag neben dem Graben zu wandeln, mit sich selbst im Gespräch, gleich als wäre jemand bei ihm. Und so war es, in der Tat, oder er wäre der Mann nicht, der er heute ist.«

»Ich denke von einem solchen Gefährten sind ihm seine Kenntnisse mitgeteilt worden«, sagte Herr Martin.

»Ihr habt es getroffen, Herr«, antwortete Bourke. »Darby sagte ihm, seine Freunde wären zufrieden mit dem, was er in jener Nacht im Tanzen getan hätte und obgleich nicht im Stand das Fieber zu verhindern, wollten sie ihn doch nicht unterliegen lassen und ihm Wissenschaft von Dingen geben, die außer ihnen nicht vielen bekannt wären. Das taten sie auch. Ihr werdet selbst merken, das Volk, das er in der Nacht auf dem Wiesengrund antraf, waren Freunde von einer besondern Partei; ausgenommen der alte Mann, der ihn anredete. Er war ein Freund von Patricks Familie und es ging ihm gegen das Herz, daß die andern so leicht und behend sich zeigten und es war ihm innerlich kränkend anzuhören, wie sie prahlten, daß ihre Reigen und Tänze durch die ganze Grafschaft sich erstreckten. Darum verlieh er dem Patrick in der Nacht die Geschicklichkeit zum Tanz und hernach die Wissenschaft, weshalb ihn alle, die ihn kennen, anstaunen. Und es ist kein Zweifel, er lernte sie zu der Zeit, als er nach dem Fieber in seinen Gedanken auf und ab ging.«

»Ich habe manche wunderliche Geschichte von dem Wiesengrund bei der Furt von Ballyhefaan gehört«, sagte Herr Martin. »Es ist ein großer Versammlungsplatz für das stille Volk; nicht wahr, Thomas?«

»Das ist wohl wahr, Herr«, antwortete Bourke, »ich könnte Euch vieles davon erzählen. Wie oft habe ich zwei Stunden lang auf dem jenseitigen Ufer gesessen bei Mondschein und habe zugesehen, wenn sie im Ringe spielten, als sollte ihnen das Herz davon zerspringen; mit ihren Röckchen und Leibchen, und eine Partei hatte weiße Tücher auf dem Kopf, die andere rote, gerade wie Ihr es sonntags auf Herrn Simmings großem Felde erblicken könnt. Ich sah sie einmal in einer Nacht beim Untergang des Mondes spielen, ohne daß eine Partei den Ball der andern hätte fangen können. Gewiß hätten sie noch miteinander gekämpft, wenn der Morgen nicht nah gewesen wäre. Wie mir gesagt ist, Madame, so pflegte euer Großvater gleichfalls sie dort zu sehn«, sagte Bourke, indem er sich zu Frau Martin wendete.

»So ist mir auch gesagt, Thomas«, antwortete sie, »aber es heißt ja auch, der Kirchhof zu Kilcrumper sei nicht weniger ein Lieblingsplatz des stillen Volkes, als der Wiesengrund bei Ballyhefaan?«

»Das hat seine Richtigkeit, Madame. Aber habt Ihr niemals gehört, was dem David eben auf jenem Kirchhof begegnet ist?« sagte Bourke und indem er sich zu Herrn Martin wendete, fuhr er fort: »Es war lange, ehe er in euern Dienst kam, Herr; er ging eines Abends von dem Markt zu Kilcummer, ein bißchen lustig, das ist gewiß nach einem solchen Tag, und stieß auf einen Leichenzug. Während er so daneben fort wandelte, deuchte ihn, daß er in dem ganzen Haufen keine Mutterseele kennte, als einen Mann, von dem er doch wußte, daß er schon vor vielen Jahren gestorben war. Indessen ging er mit dem Zuge fort, bis sie zu dem Kirchhof zu Kilcrumper kamen und ging wirklich mit hinein, um mit anzusehen, wie die Leiche beerdigt wurde. Sobald das Grab zugedeckt war, hatten sie nichts eiligeres zu tun, als sich um einen Pfeifer zu versammeln, der mit ihnen gekommen war und einen Tanz anzuheben, als ob das eine Hochzeit wäre. David wäre wohl gerne dabei gewesen (denn er hatte damals keinen so schlimmen Fuß, wie er jetzt wohl haben mag); doch er empfand eine gewisse Scheu hinzuzutreten, weil ihm alle so fremd vorkamen, den einen Mann ausgenommen, von dem er, wie schon gesagt, glaubte, daß er tot sei. Aber eben dieser Mann, als er Davids Lust bemerkte, kam zu ihm heran. David, sagte er, suche dir eine Tänzerin aus, und versuche dein Bestes, aber nimm dich in acht, daß du ihr nicht einen Kuß anbietest. Ich will mich hüten, sagte David, und wenn ihre Lippen von Honig wären. Und darauf ging er und bot dem artigsten Mädchen im ganzen Kreis die Hand und fing an, mit ihm zu tanzen. Sie tanzten einen Hüpfauf und tanzten ihn zur Bewunderung aller, die zugegen waren. Das war nun gut, bis der Tanz vorbei war, aber gerade als er zu Ende ging, vergaß sich David, der ein Tröpfchen zuviel getrunken hatte und von dem Tanzen erhitzt war und küßte, der Sitte gemäß, seine Tänzerin. Kaum aber hatten sich ihre Lippen berührt, so befand er sich mutterselig allein auf dem Kirchhof, kein lebendes Wesen bei ihm und alles was er sehen konnte, waren die hohen Grabsteine. David erzählte zwar, es sei ihm vorgekommen, als wenn sie tanzten, aber ich vermute, das kam ihm nur so vor wegen des Wunderbaren, das ihm begegnet war, und weil er ein wenig zu tief ins Glas gesehen hatte. Indessen fand er, daß es viel später war, als er sich vorgestellt hatte, denn es war bald Morgen, da er heim kam. Doch niemand konnte ein Wort von ihm herausbringen bis den folgenden Tag, nachdem er um Mittag aus einem Todesschlaf erwachte.«

Als Thomas die Erzählung von David Roche und dem Leichenzug beendigt hatte, war es ganz deutlich, daß Geister, von welcher Art sie nun sein mochten, zu mächtig in ihm sich regten, als daß sie noch weitere Erzählungen von dem stillen Volke gestattet hätten. Thomas schien das zu fühlen. Er murmelte ein paar Augenblicke abgebrochene Worte von Kirchhof, Flußufer, Wichtelmännern, welche völlig unverständlich waren, vielleicht ihm selbst. Endlich machte er mit dem Kopfe eine Bewegung in die Höhe, als wollte er sagen: »Ich könnte noch mehr erzählen!« reichte mit seiner Hand nach dem Tisch, auf welchen er den geleerten Becher langsam und mit einem klugen und behutsamen Wesen hinsetzte. Dann erhob er sich von seinem Stuhl und ging oder vielmehr schwankte zu der Türe des Zimmers. Hierauf wendete er sich wieder gegen den Hauswirt und seine Frau und nach einigen erfolglosen Anstrengungen, ihnen gute Nacht zu wünschen, indem die Worte, wie sie hervorkamen, von einem heftigen Schlucken unterbrochen wurden, während die Türe, die er an der Klinke gefaßt hatte, hin und her fuhr und seinen ungelenken Körper mit bewegte, war er genötigt stillschweigends fortzugehen. Ein Hirtenknabe, den sein Weib abgeschickt hatte, weil sie wohl wußte, welche Art von Lockung ihn festhielt, wenn er über die bestimmte Zeit ausblieb, wartete schon, um seinen Herrn heimzuführen. Ich zweifle nicht, daß er, ohne Schaden zu nehmen, glücklich nach Haus gekommen ist, denn ich weiß, daß er in dem letzten Monat, um seine eigenen Worte zu gebrauchen, so frisch und munter war, als irgend ein Mann von seinem Alter in der Grafschaft Cork.

11. DIE VERWANDELTEN ELFEN

Johann Mulligan war ein so ehrlicher, alter Bursche, als je einer in Carlow seinem Pferde Sporn in die Seiten gesetzt hat. Außerdem war er der lustigste und munterste Geselle bei einem Punschnapf, den man weit und breit im Lande finden konnte. Er pflegte aber ein gutes Pferd zu reiten und ein besserer Punsch als der seinige wurde bei neunzehn Edelleuten nicht getrunken.

Mulligan glaubte steif und fest an Geister und ward bös, wenn jemand daran zweifelte. Er wußte mehr Geschichten davon, als in zwei Quartanten könnten gedruckt werden und er versäumte nicht sie zu erzählen, sobald er einen Zuhörer finden konnte. Einige glaubten ihm diese Geschichten, die meisten glaubten sie nicht; doch niemand pflegte zuletzt mehr dem alten Manne zu widersprechen, weil es unbarmherzig gewesen wäre, ihn damit zu quälen. Doch in seiner Nachbarschaft befanden sich ein paar junge Leute, welche eben zum erstenmale, während der Ferienzeit von der hohen Schule gekommen waren und die Sommermonate bei ihrem Oheim, Herrn Whaley, zubrachten, einem alten Anhänger von Cromwell, der zu Ballybegmullinahone wohnte. Sie waren von ihrer Schulweisheit zu sehr angefüllt, als daß es ihnen möglich gewesen wäre, den alten Mann unangefochten seiner Wege gehen zu lassen.

Sie belachten jede Geschichte, die er vorbrachte und riefen: »Das ist unmöglich! Das ist alter Weiber Geschwätz!« oder dergleichen. Wenn er behauptete, seine Geschichten wären aus der reinsten Quelle geflossen, ja einige ihm von seiner eigenen Großmutter, einer achtungswürdigen alten Dame, wenn auch leicht bewegliches Geistes, als Dinge erzählt worden, die sie selbst erlebt hätte, so schnitten sie das Gespräch damit ab, daß sie behaupteten, die Großmutter wäre schon damals kindisch gewesen und hätte ohnehin in ihrer besten Zeit große Neigung gehabt, bei ihren Erzählungen ein langes Seil zu drehen.

»Aber«, sagten sie, »Mulligan, habt Ihr denn selbst jemals einen Elfen gesehen?«

»Niemals«, antwortete er.

»Wohlan«, riefen sie, »bis dahin narrt uns nicht mit solchen Erzählungen Eurer Großmutter.«

An diesem Fleck war Mulligan besonders empfindlich, und er wollte für seine Großmutter in die Schranken treten, aber die jungen Leute waren ihm zu scharf und zuletzt geriet er in Hitze, wie gewöhnlich der, welcher bei einem Streit im Nachteil ist. Diesen Abend (da er bei ihrem Oheim, der sein alter Freund war, zu Mittag gegessen) hatte er ziemlich reichlich getrunken und war ganz aufgeregt. Endlich ward er ganz leidenschaftlich, ließ die Pferde vorführen und ungeachtet aller Bitten des Hausherrn jagte er fort, obgleich er willens gewesen war, da zu schlafen.

»Ich mag nichts mehr mit diesen beiden Maulaffen und Gelbschnäbeln zu tun haben«, rief er, »die, weil sie gelernt haben, unnützes in Trutenfüßen gedrucktes Zeug zu lesen und von einigen rotnasigen, geschwätzigen alten Perückenstöcken unterrichtet worden sind (nicht daß ich sagen wollte, es könnte einer, der eine rote Nase hat, kein ehrlicher Mann sein), sich einbilden, sie wüßten mehr, als ein rechtschaffener Kerl, der sichs sauer auf der Welt hat werden und ein paar Schock Jahre lang sich den Wind ins Gesicht wehen lassen.«

In ärgerlicher Hast ritt er fort und jagte so gewaltig, als sein Roß über die Kalksteine dahin sprengen konnte. »Verdammt!« stammelte er, »Gott verzeihe mir meine Sünde! Die Schurken hatten in einem Stücke Recht, daß ich niemals Elfen gesehen! So wollte ich doch fünf Acker Land so gut, als eins auf dem je Kartoffel wuchsen, darum geben, könnte ich nur einen Schimmer – aber, gerechter Himmel, was ist das?«

Er blickte auf, vor seinen Augen zeigte sich das artigste Schauspiel von der Welt. Der Weg führte an einer anmutigen Ebene vorüber, hier und da standen Bäume, nicht dicht wie in einem Wald, sondern fünf oder sechs beisammen, oder auch einer ganz allein und erhoben sich über dem grünen Grund, wie ein Vorgebirg aus der See aufsteigt. Er war gerade der Krone des Gehölzes gegenüber gekommen, einer Eiche, welche in den ältesten Urkunden der Grafschaft (und die waren wenigstens fünf hundert Jahr alt) die alte Eiche von Ballinhassig genannt wurde. Die Zeit hatte den Stamm ausgehöhlt, während noch immer mächtige Äste mit ihrem dunkeln, gezackten Laubwerk hin und her sich bewegten. Der Mond schien eben in vollem Glanz und bei diesem Licht bemerkte Mulligan eine allerliebste Gesellschaft kleiner, artiger Gestalten, die unter der Eiche in immerwährender, behender Bewegung tanzten. Es waren viele beisammen, einige breiteten sich fern noch über den fernsten Schatten der Eichenäste aus, andere zeigten sich glänzend in den fliegenden Lichtern, die zwischen den Blättern durchdrangen, andere konnte man ungehindert sehen, wie sie sich am Stamme unten niedergelassen hatten, andere endlich waren ohne Zweifel vor seinen Augen noch verborgen. Niemals hat man etwas lieblicheres gesehen. Sie waren kaum drei Daumen hoch, aber weiß, wie der gefallene Schnee und von unzähliger Menge. Mulligan hing dem Pferd den Zügel über den Hals und ritt bis zu der niedrigen Mauer, welche die Anlage umgab, und darauf gelehnt, beobachtete er mit unaussprechlichem Vergnügen ihre Tänze und Sprünge. Bei diesem längern Anschauen bemerkte er bald manches, was ihm anfangs nicht in die Augen gefallen war. Besonders zeigte sich in der Mitte der König in größerer Gestalt, um welchen sich die Gruppe zu bewegen schien. Er starrte so lange, bis er endlich vor Freude sich nicht mehr zurückhalten konnte und laut rief: »Recht so, kleiner Geselle! Wohl gesprungen und tüchtig!« Aber in demselben Augenblick, wo er diese Worte ausgesprochen hatte, verfinsterte sich die Nacht und die Elfen verschwanden mit Blitzesschnelle.

»Ich wünschte«, sagte Mulligan, »ich hätte meine Zunge im Zaum gehalten, doch es macht nichts aus. Jetzt will ich sogleich umkehren und nach der Burg Ballybegmullinahone zurückgehn und die eingebildeten, überklugen jungen Herrn auf diesen Platz heraustreiben.«

Mulligan eilte mit Windesschnelligkeit zurück. Er rasselte heftig an der Türe und rief laut nach den beiden Jünglingen.

»Heda«, sagte er, »ihr jungen Plattköpfe, kommt herunter, wenn Ihr getraut. Ihr sollt Euch mit eigenen Augen überzeugen, daß ich wahr gesprochen habe.«

Der alte Whaley steckte seinen Kopf aus dem Fenster und sprach: »Johann Mulligan, was bringt Euch so spät wieder zurück?«

»Die Elfen!« schrie er, »Die Elfen!«

»Ich fürchte«, murmelte der Herr von Ballybegmullinahone, »Ihr habt in das letzte Glas, das Ihr trankt, zu wenig

Wasser gegossen; doch es hat nichts zu sagen, kommt herein und kühlt Euch bei einem Becher Punsch ab.«

Er kam herein und setzte sich wieder an den Tisch. In großer Begeisterung erzählte er seine Geschichte. Tausend und abermal tausend Elfen hatte er gesehn tanzend unter der alten Eiche von Ballinhassig. Er beschrieb ihre prächtigen Kleider von glänzendem Silber, ihre runden flachen Hüte in dem Mondschein schimmernd und die fürstliche Gestalt und Haltung des Oberhaupts. Er fügte hinzu, daß er ihren Gesang gehört und die entzückende Musik, die sie gemacht hätten. Doch das war bloße Einbildung. Die jungen Leute lachten, Mulligan ließ sich nicht irren.

»Wenn wir nun«, sagte einer von ihnen, »mit Euch gemeinschaftlich zu dem Platz hinausritten, wo Ihr die prächtige Gesellschaft von Elfen gesehen habt?«

»Gut«, rief Mulligan, »nur kann ich Euch nicht versprechen, daß Ihr sie dort finden werdet, denn ich sah sie in die Höhe rauschen, wie einen Schwarm Bienen und hörte ihre Flügel in der Luft sausen.« Das war aber eine Prahlerei, denn Mulligan hatte nichts dergleichen gehört.

Sie ritten alle drei fort und kamen zu dem Gehölz. Sie langten bei der Mauer an, dem großen Baum gegenüber und der Mond war aus den Wolken wieder aufgetaucht und schien so hell, als wie Mulligan zuerst vorbei kam. »Schaut dort«, rief er frohlockend, denn dasselbe Schauspiel begann wieder vor seinen Augen, und deutete mit seiner Reitgerte hin, »schaut und leugnet, wenn Ihr imstande seid.«

»Wahrhaftig«, sagte einer von den Jünglingen mit einigem Nachsinnen, »dort sehen wir eine Gesellschaft weißer Gestalten, aber wären das Geister noch zehnmal mehr, ich gehe doch unter sie.« Damit stieg er ab, um über die Mauer zu klettern.

»Ach, Thomas, Thomas!« rief Mulligan, »Halt! Halt! Was wollt Ihr tun? Die Geister, das stille Volk mein ich, haben es nicht gern, wenn sich jemand unter sie mischt. Ihr werdet gezwickt oder geblendet oder Euer Pferd verliert die Eisen, oder – nun seht! Einen Eigensinnigen muß man gewähren lassen. Ach! oh! oh! jetzt ist er bald bei der Eiche. Gott stehe ihm bei, denn kein Mensch kann ihm mehr helfen!«

In diesem Augenblick war Thomas bei der Eiche angelangt und wollte bersten vor Lachen. »Mulligan«, rief er, »behaltet Eure Gebete für Euch, Eure Geister sind nicht so bösartig. Ich glaube sie geben eine leidlich gute Brühe.«

»Brühe?« sagte Mulligan, welcher, als er fand, daß die beiden Jünglinge, (denn der zweite war seinem Bruder gefolgt) mitten unter den Geistern lachend standen, abgestiegen und langsam vorgegangen war, »was meint Ihr mit Brühe?«

»Nichts«, antwortete Thomas, »als daß es Schwämme sind, denn das waren sie wirklich und Euer Oberon ist nur ein übergroß gewachsener Pilz.«

Der arme Mulligan gab sein Erstaunen in einem langen Ausruf zu erkennen, schwankte, ohne noch ein Wort zu sprechen, zu seinem Pferd und ritt in starkem Galopp nach Haus, ohne einmal hinter sich zu schauen. Es dauerte lang, ehe er es wagte, den beiden Lachern in Ballybegmullinahone vor die Augen zu treten und bis zu seinem Tod nannte ihn das Volk den Pilzenhans in diesem und fünf andern Kirchsprengeln.

Der Cluricaun

12. DER VERWÜNSCHTE KELLER

Es gibt wenig Leute in Irland, die nicht die alte Familie der Mac Carthys kennen sollten, deren Zweige sich in dem Süden ausgebreitet haben und die sämtlich durch die Gastfreundschaft berühmt sind, womit sie jeden Fremden, vornehm oder gering, aufnehmen.

Von niemand übertroffen ward hierin Justin Mac Carthy von Ballinacarthy; seine Tafel war mit Speise und Trank reichlich besetzt und herzlich willkommen jeder, der daran Teil nehmen wollte. Sein Weinkeller konnte für ein wahrhaftes Muster gelten und mancher andere mußte sich dagegen seines Namens schämen. So viel Raum er hatte, war er doch mit Körben für Weinflaschen und langen Reihen von Fässern aller Art und Größe angefüllt, so daß sie aufzuzählen mehr Zeit wegnehmen würde, als der mäßigste Mensch übrig behalten könnte an solch einem Platz, umgeben von der Fülle zu trinken und herzlich eingeladen, es zu tun.

Ohne Zweifel wird mancher denken, daß der Mundschenk in einem solchen Hause wenig Ursache habe, Klage zu führen und die ganze Grafschaft würde eingestimmt haben, wenn man nur ein Beispiel gehabt hätte, daß ein Mann in diesem Amt längere Zeit, als der Rede wert ist, bei Herrn Mac Carthy geblieben wäre. Gleichwohl sprach keiner, der in seinen Diensten gewesen war, ein böses Wort von ihm.

»Wir haben an dem Herrn nichts auszusetzen«, sagten sie, »und wenn er nur jemand auftreiben könnte, der ihm den Wein aus dem Keller holte, so wäre ein jeder von uns grau in dem Haus geworden und wir hätten bis an unser seliges Ende ruhig und vergnügt da gelebt.«

»Es ist wahrhaftig eine recht wunderliche Geschichte«, dachte der junge Hans Leary, der von Kindheit an in den

Ställen zu Ballinacarthy als Beiläufer aufgewachsen war und gelegentlich dem Mundschenk bei seinem Geschäft hilfreiche Hand geleistet hatte, »es ist wahrhaftig eine wunderliche Geschichte, daß kein einziger mit der besten Stelle im ganzen Haus zufrieden sein will, zumal bei einem so guten Herrn, sondern jeder sie wieder aufgibt und zwar, wie sie alle sagen, des Weinkellers wegen. Wollte mich der Herr, dem Gott langes Leben verleihe! zum Mundschenk machen, so sollte man kein murrendes Wörtchen hören, wenn er mich in den Weinkeller gehen heißt, das verspreche ich.«

Leary wartete daher auf eine günstige Gelegenheit, wo er dem Herrn seine Absicht kund geben könnte.

Einige Tage darnach ging Herr Mac Carthy morgens ungewöhnlich früh in den Stallhof und rief laut nach dem Stallknecht: er sollte ihm die Pferde satteln, da er willens sei mit den Jagdhunden auszureiten. Aber kein Stallknecht gab Antwort und der junge Hans Leary führte Regenbogen aus dem Stall.

»Wo ist Wilhelm?« fragte Herr Mac Carthy.

»Gnädiger Herr?« sagte Hans und Herr Mac Carthy wiederholte die Frage.

»Nach dem Wilhelm fragt der gnädige Herr?« antwortete Hans, »ja die Wahrheit zu sagen, er hat vorige Nacht ein Glas zu viel getrunken.«

»Wie kam er dazu?« fragte Herr Mac Carthy, »seit Thomas weggegangen ist, befinden sich die Kellerschlüssel in meiner Tasche und ich sehe mich genötiget, den Wein den ich brauche selbst zu holen.«

»Ich bin durchaus nicht im Stand, es zu sagen«, erwiderte Leary, »es müßte denn sein, daß ihm der Koch ein kleines Restchen Branntewein gegeben hätte; doch«, fuhr er fort, und schnallte den Bügel niedriger, indem er mit der rechten Hand in die Mähnen griff und seinen Kopf herabsenkte, während er mit dem linken Bein, welches er vorgesetzt hatte, zurückscharrte, »darf ich es wagen, Ew. Gnaden eine Frage zu tun?«

»Rede, Hans«, sagte Herr Mac Carthy.

»Wünschen Ew. Gnaden nicht einen Mundschenk zu haben?«

»Weißt Du mir einen?« antwortete der Herr und lächelte gutgelaunt über seine Haltung, »und einen der sich nicht fürchtet in den Weinkeller zu gehen?«

»Ist bloß davon die Rede?« sagte der junge Leary, »Gott weiß! dazu wäre ich der Mann.«

»Du denkst also mir deine Dienste in der Eigenschaft eines Mundschenks anzubieten?« sagte Herr Mac Carthy mit einigem Erstaunen.

»Ja, gnädiger Herr, das war meine Absicht«, antwortete der junge Leary, der jetzt zum erstenmal von dem Boden aufschaute.

»Wohlan, ich glaube du bist ein braver Bursche und ich habe nichts dagegen mit dir einen Versuch zu machen.«

»Mögen Ew. Gnaden lange unser Herr sein und möge Gott Euch langes Leben verleihen!« rief Leary aus und neigte sich nach üblicher Weise, als sein Herr davon ritt. Er sah ihm noch eine Weile mit gedankenlosem Starren nach, bis er allmählich und gradweise eine wichtige Miene annahm.

»Hans Leary!« sagte er endlich, »Hans, ists Hans?« und in einem Tone von Verwunderung: »Meiner Treue, es ist nun nicht Hans, sondern Herr Johann, der Mundschenk.« Und mit einem Vorgefühl der herannahenden Würde schritt er aus dem Stallhof nach der Küche hin.

Learys alter Stallgenosse, ein armer ausgedienter Hund namens Bran, gewohnt öfter liebreich an den Kopf geklopft zu werden, wurde mit einem Fußtritt und dem Ausruf: »Aus dem Weg, Racker!« fortgejagt. In der Tat, des armen Hans Gedächtnis schien durch seine plötzliche Erhebung verwirrt. Außer Zweifel ward dies gestellt, durch das gänzliche Vergessen des allerliebsten Gesichtes des Küchenmädchens, auf dessen Herz er noch vorige Woche einen Angriff getan hatte, durch das Anerbieten ihr einen goldenen Ring an den vierten

Finger der rechten Hand zu kaufen und durch einen derben Kuß auf ihre Lippen.

Als Herr Mac Carthy von der Jagd heimkam, schickte er nach Hans Leary, wie er fortfuhr seinen neuen Mundschenk zu nennen. »Hans«, sagte er, »ich glaube du bist ein zuverlässiger Bursche, hier sind die Schlüssel zum Keller. Ich habe die Herrn, mit welchen ich heute auf der Jagd war, eingeladen mit mir zu essen und ich hoffe, sie werden mit deiner Aufwartung bei Tische zufrieden sein, vor allen Dingen, sorge dafür, daß es nach dem Essen nicht an Wein fehlt.«

Herr Johann hatte ein leidlich gutes Auge für diese Dinge und war von Natur anstellig; er breitete demnach die Tafeltücher aus, stellte die Teller und legte Messer und Gabel auf dieselbe Art, wie er seinen Vorgänger im Amt dieses Geschäft hatte verrichten gesehen. Und wirklich, für den Anfang ging es bei dem Essen recht gut.

Nur muß man nicht vergessen, daß in dem Hause eines irländischen Landedelmannes, welcher eine Gesellschaft von gestiefelten und gespornten Fuchsjägern bewirtete, manches nicht so sehr in Betracht kam, was als Gegenstand von höchster Wichtigkeit unter andern Umständen und in andern Gesellschaften gegolten hätte.

Keiner von den Gästen des Herrn Mac Carthy, treffliche und ehrenwerte Männer in ihrer Art, trug daher große Sorge, ob der Punsch, der nach der Suppe gereicht wurde, aus Jamaica- oder Antigoa-Rum gemacht war. Ebenso wenig hatten sie Lust, die Reinheit des guten alten gebrannten Wassers zu untersuchen und mit Ausnahme des freigebigen Wirts selbst, zog jeder in der Gesellschaft den Portwein, welchen Herr Mac Carthy auf seine Tafel setzte, dem weniger feurigen Wohlgeschmack des roten französischen Weins vor. Eine Wahl, die eigentlich dem neuern Geschmack widersprechen sollte.

Es ging stark auf Mitternacht, als Herr Mac Carthy dreimal die Schelle zog, welches das Zeichen war, mehr Wein zu bringen. Hans begab sich daher nach dem Keller um frischen Vorrat zu holen, doch, es zu gestehen, mit einem kleinen Zögern.

Der Luxus mit Eis war noch unbekannt in dem südlichen Irland, der Vorzug des kühlen Weins aber von niemand bestritten, der gesundes Urteil und richtigen Geschmack hatte.

Der Großvater des Herrn Mac Carthy, welcher das Wohnhaus von Ballinacarthy auf die Stelle einer alten, seinen Voreltern zugehörigen Burg aufgebaut hatte, nahm auf diesen wichtigen Umstand gar wohl Bedacht. Bei Anlegung des Kellers hatte er ein tiefes Gewölbe benutzt, welches in früheren Zeiten in den mächtigen Felsen als ein sicherer Zufluchtsort ausgehauen war. Man stieg in das Gewölbe auf steinernen Stufen hinab und hier und da waren in der Wand schmale Öffnungen oder, recht zu sagen, Risse, mithin gewisse Stellen, welche tiefe Schatten warfen und recht grausenhaft aussahen, wenn jemand mit einem einzelnen Licht die Stufen herabkam. Aber in Wahrheit, zwei Lichter konnten die Sache nicht viel besser machen, denn wenn auch die Breite des Schattens etwas abnahm, die engen Spalten waren so dunkel und dunkler als je.

Alle seine Entschlossenheit aufbietend machte sich der neue Mundschenk auf den Weg. In der rechten Hand trug er eine Laterne und die Kellerschlüssel, in der linken einen Korb, der ihm fähig schien, so viel zu fassen, als für die noch übrige Nacht nötig sein mochte. Er gelangte ohne irgendeine Störung zu der Türe. Als er aber den Schlüssel, der von alter und plumper Art war, einsteckte und umdrehen wollte, so deuchte ihn, er hörte ein seltsames Gelächter mitten in dem Keller, wobei einige leere Flaschen, welche außen auf der Flur standen, so heftig zitterten, daß sie aneinander zerbrachen; hierin konnte er nicht irren, wenn er sich auch in dem Lachen mochte geirrt haben, denn die Flaschen standen gerade vor seinen Füßen und er sah deutlich ihre Bewegung.

Leary wartete einige Augenblicke und schaute dann mit ungewöhnlicher Behutsamkeit um sich. Dann faßte er keck den Griff des Schlüssels und drehte ihn mit aller Macht in dem Schloß, als bezweifle er seine eigene Stärke; und die Türe flog mit so heftigem Krachen auf, daß wenn das Haus nicht auf einem so mächtigen Felsen gestanden hätte, es in seinen Fundamenten wäre erschüttert worden.

Eine Erzählung von dem, was der arme Bursch gesehen hat, ist kaum möglich, da er kein rechtes Bewußtsein von sich selbst scheint gehabt zu haben. Dem Koch erzählte er den folgenden Morgen, daß er ein Heulen und Brüllen gehört habe wie von einem tollgewordenen Ochsen und daß alle Fässer, groß und klein, geschwankt hätten, rückwärts und vorwärts gegangen wären und zwar mit solcher Gewalt, daß er gedacht hätte, sie würden alle miteinander zusammenbrechen und er im Weine ersäuft oder erstickt werden.

Sobald Leary wieder zu sich selbst gekommen war, eilte er zu dem Speisezimmer, wo der Herr und die Gesellschaft ungeduldig auf seine Rückkehr warteten.

»Was hast du vor?« sagte Herr Mac Carthy mit einer ängstlichen Stimme, »und wo ist der Wein? Schon vor einer Stunde habe ich geschellt.«

»Der Wein ist in dem Keller, hoffe ich, Herr«, sagte Leary heftig zitternd, »ich hoffe, er ist nicht all verloren.«

»Was meinst du, Narr?« rief Herr Mac Carthy in einem immer ängstlicheren Ton, »Warum hast du keinen mit dir heraufgebracht?«

Leary blickte wild umher und stieß nur einen tiefen Seufzer aus. »Ihr Herrn!« sagte Mac Carthy zu seinen Gästen, »das ist zu arg! Wenn ich das nächstemal Euch an meinem Tische sehe, hoffe ich, soll es in einem andern Hause sein, denn es ist unmöglich, länger in diesem hier zu bleiben, wo man nicht über seinen eigenen Weinkeller Herr ist und keinen Mundschenk bekommen kann, der seine Schuldigkeit tut. Ich habe schon lange daran gedacht, von Ballinacarthy wegzuziehen und bin nun mit Gottes Beistand entschlossen, es morgen am Tage zu verlassen. Doch Wein sollt Ihr haben und müßte ich selbst deshalb in den Keller gehen.« Mit diesen Worten stand er von der Tafel auf, nahm Schlüssel und Laterne seinem halb verrückten Diener, der ihn gedankenlos anstarrte, aus der Hand und stieg die schon beschriebene steinerne Treppe, die zu dem Keller führte, hinab.

Bei der Türe angelangt, die er offen fand, glaubte er ein Geräusch zu hören, wie wenn Mäuse oder Ratten über die Fässer krabbelten und als er näher kam, bemerkte er eine kleine Gestalt, etwa sechs Daumen hoch, welche sich rittlings auf ein Faß mit dem ältesten Portwein gesetzt hatte und einen Zapfen auf der Schulter trug. Mac Carthy hob die Laterne in die Höhe und betrachtete den kleinen Gesellen voll Verwunderung. Er trug eine kleine Nachtmütze auf dem Haupt, vorne ein kurzes Lederschürzchen, das jedoch in seiner gegenwärtigen Stellung auf eine Seite gefallen war; die Strümpfe von hellblauer Farbe gingen so weit herauf, daß sie beinahe sein ganzes Bein bedeckten und an den Schuhen, auf welchen gewaltig große silberne Schnallen lagen, waren hohe Absätze, vielleicht aus Eitelkeit, um größer zu erscheinen. Sein Gesicht glich einem zusammengeschrumpften Winterapfel und seine Nase von glänzender Karmesinfarbe trug auf der Spitze eine zarte Purpurblume gleich einer Rosine. Seine Augen funkelten wie ein paar Johanneswürmchen und sein Mund zog sich mit einem verschmitzten Grinsen nach einer Seite.

»Ach Schurke!« rief Herr Mac Carthy, »habe ich dich endlich gefunden, Ruhestörer! Was hast du in meinem Keller zu schaffen?«

»Freilich, aber, Herr«, antwortete der Kleine und schaute mit einem Auge zu ihm auf, mit dem andern warf er einen listigen Blick nach dem Zapfen auf seiner Schulter, »ziehen wir morgen nicht aus? Ihr werdet den kleinen Cluricaun Naggenin, der Euch angehört, gewiß nicht zurücklassen.«

»O«, dachte Mac Carthy, »willst du mir nachfolgen, Meister Naggenin, so sehe ich wenig Vorteil, wenn ich Ballinacarthy verlasse.« Er füllte den Korb, den Leary in seiner Angst nicht mitgenommen und nachdem er die Kellertüre verschlossen hatte, begab er sich wieder zu seinen Gästen.

Einige Jahre lang mußte sich Mac Carthy den Wein für seine Tafel selbst holen und der kleine Cluricaun schien eine persönliche Ehrerbietung vor ihm zu fühlen. Ungeachtet der Beschwerlichkeiten dieser täglichen Reise brachte es der ehrenwerte Herr von Ballinacarthy in seinem väterlichen Hause zu einem hübschen Alter und ward endlich durch die Trefflichkeit seiner Weine so wie durch die Fröhlichkeit seiner Gäste berühmt. Doch zur Zeit seines Todes hatte die Gesellschaft den Weinkeller ziemlich geleert und da er nachher weder so gut wieder angefüllt wurde noch so oft besucht, verloren die Feste des Meister Naggenin ihren Ruf und man hört nur davon, wenn man sich über die Sagen der Gegend belehren läßt. Da wird noch erzählt, der arme Wichtelmann habe sich den Verfall des Weinkellers so schwer zu Herzen genommen, daß er gegen sich selbst nachlässig und gleichgültig geworden und manchmal sei gesehen worden, kaum mit einem Lumpen bedeckt.

13. DER SCHUHMACHER

Es gibt eine Art Menschen, denen jeder einmal hier und da begegnet ist, Menschen, die tun, als glaubten sie nicht, woran sie im Herzen doch glauben und wovor sie sich fürchten. Felix O'Driscoll war ein solcher, überall mit dem Munde voraus, ein Schreier und Schwätzer, gab er vor, weder an die Elfen noch an Cluricaune und Phuken zu glauben und manchmal war er so unverschämt sich anzustellen, als bezweifle er das Dasein der Geister, an welche doch jeder Mensch auf irgendeine Weise glaubt. Die Leute aber pflegten sich zu winken oder einander anzusehen, wenn Felix prahlte, denn man hatte bemerkt, daß er sich fürchtete, wenn er über die Furt von Ahnamoe bei Nacht ging und daß, wenn er einmal über den alten Kirchplatz von Grenaugh in der Dunkelheit ritt, obgleich er sich Mut genug getrunken hatte, er sein Pferd in Trab setzte, so daß niemand gleichen Schritt mit ihm halten konnte und er regelmäßig von Zeit zu Zeit einen scharfen Blick über seine linke Schulter warf.

Eines Abends saßen in Lorenz Reillys Wirtshaus Leute beisammen, tranken und schwätzten und Felix war auch dabei. Er fing wie gewöhnlich mit seinem Geschwätz über die Elfen an und schwur, daß er nicht glaube, es gäbe etwas Lebendiges außer Menschen und Tieren, Fischen und Vögeln und solchen Dingen, die man mit Augen sehen könnte; er begann auf eine so freche Art von dem stillen Volke zu reden, daß etliche in der Gesellschaft erschraken und sich bekreuzigten, ungewiß, was sich ereignen könnte, als eine alte Frau, Moirna Hogaune genannt, welche in einen blauen Mantel gewickelt, in der Ecke beim Feuer gesessen und ihre Pfeife geraucht hatte, ohne in das Gespräch sich einzulassen, ihre Pfeife aus dem Mund nahm, ins Feuer spie und sich umwendend den Felix ins Auge faßte.

»Ihr glaubt also nicht, daß es solche Wesen gibt, als die Cluricaune?« sagte sie.

Felix sah sie erschrocken an, antwortete aber nichts.

»Auf meine Treue, es ziemt wohl Euersgleichen, der nichts ist als ein Stück von einem Gelbschnabel, Euch anzumaßen, Ihr glaubtet nicht an das, was Euer Vater, Eueres Vaters Vater und dessen Voreltern vor ihm niemals im geringsten bezweifelt haben. Doch ich will nicht viele Worte machen, man spricht, wer sieht, der glaubt, so will ich, die ich Eure Großmutter sein könnte, Euch sagen, daß es solche Wesen gibt, wie die Cluricaune und daß ich selbst einen gesehen habe. Was wollt Ihr nun!«

Jedermann in der Stube richtete erstaunt seine Augen nach

ihr hin und drängte sich zu dem Feuer, um mit zuzuhören. Felix versuchte zu lachen, aber es wollte nicht gehen und niemand achtete darauf.

»Ich erinnere mich«, sagte sie, »einige Zeit nachdem ich meinen braven Mann, der nun auch dahin gestorben ist, geheiratet hatte, es war gerade, daß ich es bei der Gelegenheit sage, kurz vorher, ehe ich mein erstes Kind zur Welt brachte (und das ist schon eine schöne Zeit), daß ich mich herausgesetzt hatte in unser kleines Gärtchen mit dem Strickzeug in der Hand, auf die Bienen acht zu geben, welche schwärmen wollten. Es war ein schöner Tag mit Sonnenschein in der Mitte Juni, die Bienen flogen von ihren Körben summend aus und ein, die Vögel zwitscherten und hüpften in dem Gebüsch und die Schmetterlinge schwärmten umher und ließen sich auf die Blumen nieder und alles duftete so frisch und süß und ich fühlte mich so glücklich, daß ich kaum wußte, wo ich war. Auf einmal hörte ich zwischen einigen Reihen Bohnen, die wir in der Ecke des Gartens hatten, ein Geräusch, das ging ticktack! ticktack! gerade als wenn ein Schuster den Absatz an einen Schuh anschlägt. »Gott behüte uns!« sagte ich zu mir selbst, »Was in aller Welt kann das sein?« Ich legte mein Strickzeug nieder, stieg auf, schlich mich sachte zu den Bohnen hin, und glaubt mir nimmermehr, wenn ich nicht vor mir, mitten darin, ein altes Männchen sitzen sah, nicht den vierten Teil so groß als ein neugebornes Kind, ein kleines aufgekremptes Hütchen auf dem Haupt, ein Pfeifenstümpfchen in dem Mund, aus dem es beständig rauchte, und einen schlichten, altfränkischen, erbsenfarbigen Rock mit großen Knöpfen auf dem Leibe, ein paar massivsilberne Schnallen auf den Schuhen, die den ganzen Fuß bedeckten, so groß waren sie; dabei arbeitete er in einem fort so eifrig, als er konnte, indem er Absätze an ein paar kleine Holzschuhe machte. Sowie meine Augen nur auf ihn fielen, wußte ich auch, daß es ein Cluricaun war und keck und beherzt sagte ich zu ihm: Gott erhalte Euch, lieber Mann, das ist saure Arbeit für den heißen

Tag! Er schaute auf und kam mir vor, als wäre er von Wachs. Indem stürzte ich auf ihn zu, bekam ihn in meine Hand zu fassen und fragte, wo sein Geldbeutel wäre? Geld? sagte er, Geld, wahrhaftig! Und wie sollte ein armes, altes Geschöpf, wie ich bin, zu Geld kommen? Zaudert nicht, gab ich zur Antwort, keine von euern Streichen! Jedermann weiß, daß die Cluricaune wie Ihr so reich sind, wie der Teufel selbst. Zugleich zog ich ein Messer, das ich in meiner Tasche hatte, machte ein Gesicht, so bös als ich nur immer konnte und in Wahrheit, es war nicht leicht für mich (denn mein Gesicht war freundlich und gutmütig, wie Ihr nur eins zu Carrignavar sehen könnt), und schwur, wenn er mir nicht augenblicklich seinen Beutel gäbe oder einen Topf mit Geld zeigte, so würde ich ihm die Nase aus dem Gesicht schneiden. Ich muß gestehen, das kleine Männchen sah so erschrocken aus, als es diese Worte hörte, daß ich mich in meinem Herzen zu Mitleid gegen das arme Geschöpf bewogen fühlte. Nun so kommt, sprach er, kommt mit mir ein paar Felder abwärts, so will ich Euch zeigen, wo ich mein Geld aufbewahre. Immer den Kleinen in der Hand haltend und meine Augen fest auf ihn richtend ging ich fort, als ich plötzlich hinter mir ein Sausen hörte. Dort! Dort! rief er, schwärmen eure Bienen und gehen miteinander fort! Ich war so einfältig und drehte den Kopf um und als ich durchaus nichts sah und mich wieder nach dem Kleinen umwendete, so hatte ich nichts mehr in der Hand. Denn da ich so unglücklich gewesen war, ihn aus den Augen zu lassen, so entschlüpfte er aus meiner Hand wie ein Nebel oder Rauch und mit keinem Tritte kam er je wieder meinem Garten nah.«

14. HERR UND DIENER

Wilhelm Mac Daniel war ein so artiger junger Bursch, als je einer in einer Tanzgesellschaft seine Sprünge machte, eine Kanne leerte oder den Stock, den er unter dem Rock trug, handhabte. Er fürchtete nichts, als den Mangel eines Trunkes, sorgte für nichts, als wer ihn bezahlen sollte und dachte an nichts, als wie er dem Wirt deshalb einen blauen Dunst vor die Augen machten wollte. Trunken oder nüchtern, ein Wort und ein Schlag war immer seine Weise und das ist eine treffliche Weise entweder einen Streit anzufangen oder zu beendigen. Viel betrübter war es, daß Mac Daniel durch diese Art zu denken, zu fürchten und für nichts zu sorgen in böse Gesellschaft geriet, denn ohne Zweifel ist das stille Volk die schlimmste Gesellschaft, in die jemand geraten kann.

Es trug sich zu, daß Mac Daniel in einer klaren Winternacht nicht lang nach Christtag auf dem Heimwege war. Der Vollmond glänzte, doch obgleich die Nacht so schön war, als das Herz nur wünschen konnte, so fiel ihm doch die Kälte beschwerlich. »Bei meiner Treu«, schnatterte er, »ein gutes Glas Wein wäre auch kein schlimmes Ding, das Herz eines Menschen, der innerlich friert, zu stärken; ich wünschte ich hätte von dem besten und gut gemessen.«

»Brauchst nicht zweimal zu wünschen, Mac Daniel!« sagte ein kleines Männchen in einem dreieckigen, mit Goldtressen besetzten Hut und mit großen Silberschnallen auf den Schuhen, so groß, daß es ein Wunder war, wie es sie tragen konnte. Es reichte ihm ein Glas dar, nicht kleiner als seine eigene Person, angefüllt mit einem so guten Wein, als je Augen gesehen oder Lippen gekostet haben.

»Prost, kleiner Mann«, sagte Mac Daniel unerschrocken, wiewohl er gleich merkte, daß er zu dem stillen Volke gehörte, »auf euer Wohl und mich bestens zu bedanken; mit der Zahlung hat's gute Wege« und nahm das Glas und trank es in einem Zuge rein aus.

»Prost!« sagte der Kleine, »und sei herzlich willkommen, aber denke nicht mich zu prellen, wie du bei andern getan hast. Heraus mit dem Beutel und als ein ehrlicher Mann bezahlt!«

»Bezahlen soll ich Euch?« antwortete Mac Daniel, »könnte ich Euch nicht aufheben und in meine Tasche stecken, wie eine Brombeere?«

»Wilhelm Mac Daniel«, sagte der Kleine und ward ganz ängstlich; »willst du mir dienen sieben Jahre und einen Tag, so soll das meine Bezahlung sein. Mache dich bereit, mir zu folgen.«

Als Mac Daniel das hörte, reute es ihn, so keck zu dem Kleinen gesprochen zu haben. Er fühlte sich und konnte doch nicht sagen wie, genötigt dem fremden Mann durch das Land zu folgen, auf und ab, über Hecken und Graben, Sumpf und Moor, ohne Rast und Ruhe.

Als der Morgen zu dämmern begann, wendete sich der Kleine um und sprach: »Du kannst nun heim gehen, Mac Daniel, aber auf deine Gefahr säume nicht, dich nachts auf dem Fortfield bei mir einzustellen, sonst wird es dir lange Zeit schlecht ergehn. Finde ich dich aber als einen treuen Diener, so wirst du mich als einen nachsichtigen Herrn finden.«

Mac Daniel ging heim, müde und matt wie er war, ließen ihn die Gedanken an den kleinen Mann keinen Augenblick schlafen. Doch wagte er es nicht, seinem Gebot ungehorsam zu sein und in der Abendzeit machte er sich auf und ging nach Fortfield. Er war noch nicht lange da, so kam der Kleine auf ihn zu und sagte: »Mac Daniel, ich habe für diese Nacht eine weite Reise vor, sattle mir eins von meinen Pferden, das andere kannst du für dich satteln, denn du sollst mich begleiten und bist wahrscheinlich von deinem Gang in voriger Nacht noch müde.«

Mac Daniel dankte seinem Herrn für diese Aufmerksamkeit, »doch«, sagte er, »wenn ich mir die Freiheit nehmen darf, Herr, so möchte ich fragen, wo der Weg nach euerm Stall ist, denn ich sehe nichts als die Burg hier und den alten Dornstamm in der Ecke des Feldes und den Strom, der in dem Tal unten rinnt und ein Stückchen Moor uns gegenüber.«

»Spare nur deine Fragen«, sagte der Kleine, »aber geh hinüber zu dem Stückchen Moor und bringe mir zwei von den stärksten Binsen, die du finden kannst.«

Mac Daniel gehorchte, verwunderte sich aber, was der kleine Mann damit wollte. Er zog zwei der stärksten Binsen, die er finden konnte, aus, mit einem kleinen Büschel brauner Blüten an jeder Seite, und brachte sie seinem Herrn.

»Sitz auf, Mac Daniel«, sprach der Kleine, indem er eine von den Binsen nahm und quer darüber schritt.

»Wo soll ich aufsitzen, wenn's Ew. Gnaden beliebt?«

»Ei, auf den Rücken des Pferdes, wie ich, natürlich«, sagte der Kleine.

»Wollt Ihr einen Narren aus mir machen, wie Ihr einer seid«, sagte Mac Daniel, »indem Ihr verlangt, ich soll mich zu Pferd auf dieses Stückchen Binse setzen? Ihr möchtet mich wohl weismachen, die Binse, die ich eben drüben aus dem Moor ausrupfte, sei ein Pferd?«

»Auf! auf! ohne Widerrede«, sagte das Männchen und sah ängstlich aus, »das beste Pferd, das du je geritten hast, war nur eine Mähre gegen dieses.«

Mac Daniel dachte, das alles wäre nur ein Scherz und besorgt, sein Herr möchte verdrießlich werden, beschritt er die Binse. Der Kleine rief dreimal: »borram! borram! borram!« (d. h. werde groß!) und Mac Daniel tat dasselbe. Augenblicklich schwollen die Binsen zu prächtigen Pferden auf und jagten rasch dahin; aber Mac Daniel, der die Binse zwischen seine Beine genommen hatte, ohne viel zu achten wie, fand sich auf dem Rücken des Pferdes verkehrt sitzen und ganz tölpisch mit dem Gesicht nach dem Schweif. Und so rasch war das Roß mit ihm fortgesprengt, daß es ihm unmöglich war, sich herumzusetzen und nichts übrig blieb, als sich an den Schweif zu halten.

Endlich gelangten sie zu dem Ziele ihrer Reise und hielten vor der Türe eines ansehnlichen Hauses. »Nun, Mac Daniel«, sagte der Kleine, »tue, was du siehst, daß ich tue und folge mir auf der Ferse; doch da du nicht deines Pferdes Kopf von seinem Schweif unterscheiden konntest, so hüte dich, daß du nicht in deinen eigenen Kopf den Wirbel bekommst, und du am Ende nicht recht weißt, ob du auf dem Kopf stehst oder auf den Beinen; denn kann auch nach dem Sprichwort der alte Rebensaft eine Katze zum Sprechen bringen, so kann er auch einen Menschen stumm machen.«

Darauf sprach der Kleine einige wunderlich lautende Worte, aus welchen Mac Daniel keinen Sinn bringen konnte, wiewohl er die Fähigkeit erhielt, sie nachzusprechen. Nun schlüpften beide durch das Schlüsselloch des Tors und so durch ein Schlüsselloch nach dem andern, bis sie in den Keller kamen, der mit allen Arten von Wein wohl versehen war.

Der Kleine fing alsbald an, gewaltig zu trinken und Mac Daniel, dem das Beispiel keineswegs mißfiel, tat dasselbe. »Wahrhaftig, Ihr seid der beste Herr«, sagte Mac Daniel, »einen bessern gibts auf der ganzen Welt nicht; ich bleibe mit dem größten Vergnügen in Euerm Dienst, wenn Ihr fortfahrt, mir Wein vollauf zu geben.«

»Ich habe keinen Handel mit dir gemacht«, antwortete der Kleine, »und will auch keinen machen, doch auf und folge mir.« Sie gingen fort von Schlüsselloch zu Schlüsselloch und beide stiegen auf die Binsen, die sie am Eingangstor gelassen hatten und kaum waren die Worte borram! borram! borram! über ihre Lippen, so rauschten sie fort, indem sie die dunkeln Wolken wie Schneebälle vor sich her stießen.

Als sie zu Fortfield wieder angelangt waren, entließ der kleine Mann seinen Diener, jedoch mit dem Befehl, in der folgenden Nacht um dieselbe Stunde sich wieder einzustellen. Und so ging es von nun an eine Nacht nach der andern, sie richteten ihre Fahrt bald hierhin, bald dorthin, nördlich, östlich und südlich, bis es in ganz Irland keinen ordentlichen

Weinkeller mehr gab, den sie nicht besucht hatten und sie kannten Blume und Geschmack eines jeden Weines so gut, ja noch besser, als der Kellner selbst.

In einer Nacht, als Mac Daniel den kleinen Mann wie gewöhnlich in Fortfield antraf und im Begriff war, nach dem Moor zu gehen und die Reisepferde zu holen, sagte der Herr: »Heute abend mußt du noch ein Pferd mehr mitbringen, möglich, daß wir in größerer Gesellschaft zurückkommen, als wir ausziehen.«

Mac Daniel, der schon wußte, daß er einen Befehl seines Herrn ohne weiteres Fragen auszurichten hatte, brachte noch eine dritte Binse, voll Verwunderung, wer es wohl sein könnte, der in ihrer Gesellschaft zurück reisen würde, und ob er einen Kameraden im Dienste bekommen sollte. »Ist er nur erst da«, dachte Mac Daniel, »so soll er jedesmal gehen und die Pferde im Moor holen, denn ich sehe nicht, warum ich nicht von Haut und Haar ein eben so feiner Mann sein soll, als mein Meister.«

Sie machten sich auf den Weg, und Mac Daniel hatte das dritte Pferd am Zügel. Sie hielten nicht eher an, als bis sie zu einem einsam liegenden Pächterhaus in der Grafschaft Limerick gekommen waren, nahe bei der alten Burg von Carrigogunniel, welche nach der Sage von dem großen Brian Boru gebaut war. Drinnen im Haus wurde ein Fest gefeiert und der Kleine blieb einige Zeit außen stehen, um zu horchen; aber plötzlich kehrte er sich um und sagte: »Mac Daniel, morgen werde ich tausend Jahr alt!«

»Werdet Ihr das, Herr«, antwortete Mac Daniel, »Gott segne Euch!«

»Aber sage das niemand wieder, Mac Daniel, was ich dir da entdeckt habe, es würde zu meinem Verderben auf immer gereichen. Da ich aber morgen tausend Jahr auf der Welt bin, so denke ich, es ist hohe Zeit, mich zu verheiraten.«

»Das scheint mir auch so, ohne allen Zweifel«, antwortete Mac Daniel, »wenn Ihr Willens seid zu heiraten.«

»Und bloß aus diesem Grunde bin ich nach Carrigogunniel gekommen, denn in diesem Hause, gerade an diesem Abend ist der junge Darby Riley im Begriff, die Brigitte Runey zu heiraten, und da es ein schlankes und allerliebstes Mädchen ist und von ehrbaren Leuten abstammt, so denke ich sie selber zu heiraten und mit mir fortzunehmen.«

»Und was wird Darby Riley dazu sagen?« bemerkte Mac Daniel.

»Schweig«, sagte der Kleine und sah ihn mit strengem Blick an, »ich habe dich nicht hergebracht, daß du mir Fragen vorlegen solltest.« Und ohne weiter sich über diesen Gegenstand zu äußern, sprach er jene seltsamen Worte aus, welche die Kraft verliehen, durch die Schlüssellöcher so leicht als durch die freie Luft zu gehen und dem Mac Daniel gefiel es selbst gar sehr, daß er imstande war, sie ihm nachzusagen.

Beide drangen also hinein und um die Gesellschaft besser zu sehen, hüpfte der Kleine behend wie ein Sperling auf einen von den dicken Balken, welche quer durch das Haus über den Häuptern der Leute herliefen und Mac Daniel tat dasselbe von der andern Seite. Doch nicht gewohnt, auf einem solchen Platz, wie auf einer Hühnerstange zu sitzen, hingen seine Beine so ungeschickt als möglich herab und offenbar hatte er sich die Art, mit welcher der Kleine sich zusammenkauchte, nicht zum Muster genommen. Aber dieser, wenn er sein Lebtag ein Schneider gewesen wäre, hätte nicht zufriedner mit untergeschlagenen Beinen dasitzen können.

So saßen beide, Herr und Diener, und schauten auf das lustige Fest herab, das vor ihren Augen begangen wurde. Da war der Geistliche, der Pfeifer, der Vater von Darby Riley mit Darby's zwei Brüdern und seines Oheims Sohn; da war der Vater und die Mutter von Brigitte Runey (das alte Paar war diesen Abend stolz auf die Tochter und das mit allem Recht) und ihre vier Schwestern mit funkelneuen Bändern auf den Mützen und ihre drei Brüder, die alle so frisch und munter aussahen, als je drei Burschen in Munster; da waren Oheime und Muhmen, Gevatterinnen und Vettern genug, um das Haus voll zu machen. Da war Essen und Trinken im Überfluß und Platz an dem Tisch für jeden und wenn die Zahl noch einmal so groß gewesen wäre.

Nun ereignete es sich, gerade als Frau Runey dem Geistlichen bei dem ersten Schnitt in das Haupt des Spanferkels, das mit weißem Wirsing köstlich gefüllt war, hilfreiche Hand leistete, daß die Braut niesen mußte. Jedermann an dem Tisch fuhr auf, aber keine Seele sprach: »Gott segne uns!« denn alle dachten, der Geistliche würde das tun, wie er auch, wenn er seine Pflicht beachtet hätte, tun mußte, und niemand wollte ihm das Wort vor dem Munde wegnehmen, während er unglücklicherweise mit dem Haupt des Spanferkels und dem Gemüse beschäftigt war. Nach einem augenblicklichen Stillschweigen machten Scherz und Fröhlichkeit bei dem Fest, daß der fromme Segenspruch vergessen wurde.

Bei diesem Umstand waren beide, Mac Daniel und sein Meister, von ihren erhabenen Sitzen herab keine gleichgültigen Zuschauer.

»Ha!« rief der Kleine, indem er mit freudiger Bewegung ein Bein unter sich hervorzog und sein Auge mit ungewöhnlichem Feuer funkelte, während seine Augenbrauen sich spitz in die Höhe zogen, »ha!« sagte er, schielte nach der Braut und dann nach Mac Daniel, »halb habe ich sie; wahrhaftig, laß sie nur zweimal niesen, so ist sie mein, dem Priester, Meßbuch und Darby Riley zum Trotz!«

Die schöne Braut nieste zum zweitenmal, doch so sanft und verschämt, daß wenige, den kleinen Mann ausgenommen, es bemerkten oder zu bemerken schienen, und niemand dachte daran zu sagen, »Gott segne uns!«

Mac Daniel hatte während dieser Zeit das arme Mädchen mit den traurigsten Blicken angesehen, denn er mußte beständig daran denken, wie betrübt es wäre für ein artiges junges Geschöpf von neunzehn Jahren mit großen blauen Augen, zarter Haut und Grübchen in den Backen, von Glück und

Lust erfüllt, gezwungen zu werden, ein garstiges, kleines Stück von einem Manne zu heiraten, der tausend Jahr, weniger einen Tag, alt ist.

In diesem entscheidenden Augenblick nieste die Braut zum drittenmal und Mac Daniel rief aus allen Kräften: »Gott segne uns!« Ob dieser Ausruf eine Folge seines Selbstgesprächs war oder Macht der Gewohnheit, konnte er selbst nicht genau sagen. Aber kaum waren die Worte heraus, so sprang der kleine Mann, dessen Gesicht von Zorn und Verdruß glühte, von dem Balken, auf welchem er gehuckt hatte, herab und schrie mit dem grellen Ton einer kreischenden Sackpfeife: »Ich entlasse dich aus meinem Dienste! Nimm das zum Lohn!« wobei er dem Mac Daniel einen wütenden Stoß gab, der den armen zappelnden Diener auf Gesicht und Hände mitten zwischen die aufgetragenen Speisen herunterstürzte.

Wenn Mac Daniel erschrocken war, so war es ein jeder in der Gesellschaft, in welche er ohne alle Feierlichkeit eingeführt wurde, noch mehr; doch als sie seine Erzählung hörten, legte Vater Cuney Messer und Gabel hin und traute das junge Paar auf der Stelle. Mac Daniel tanzte die Rinka bei der Hochzeit und aß und trank nach Herzenslust, worauf er mehr hielt, als auf den Tanz.

15. DAS FELD MIT HAGEBUCHEN

Thomas Fitzpatrick war der älteste Sohn eines wohlhabenden Pächters, der zu Ballincolig in der Grafschaft Cork lebte. Thomas, ein munterer, hübscher, reinlicher Bursche, der jedermann gefiel, wer ihn ansah, hatte gerade neun und zwanzig Jahr erreicht, als er folgende Begebenheit erlebte. An einem schönen Herbsttage, es war am Tage unserer lieben Frau, der, wie jeder weiß, einer der größten Feiertage ist, streifte Thomas durch die Trift und ging an der Sonnenseite einer Hecke daher, während er bei sich bedachte, worin wohl das Unrecht liegen möchte, wenn die Leute statt müßig umher zu laufen und nichts zu tun das Heu aufschüttelten und den Hafer in Garben aufbänden, der bereits gemäht war, zumal da das Wetter wieder anfing unbeständig zu werden; als er plötzlich ein klapperndes Geräusch nicht weit von sich in der Hecke hörte. »Ei der tausend!« sagte Thomas, »Das ist ja wunderbar, noch so spät im Jahre die Schmetze singen zu hören!« Er schlich auf den Zehen herbei, ob er die Ursache des Geräusches zu Gesicht bekommen könnte und er sich in seiner Vermutung nicht geirrt habe. Das Geklapper hörte auf, aber als Thomas scharf durch das Buschwerk sah, so erblickte er in einer Ecke des Zauns einen braunen Krug, der etwa sechs Maß Flüssigkeit halten konnte und nahe dabei ein winziges, altes Männchen mit gekremptem Hut auf dem Kopf und ledernem Schürzchen, das vorne herabhing. Es schleppte einen kleinen hölzernen Stuhl herbei, stieg darauf, tauchte ein kleines Eimerchen in den Krug und zog es voll wieder heraus, stellte es neben den Stuhl und setzte sich dann bei dem Krug und fing an zu arbeiten, indem es auf einen kleinen Schuh, wie er gerade für sein Füßchen paßte, einen Fleck aufschlug. »So wahr ich lebe«, sprach Thomas zu sich selbst, »ich habe oft von einem Cluricaun reden hören, aber ehrlich zu gestehen, ich habe nie recht daran geglaubt, doch hier ist einer in allem Ernst. Wenn ich geschickt zu Werke gehe, so bin ich ein gemachter Mann. Wie ich gehört habe, darf man die Augen nicht von ihm abwenden, oder er weiß zu entwischen.«

Thomas schlich sich jetzt herbei und richtete die Augen auf ihn, wie eine Katze auf die Maus, oder wie man liest, daß die Klapperschlange tut, wenn sie die Vögel festbannen will. So kam er ganz nahe zu ihm. »Gott segne Eure Arbeit, Nachbar!« sagte Thomas.

Der Kleine richtete den Kopf in die Höhe: »Ich danke Euch schönstens«, antwortete er.

»Mich wundert, daß Ihr an dem heiligen Tage arbeitet«, sagte Thomas.

»Das ist meine Sorge, nicht Eure.«

»Freilich«, sprach Thomas, »aber Ihr seid ja wohl so gut und sagt mir, was Ihr da in der Kanne habt?«

»Herzlich gerne«, antwortete der Kleine, »es ist gutes Bier.«

»Bier!« rief Thomas, »Blitz und Hagel! Wie seid Ihr dazu gekommen?«

»Wie ich dazu gekommen bin? Gebraut habe ich es. Und wovon denkt Ihr, daß ich es gemacht habe?«

»Das mag der Guckguck wissen!« sprach Thomas, »ich denke aus Malz, woraus sonst?«

»Ihr irrt, ich mache es aus Heide.«

»Aus Heide!« rief Thomas, indem er in lautes Lachen ausbrach; »Ihr denkt doch nicht, daß ich ein solcher Narr wäre, um das zu glauben?«

»Wie es Euch beliebt«, antwortete er, »doch was ich Euch sage, ist wahr. Habt Ihr nie etwas von den Dänen erzählen gehört?«

»Gewißlich habe ich das«, sagte Thomas, »waren das nicht die Burschen, die wir ins Gebet nahmen, als sie uns Limerick zu entreißen gedachten?«

»Geht«, sagte der Kleine mit geringschätziger Miene, »ist das alles, was Ihr davon wißt?«

»Nun, was ist denn mit den Dänen?« fragte Thomas.

»Die Sache ist diese: als sie hier waren, so lehrten sie uns Bier aus Heide machen und das Geheimnis ist seitdem immer in meiner Familie geblieben.«

»Gebt Ihr einem zu versuchen von euerm Bier?« sprach Thomas.

»Ich will Euch etwas sagen, junger Mann. Es würde Euch besser ziemen, Eueres Vaters Haushalt zu besorgen, als bescheidene und ruhige Leute mit Euern dummen Fragen zu quälen. Eben jetzt, während Ihr Eure Zeit in Müßiggang zubringt, sind die Kühe in den Hafer geraten und haben die Frucht ganz niedergetreten.

Thomas erschrak über diese Nachricht so sehr, daß er eben

im Begriff war, sich umzuwenden, als er sich noch besann. Und da er befürchtete, es könnte ihm abermals begegnen, so grapste er nach dem Kleinen und packte ihn mit der Hand; doch in der Hast warf er die Kanne um und verschüttete all das Bier, so daß er es nicht versuchen und nicht sagen konnte, von welcher Art es gewesen sei. Er schwur dem Kleinen zu, daß er ihm kein Leid zufügen wollte, wenn er ihm zeigte, wo sein Geld wäre. Thomas sah so bös und blutdürstig aus, daß der Cluricaun sich gewaltig fürchtete. »Kommt mit mir«, sprach er, »über ein paar Felder, so will ich Euch einen ganzen Topf voll Gold zeigen.«

Sie gingen fort, und Thomas hielt den Kleinen fest in der Hand und wendete die Augen nicht von ihm weg. Sie mußten über Zaun und Graben, denn der Cluricaun schien aus bloßer Schadenfreude den härtesten und beschwerlichsten Weg auszusuchen, bis sie endlich auf ein Feld kamen, das ganz mit Hagebuchen angefüllt war und der Cluricaun ging auf einen dicken Stamm zu und sprach: »Grabt nur unter diesem Hagebuchenbaum, Ihr werdet einen ganzen Topf voll Goldstücke finden.«

Thomas hatte in der Hast nicht daran gedacht, einen Spaten mitzunehmen; er wollte nach Hause laufen und einen holen, und um die Stelle desto besser wiederzufinden, nahm er eins von seinen roten Strumpfbändern, das er um den Hagebuchenbaum knüpfte.

»Ich denke, Ihr bedürft mein nicht weiter«, sagte der Cluricaun mit Höflichkeit.

»Nein«, antwortete Thomas, »Ihr könnt Eurer Wege gehen, wenns Euch beliebt. Gott geleite Euch und gutes Glück folge Euern Schritten.«

»Laßt's Euch wohl ergehen, Thomas Fitzpatrick«, sagte der Cluricaun, »und möge Euch alles zum Glück ausschlagen!«

Thomas rannte wie besessen nach Hause und holte einen Spaten und lief ebenso schnell, was er nur konnte, wieder nach dem Felde zurück. Aber wie er ankam, siehe da! kein

Hagebuchenbaum auf dem Felde, um den er nicht ein rotes Strumpfband gefunden hätte, dem seinigen völlig ähnlich, und es wäre ein unsinniger Gedanke gewesen, das ganze Feld umzugraben, denn es enthielt mehr, als vierzig Acker Land.

Thomas ging also mit seinem Spaten auf der Schulter nach Hause, ein wenig kühler, als er gekommen war und verwünschte den Cluricaun, so oft er an den saubern Streich dachte, den er ihm gespielt hatte.

16. DIE KLEINEN SCHUHE

»Nun sagt mir, Marie«, sprach Herr Cote zu Marie Cogan, als er ihr eines Tages auf der Straße, gerade auf dem alten Torweg von Kilmallock begegnete, »habt Ihr je etwas von einem Cluricaun gehört?«

»Von einem Cluricaun? Das mein' ich und mehr als einmal; wie oft habe ich meinen Vater, Ruhe seiner Seele! davon erzählen hören, eine Geschichte nach der andern.«

»Aber habt Ihr selbst niemals einen gesehen, Marie?«

»Nein, ich selbst mein Lebtag nicht; aber mein Großvater, meines Vaters Vater, ja der hat einmal einen gesehen, sogar in den Händen gehabt.«

»In den Händen gehabt! Ei, Marie, das müßt Ihr mir erzählen.«

»Gerne will ich das tun. Seht, mein Großvater war draußen im Moor gewesen, hatte Torf heimgefahren und der arme, alte Gaul war von seinem Tagewerk müde und der alte Mann war hinaus in den Stall gegangen, um nach ihm zu sehen, ob er sein Futter gefressen habe. Und als er zu der Stalltür kam, hörte er etwas hämmern und hämmern, ganz genau so, als wenn ein Schuster Schuhe macht, und dabei ein so hübsches Liedchen pfeifen, wie er sein Lebtag noch keins gehört hatte. Mein Großvater, der dachte gleich, das ist ein Cluricaun und sprach zu sich selbst und sagte: »Wenn's geht, so fange ich ihn und dann habe ich Geld genug, solange ich lebe.« Er öffnete die Türe sachte, sachte, und machte nicht so viel Lärm als eine Katze, die nach der Maus schleicht; er schaute sich überall um, es war aber von dem kleinen Männchen nichts zu sehen und doch hörte er, wie es hämmerte und pfiff. Da schaute er und schaute, bis er endlich den kleinen Gesellen sah und denkt, er saß in der Gurt unter der Stute. Er hatte ein kleines Schürzfell um, den Hammer in der Hand und eine kleine rote Nachtmütze auf dem Kopf und machte Schuhe. Er war so mit seiner Arbeit beschäftigt, hämmerte und pfiff so laut, daß er meinen Großvater gar nicht merkte, bis ihn dieser fest mit der Hand packte. Jetzt habe ich Euch, rief er und ich sage Euch, ich lasse Euch nicht eher los, als bis ich Euern Geldbeutel habe, der ist jetzt mein, nur gleich heraus damit. Halt, halt! sagte der Cluricaun, ich will ihn holen. Mein Großvater, denkt Euch, ist so ein Narr und öffnet seine Hand ein wenig, und der Kleine hüpft lachend fort, und er sah ihn niemals wieder, noch weniger etwas von dem Geldbeutel; nur den kleinen Schuh, an dem er arbeitete, hatte der Cluricaun zurückgelassen. Mein Großvater war über sich selbst ärgerlich genug, daß er ihn hatte entschlüpfen lassen; den Schuh behielt er, solange er lebte und meine eigene Mutter hat mir erzählt, daß sie ihn oft genug gesehen und in der Hand gehabt, und daß es der niedlichste Schuh gewesen, den ihre Augen jemals erblickt hätten.«

»Und habt Ihr ihn auch gesehen, Marie?«

»Lieber Himmel, nein, das war lange, ehe ich auf die Welt kam, meine Mutter hat mir oft genug davon erzählt.«

Die Banshi

17. DIE BANSHI VON BUNWORTH

Um die Mitte des vorigen Jahrhunderts war Pfarrer zu Buttevant in der Grafschaft Cork der ehrwürdige Herr Carl Bunworth, ein Mann von gründlichen Kenntnissen und ungeheuchelter Frömmigkeit. Von den Reichen war er geachtet, von den Armen geliebt und ein Unterschied im Glauben minderte nicht die Zuversicht, mit der sie sich in einer schwierigen Angelegenheit oder in Zeiten des Mißgeschickes an ihn wendeten; denn sie waren gewiß, von ihm Beistand in Rat und Tat zu erhalten, wie ihn ein Vater seinen Kindern zu gewähren pflegt. Zu ihm kamen aus der benachbarten Stadt Newmarket seines Rates und Unterrichts wegen Curran sowohl als Yelverton vor ihrem Eintritt in die hohe Schule zu Dublin. Jung, ohne Vermögen und Erfahrung empfingen diese späterhin berühmten Männer außer der Belehrung, die sie suchten, noch Unterstützung in Geld, und ihre glänzende Laufbahn in der Folge rechtfertigte den feinen Takt, womit der Geber sie auszeichnete.

Was indessen den Ruf des Herrn Bunworth weit über die Grenzen der nächsten Kirchsprengel verbreitete, war seine Fertigkeit auf der irischen Harfe, und die gastfreundliche Aufnahme und Bewirtung der armen Harfenspieler, die von Haus zu Haus in der Grafschaft umherzogen. Dankbar sangen sie auf ihren Wanderungen den Ruhm des Wohltäters zu den rauschenden Tönen ihrer Harfe, indem sie zur Vergeltung seiner Güte reiche Segnungen auf sein weißes Haupt herabriefen und in schlichten, kunstlosen Worten die Reize seiner blühenden Töchter, Elisabeth und Marie, priesen. Es war alles, was diese armen Sänger vermochten, aber wer will an der Aufrichtigkeit ihres Dankes zweifeln, da bei dem Tod des Herrn Bunworth nicht weniger als funfzehn Harfen auf dem Boden seines Kornhauses sich hinterlegt fanden, die ihm von den letzten Gliedern eines Stammes, der nun aufgehört hat zu bestehen, waren vermacht worden? Geringfügig ohne Zweifel war der eigentliche Wert dieser Überbleibsel, doch in den Gaben des Herzens liegt etwas, das verdient erhalten zu werden und es ist zu bedauern, daß nach seinem Tode diese Harfen eine nach der andern zerschlagen und von einem unwissenden Glied der Familie, nachdem man, als sie für eine Zeitlang ihren Aufenthalt in Cork nahm, die Sorge für das Hauswesen übertragen hatte, zum Feueranmachen verbraucht wurden.

Die Umstände bei dem Tode des Herrn Bunworth mögen von manchem in Zweifel gezogen werden; doch es leben noch jetzt glaubwürdige Zeugen, welche die Wahrhaftigkeit davon behaupten und gestellt werden können, um die meisten, wo nicht alle Einzelheiten der folgenden Erzählung zu verbürgen.

Ungefähr eine Woche vor seinem Ende bei dem Eintritt der Nacht ward ein Geräusch an der Saaltüre vernommen, etwa als ob ein Schaf geschoren würde, ohne daß man damals besonders darauf acht hatte. Es war bald elf Uhr in derselben Nacht, als der Hirte Kavanagh von Mallow zurückkehrte, wohin er einiger Arzneien wegen nachmittags war ausgeschickt worden und Miß Bunworth, welcher er das Glas überreichte, bemerkte, daß er sehr verstört aussah. Zu dieser Zeit glaubte man, was wohl zu beachten ist, daß der Zustand ihres Vaters durchaus nicht gefährlich sei.

»Was habt Ihr, Kavanagh?« fragte sie; aber der arme Mensch mit ganz verwildertem Blick, brachte nur die Worte hervor: »Der Herr, Miß, der Herr, er verläßt uns!« Und überwältigt von heftigster Betrübnis brach er in eine Flut von Tränen aus. Miß Bunworth, deren kräftige Natur nicht leicht zu schrecken war, fragte, ob er in Mallow etwas gehört hätte, was ihn veranlassen könnte zu vermuten, daß es mit ihrem Vater schlimm stände?

»Ach nein, es war nicht in Mallow« – antwortete er.

»Kavanagh«, sagte Miß Bunworth mit jenem entschiedenen Wesen, das in ihrem Charakter lag; »ich fürchte, Ihr habt getrunken und ich gestehe, daß ich es am wenigsten in dieser Zeit von Euch erwartete, wo Ihr besonders verpflichtet war't, nüchtern zu bleiben. Ich dachte, man könnte sich auf Euch verlassen. Was hätten wir anfangen sollen, wenn die Arzneiflasche zerbrach oder verloren ging? Denn der Arzt hat gesagt, es sei von größter Wichtigkeit, daß der Herr noch heute nacht davon nehme; doch ich will morgen mit Euch sprechen, wenn Ihr Euch in einem Zustand befindet, in welchem Ihr fähiger seid zu wissen, was Ihr sagt.«

Kavanagh schaute auf mit einem dummen Blick, der nicht dazu dienen konnte, den Eindruck seiner Trunkenheit zu entfernen, so wenig als die trüben, vom Weinen geschwollenen Augen; doch seine Stimme war nicht die eines Berauschten.

»Miß«, sagte er, »so wahr mir Gott helfe! Kein Tropfen ist über meine Lippen gekommen, seit ich dieses Haus verlassen habe; doch der Herr –«

»Redet leise«, antwortete Miß Bunworth, »er schläft und es geht so gut, als wir nur immer erwarten können.«

»Gott sei gelobt!«, sagte Kavanagh; »Doch ach, er verläßt uns, wahrhaftig, Miß, er verläßt uns!« und rang die Hände.

»Was meint Ihr, Kavanagh?« fragte sie.

»Was ich meine? Die Banshi hat sich gezeigt, seinetwegen, und ich bin es nicht allein, der sie gehört hat.«

»Das ist bloßer Aberglaube!« sagte Miß Bunworth.

»Mag wohl sein!« versetzte Kavanagh, als wenn die Worte bloßer Aberglaube nur in seine Ohren geklungen wären, ohne seine Seele zu erreichen; »mag wohl sein; doch«, fuhr er fort, »als ich durch das Tal von Ballybeg kam, ging sie daher, jammernd und schreiend und die Hände zusammenschlagend; an meiner Seite war sie bei jedem Schritt, den ich auf dem Weg tat; ihr langes, weißes Haar fiel über ihre Schultern und ich konnte hören, wie sie des Herrn Namen dann und wann aussprach, so deutlich, als ich jemals gehört habe. Wie ich zu der alten Abtei kam, verließ sie mich und wendete sich nach dem Taubenfeld zunächst dem Gottesacker und, sich in ihren Mantel hüllend, setzte sie sich unter einen vom Blitz gespaltenen Baum und hub an so bitterlich zu wehklagen, daß es durch's Herz ging, es mit anzuhören.«

»Kavanagh«, sagte Miß Bunworth, die gleichwohl aufmerksam seiner wunderlichen Erzählung zugehört hatte, »mein Vater befindet sich, wie ich glaube, besser und ich hoffe, er wird bald wieder auf sein und selbst imstande, Euch zu überzeugen, daß dies alles nur Einbildung von Euch ist. Indessen verlange ich von Euch, nichts von dem zu erwähnen, was Ihr mir soeben erzählt habt, denn es ist nicht Augenblick, die Leute im Hause mit dieser Geschichte in Furcht zu setzen.«

Herrn Bunworths Kräfte nahmen allmählich ab, doch kein besonderer Umstand ereignete sich, bis zu der Nacht vor seinem Tode. In dieser Nacht ließen die beiden Töchter, erschöpft von Wachen und der beständigen, aufmerksamen Pflege, sich überreden, ein wenig auszuruhen, eine ältliche Frau, nahe Verwandte und Freundin der Familie, blieb neben dem Bett des Kranken sitzen. Der alte Mann lag in dem Gesellschaftszimmer, wohin er den Morgen auf sein eigenes Verlangen gebracht worden war, weil er sich einbildete, diese Veränderung würde ihm einige Erleichterung gewähren; mit dem Kopf lag er nahe an dem Fenster. In dem anstoßenden Zimmer saßen einige Freunde und wie gewöhnlich bei solchen traurigen Anlässen waren in der Küche mancherlei Menschen aus Anhänglichkeit an die Familie versammelt.

Es war eine mondhelle Nacht, der Kranke schlief und nichts unterbrach die Stille des traurigen Wachens, als die kleine Gesellschaft in dem anstoßenden Zimmer, dessen Türe offen stand, aufgeschreckt wurde durch einen Ton an dem Fenster nahe bei dem Bett. Ein Rosenbaum stand außen, so nahe, daß er die Scheiben des Fensters berührte. Dieses wurde plötzlich mit einigem Geräusch aufgestoßen und leises Wimmern gehört und ein Zusammenschlagen der Hände, wie von einem Weib in tiefem Jammer. Es schien, als käme der Ton von jemand, der seinen Mund ganz nah an das Fenster hielt. Die Frau, welche neben dem Bette des Kranken saß, stand auf und ging in das Nebenzimmer und fragte mit ängstlichem Ton die Herren, ob sie die Banshi gehört hätten? Zwei von ihnen, die an übernatürliche Erscheinungen wenig glaubten, standen sogleich auf, um die Ursache jener Klänge zu entdecken, die sie gleichfalls deutlich vernommen hatten. Sie gingen rund um das Haus, untersuchten jede Stelle, vorzüglich jene in der Nähe des Fensters, woher die Stimme gekommen war; alles Suchen jedoch war vergeblich, sie entdeckten nicht das geringste und ununterbrochene Stille herrschte überall. In der Hoffnung, das Geheimnis zu enthüllen, setzten sie ihre Nachforschungen die Straße entlang auf das genauste fort, und da diese sehr gerad war und die Nacht vollkommen hell, hinderte sie nichts rund umher eine ziemliche Strecke zu übersehen; indessen war alles still und öd und sie kehrten mit Verwunderung und getäuscht in ihren Erwartungen zurück. Um so größer war ihr Erstaunen, als sie vernahmen, daß in der ganzen Zeit, während ihrer Abwesenheit, jene, die im Hause zurückgeblieben waren, das Wehklagen und Zusammenschlagen der Hände gehört hatten und zwar viel lauter und deutlicher, als zuvor; und kaum hatten sie die Türe des Zimmers hinter sich zugemacht, als sie abermals jene klägliche Stimme vernahmen. Der Kranke ward von Stunde zu Stunde schlimmer und beim ersten Schimmer des Morgens tat Herr Bunworth den letzten Atemzug.

18. DIE BANSHI VON MAC CARTHY

Karl Mac Carthy war im Jahr 1749 der einzige noch lebende Sohn einer zahlreichen Familie. Sein Vater starb, als er wenig mehr als zwanzig Jahr alt war und hinterließ ihm die Güter ziemlich unverschuldet. Karl war lebhaft und wohlgebildet, weder durch Dürftigkeit, noch einen Vater oder Wächter gezügelt und eben deshalb in einem solchen Alter kein Tugendspiegel. Offenherzig zu reden, er war ein verschwenderischer, man sollte wohl sagen wüster Schwelger. Seinen Umgang suchte er, wie sich denken läßt, in der benachbarten Jugend der höheren Stände, deren Vermögensumstände in der Regel glänzender waren, als die seinigen, deren Hang zu Vergnügungen deshalb noch weniger Einschränkung kannte und in deren Beispiel er eben sowohl Anreizung zu seinem unordentlichen Leben als Billigung desselben fand.

Karl Mac Carthy versank so tief in die Lüste, welchen sich zu ergeben die schwache Jugend ohnehin geneigt ist, daß um die Zeit, wo er sein vier und zwanzigstes Jahr vollendete, er von einem heftigen Fieber befallen wurde, welches als höchst bösartig bei der Hinfälligkeit seines Körpers kaum Hoffnung zur Genesung ließ. Seine Mutter, die anfänglich mancherlei Anstrengungen gemacht hatte, ihn von dem Irrwege abzubringen und am Ende genötigt war, die raschen Fortschritte zum Verderben mit stiller Verzweiflung anzusehen, wachte Tag und Nacht bei seinem Lager. Die Angst des mütterlichen Gefühls war gemischt mit einem noch tiefern Jammer, welchen jene allein kennen, die unablässig bemüht ein geliebtes Kind in Tugend und Frömmigkeit zu erhalten, gesehen haben, wie es nach den Wünschen ihres Herzens bis zum Manne heranwuchs, dann, wenn ihr Stolz am höchsten war, erleben mußten, daß eben das, was ihnen das liebste auf der Welt war, sorglos in den Strom des Lasters sich stürzte und nach einem schnellen Lauf vor die Pforten der Ewigkeit zu stehen kam ohne Zeit und Kraft zur Reue. Es war ihr heißes Gebet, wenn sein Leben nicht könnte erhalten werden, daß die Bewußtlosigkeit, welche seit den ersten Stunden seiner Krankheit mit immer wachsender Gewalt fortdauerte, vor seinem Ende aufhören und ihm Besinnung und Ruhe genug hinterlassen möchte, seinen Frieden mit dem beleidigten Himmel zu machen. Nach wenigen Tagen indessen schien die Natur völlig erschöpft und er versank in einen Zustand, der dem Tode zu ähnlich war, als daß man ihn für Ruhe des Schlafes hätte halten können. Sein Gesicht war bleich, glatt und marmorartig, zum sichersten Zeichen, daß das Leben die irdische Wohnung verlassen hat. Seine Augen waren geschlossen und eingesunken, die Augenlider hatten jenes erstarrte und eingedrückte Wesen, das anzuzeigen pflegt, daß die Hand eines Freundes schon den letzten Dienst geleistet hat. Die Lippen, halb geschlossen und vollkommen aschgrau, ließen nur etwas von den Zähnen sehen, um dem Bild des Todes seinen furchtbarsten aber ausdrucksvollsten Zug zu geben. Er lag auf dem Rücken, die Hände zur Seite ausgestreckt, ganz bewegungslos, und die erschütterte Mutter konnte nach wiederholten Versuchen nicht das geringste Zeichen von Leben entdecken. Der Arzt, der zugegen war und die üblichen Proben angestellt hatte, um Gewißheit über den Zustand zu erhalten, erklärte endlich, daß er verschieden sei und traf Anstalt, das Sterbehaus zu verlassen. Sein Pferd wurde vorgeführt. Eine Menge Leute, die sich vor den Fenstern oder in Haufen hier und da auf dem Platz versammelt hatten, eilten herzu, als die Türe sich öffnete. Es waren Diener des Hauses, Leute, die Wohltaten empfingen, arme Verwandte der Familie, wozu noch andere sich gesellten, durch Anhänglichkeit herbeigezogen, auch wohl durch Teilnahme, die zwar mit aus Neugierde entspringt, aber doch noch etwas mehr ist und welche die niedern Stände um ein Haus zu versammeln pflegt, wo ein menschliches Wesen in die andere Welt übergeht. Sie sahen den Mann, der im Beruf zugegen gewesen war, aus der Haustüre treten und zu dem Pferde gehen; und während er langsam, mit traurigem Wesen sich anschickte aufzusteigen, drängten sie sich forschenden und bewegten Blicks um ihn her. Man hörte kein lautes Wort und doch war ihre Meinung außer Zweifel; der Arzt, als er aufgesessen war, während der Diener beständig den Zaum in den Händen behielt, als wollte er ihn zurückhalten, und ängstlich nach seinen Mienen schaute, als wenn er erwartete, er werde die beklemmende Ungewißheit lösen, schüttelte den Kopf und sagte mit gedämpfter Stimme: »Es ist vorbei, Jacob!« und ritt langsam fort. Kaum war das Wort aus seinem Munde, so stießen die in nicht geringer Zahl anwesenden Weiber einen heftigen Schrei aus, welcher, nachdem er eine halbe Minute lang gedauert hatte, plötzlich in ein lautes, fortgesetztes und mißhelliges, aber jammervolles Wehklagen herabsank, durch welches nur dann und wann die tiefern Töne männlicher Stimmen drangen, manchmal in abgebrochenem Schluchzen, manchmal in deutlichen Ausrufungen des Schmerzens. Karls Milchbruder ging unter der Menge Menschen umher, die Hände bald zusammenschlagend, bald in schmerzvoller Angst ringend. Der arme Bursch war in der Jugend Karls Gefährte und Spielgenosse, in der Folge sein Diener gewesen, hatte sich immer durch eine besondere Anhänglichkeit ausgezeichnet und zuletzt seinen jungen Herrn wie sein eigenes Leben geliebt.

Als die Mutter überzeugt war, daß der harte Schlag sie wirklich getroffen hatte und ihr geliebter Sohn in der Blüte seiner Sünde dahingegangen war, die letzte Rechenschaft abzulegen, blieb sie eine Zeitlang und schaute mit unverwandten Blicken das erstarrte Antlitz an; dann als habe plötzlich etwas die Saite ihrer zärtlichsten Liebe berührt, rollte eine Träne nach der andern über ihre von Angst und Nachtwachen abgebleichten Wangen. Sie schaute noch immer auf ihren Sohn, ohne zu wissen, daß sie weinte und ohne nur einmal ihr Tuch vor die Augen zu halten, bis sie an die beschwerlichen Pflichten, welche herkömmliche Landessitte ihr auflegte, durch die Menge Frauen erinnert ward, die zu der bessern Klasse der Bauern gehörte und nun unter lautem Schreien beinahe das ganze Gemach anfüllten. Sie entfernte sich hierauf, um Anordnungen wegen der Feierlichkeit bei dem Wachen zu treffen und um die zahlreichen Besucher aus allen Ständen mit den bei dieser traurigen Gelegenheit üblichen Erfrischungen versorgen zu lassen. Obgleich ihre Stimme kaum gehört wurde und niemand sie sah, als zwei Diener und ein oder zwei bewährte Hausfreunde, die ihr bei den nötigsten Einrichtungen Beistand leisteten, so wurde doch alles mit der größten Regelmäßigkeit ausgeführt. Und wiewohl sie sich keineswegs anstrengte, ihren Schmerz zu unterdrücken, so hemmte er doch keinen Augenblick ihre Aufmerksamkeit, die gerade jetzt nötiger als je war, um Ordnung in ihrem Hauswesen zu erhalten, welches in dieser Unglückszeit ohne sie ganz in Verwirrung geraten wäre.

Die Nacht war ziemlich vorgerückt, das laute Jammergeschrei, welches den Tag über in und um das Haus herrschte, hatte einem feierlichen und düstern Schweigen Platz gemacht, und Frau Mac Carthy, der das Herz ungeachtet der langen Ermüdung und nächtlichen Wachen zu schwer war, um schlafen zu können, lag in heißem Gebet auf den Knien in einem Zimmer, das unmittelbar an das ihres Sohnes stieß. Plötzlich ward sie in ihrer Andacht durch ein ungewöhnliches Geräusch unterbrochen, welches von den Personen kam, die bei der Leiche wachten. Zuerst war es ein leises Gemurmel, dann war alles still, als wenn die Bewegungen jener, die in dem Zimmer sich befanden, durch einen heftigen Schrecken wären gelähmt worden; jetzt brach ein lauter Schrei des Entsetzens aus, die Türe des Zimmers ward aufgerissen und was im Gedränge sich aufrecht erhalten konnte, stürzte wild untereinander nach der Treppe hin, zu welcher der Weg durch der Frau Mac Carthy Gemach führte. Frau Mac Carthy drang durch das Gewirr in das Zimmer ihres Sohnes und fand ihn aufrecht im Bette sitzen, starr um sich schauend, gleich einem, der aus dem Grabe erstanden ist. Ein gewisser Glanz, der sich über die eingesunkenen Züge und die spitzen, abgestorbenen Formen verbreitete, verlieh seinem ganzen Anblick etwas überirdisch Grauenhaftes. Frau Mac Carthy war nicht ohne Festigkeit der Seele, aber befangen in dem Aberglauben ihres Vaterlandes. Sie sank auf die Knie und die Hände faltend betete sie laut. Die Gestalt vor ihr bewegte den Mund und brachte bloß »Mutter!« heraus, die bleichen Lippen zuckten, als hätten sie die Absicht, den Gedanken zu beendigen, aber die Zunge versagte den Dienst. Sie sprang auf ihn zu und die Hände ausstreckend, rief sie: »Rede, im Namen Gottes und seiner Heiligen, rede, lebst du?«

Er wendete sich langsam zu ihr hin und sprach mit sichtbarer Anstrengung: »Ja, meine Mutter, ich lebe; aber sitzt nieder und sammelt Euch. Ich will Euch etwas erzählen, worüber Ihr mehr erstaunen werdet, als über das, was Ihr gesehen habt!« Er lehnte sich aufs Kopfkissen zurück und während sie neben dem Bette knien blieb, eine von seinen Händen in den ihrigen haltend und zu ihm aufschauend, wie jemand, der seinen eigenen Sinnen nicht mehr traut, fuhr er fort: »Unterbrecht mich nicht, bis ich zuende bin; ich möchte gerne sprechen, so lange der Reiz des wiederkehrenden Lebens in mir dauert, denn ich fühle, daß ich hernach langer Ruhe bedarf. Von dem Anfang meiner Krankheit habe ich nur eine verwirrte Erinnerung, doch in den letzten zwölf Stunden habe ich vor dem Richterstuhl Gottes gestanden. Starrt mich nicht so ungläubig an, Mutter, es ist wahr, wie es meine Sünden sind und wie ich hoffe, daß es meine Reue sein wird. Ich habe den hehren Richter gesehen, strahlend in all den Schrecken, die ihn umgeben, wenn die Gnade der Gerechtigkeit weicht. Ich habe die furchtbare Herrlichkeit der beleidigten Allmacht gesehen und ich erinnere mich dessen wohl. Es ist mir fest eingeprägt und mit unauslöschlicher Schrift in mein Gehirn gedrückt, aber dahin reicht menschliche Sprache nicht. So viel ich kann, will ich beschreiben, ich muß mich kurz fassen. Es ist genug gesagt, ich ward auf die Waage gelegt und zu leicht befunden. Das unwiderrufliche Urteil sollte eben gefällt werden, die Augen meines allmächtigen Richters, die mich angestrahlt hatten, sprachen schon halb meine Verdammung aus, als ich bemerkte, daß der heilige Schutzengel, an den Ihr so oft mein Gebet richtetet, als ich noch ein Kind war, mit einem Ausdruck voll Güte und Mitleid mich ansah. Ich streckte die Hände nach ihm aus und flehte um seine Fürsprache. Ein Jahr nur, ein Monat, bat ich, möchte mir noch auf Erden gegeben werden zur Reue und Sühne für meine Vergehungen. Er kniete selbst vor den Füßen meines Richters und flehte um Gnade. Ach! niemals, und sollte ich noch übergehen nacheinander in zehntausend verschiedene Zustände meines Daseins, niemals in alle Ewigkeit werde ich das Entsetzen jenes Augenblickes vergessen, wo mein Schicksal zur Entscheidung kam und von einer Sekunde abhing, ob unaussprechliche Qualen auf endlose Zeiten mein Los sein sollten. Doch die Gerechtigkeit verschob ihren Beschluß und die Gnade sprach in festem, mildem Ton: kehre zurück auf die Welt, in welcher du gelebt hast, aber nur um die Gesetze dessen zu versöhnen, der die Welt und dich geschaffen hat. Drei Jahre sind dir gegeben zu bereuen, sind diese verflossen, dann sollst du abermals hier stehen, um erlöst zu werden oder dem ewigen Verderben preisgegeben. Ich hörte nichts mehr, ich sah nichts mehr, bis ich zum Leben erwachte, in dem Augenblick, wo Ihr eintratet.«

Seine Kräfte reichten gerade so weit, um diese letzten Worte zuende zu bringen und sobald er sie ausgesprochen hatte, schloß er die Augen und lag völlig erschöpft. Die Mutter, obgleich sie, wie vorhin bemerkt, übernatürliche Erscheinungen nicht gerade ableugnete, war doch ungewiß, ob sie ihm glauben sollte, oder annehmen, daß er, wiewohl aus einer Ohnmacht erwacht, welche die Krisis der Krankheit möchte gewesen sein, noch immer an Geistesabwesenheit litte. Ruhe indessen war ihm in jedem Falle Bedürfnis und sie traf sogleich Vorkehrungen, daß er sie ungestört genießen konnte. Nach einigen Stunden Schlaf wachte er neugestärkt auf und von da an nahm die Genesung stufenweise beständig zu.

Karl beharrte stets bei der Erzählung von seiner Vision, so wie er sie gleich das erstemal gegeben hatte und die Überzeugung von ihrer Wahrheit mußte notwendig von entschiedenem Einfluß auf seine Lebensweise und sein Betragen sein. Er gab seinen früheren Umgang nicht völlig auf, denn die Heiterheit seiner Natur war durch seine Umwandlung nicht getrübt worden, aber er nahm an Ausschweifungen niemals Teil, dagegen war er oft ernstlich bemüht, die andern davon abzuhalten. Er war gottesfürchtig ohne Scheinheiligkeit, ernst ohne Strenge, und gab ein Beispiel, wie Laster sich in Tugend umwandeln könne, ohne vornehm, herb und trübselig zu werden.

Die Zeit verstrich und lang ehe die drei Jahre zu Ende gingen, war die Geschichte von der Vision vergessen oder wenn die Rede darauf kam, wurde sie gewöhnlich als ein Beweis angeführt, wie unvernünftig es sei, an solche Dinge zu glauben. Karls Gesundheit, bei der Mäßigung und Regelmäßigkeit seiner Lebensweise, ward kräftiger als je. Es ist wahr, seine Freunde hatten oft Gelegenheit, ihn wegen seines ernsthaften und zurückgezogenen Betragens zu necken, welches man an ihm bemerkte, als sich die Zeit näherte, wo er sein siebenundzwanzigstes Jahr vollendete, gewöhnlich jedoch zeigte er im Umgang jene Lebendigkeit und Heiterheit, die ihm eigentümlich war. Unter Leuten wich er jedem aus, der sich bemühte, ihm eine bestimmte Äußerung rücksichtlich jener Voraussagung zu entlocken, doch in seiner eigenen Familie war es kein Geheimnis, daß er fest daran glaubte. Indessen als der Tag herankam, an welchem die Prophezeiung durchaus sich bewähren mußte, versprach sein ganzes Aussehen ein so langes und gesundes Leben, daß er sich durch seine Freunde überreden ließ zur Feier seines Geburtstages, eine große Gesellschaft zu einem Gastmahl auf Springhouse einzuladen. Veranlassung dazu und alle Umstände, die sie begleiteten, lernt man am besten kennen, wenn man folgende von Verwandten der Familie sorgfältig aufbewahrten Briefe liest.

Der erste ist von der Frau Mac Carthy an eine vertraute und bewährte Freundin, welche zu Castle Barry in der Grafschaft Cork, etwa zwölf Meilen von Springhouse wohnte. »Dienstag den 15ten Oktober 1752. Teuerste Marie. Ich fürchte, ich setze durch diesen Brief Eure Liebe für Eure alte Freundin und Verwandtin auf eine zu harte Probe. Zwei Tage in dieser Jahreszeit auf schlechten Wegen und in dieser unruhigen Gegend zu reisen, in der Tat, man muß auf eine Freundschaft wie die Eurige bauen, wenn man eine besonnene Frau zu diesem Unternehmen bereden will. Aber in Wahrheit, ich habe oder bilde mir ein mehr als gewöhnliche Ursache zu haben, Euch in meiner Nähe zu wünschen. Ihr kennt die Geschichte von meinem Sohn. Ich kann nicht sagen, wie es zugeht, aber mit dem daß der nächste Sonntag heranrückt, wo die Voraussagung seines Traumes sich als falsch oder wahr bewähren muß, fühle ich im Herzen eine Mutlosigkeit, die ich nicht besiegen kann und Eure Gegenwart, geliebteste Marie, würde, wie sie schon mehr getan hat, manche von meinen Sorgen beschwichtigen. Mein Neffe Jacob Ryan wird sich mit Johanne Osborne (wie Ihr wißt, meines Sohnes Mündel) verheiraten und das Hochzeitfest soll hier den nächsten Sonntag gefeiert werden, obgleich Karl sehr darauf dringt, es einen oder zwei Tage weiter hinaus zu schieben. Wollte Gott – doch ich verspare alles auf mündliche Unterredung. Überwindet Euch, Euren guten Mann auf eine Woche zu verlassen, wenn die Landwirtschaft ihm nicht erlauben sollte, Euch zu begleiten, bringt aber die Mädchen mit und kommt so früh vor Sonntag, als Euch möglich ist.«

Obgleich dieser Brief den Mittwochen morgen zu Castle Barry anlangte, da der Bote durch Sumpf und Moor auf

Fußwegen gegangen war, wo Pferd und Wagen nicht fortkommen, so hatte doch Frau Barry, zwar gleich zur Reise entschlossen, doch so mancherlei Einrichtungen für den Haushalt zu treffen, welcher in Irland bei dem mittlern Adel leicht in Verwirrung gerät, wenn die Hausfrau nicht zugegen ist, daß es ihr und den beiden jüngern Töchtern unmöglich fiel, eher als Freitag morgen abzureisen. Die älteste Tochter blieb zurück, dem Vater Gesellschaft zu leisten und die Aufsicht über das Hauswesen zu führen. Da sie die Reise in einem offenen einspännigen Wagen machten, und die Wege, zu aller Zeit schlecht, durch häufige Regengüsse noch grundloser geworden waren, so nahmen sie sich vor, zwei bequeme Stationen zu machen, die erste Nacht auf der Hälfte des Wegs zuzubringen und sonnabends bei guter Zeit zu Springhouse einzutreffen. Dieser Plan konnte aber nicht ausgeführt werden, da sie einsahen, daß bei ihrer späten Abfahrt sie höchstens fünf Meilen den ersten Tag machen könnten, sie beschlossen daher in dem Hause des Herrn Bourke, eines Freundes, zu übernachten, der noch etwas näher wohnte. Sie langten ziemlich durchgeschüttelt, aber doch wohlbehalten bei ihm an. Was ihnen auf der Reise den folgenden Tag bis nach Springhouse und nach ihrer Ankunft daselbst begegnete, ist ausführlich in einem Brief erzählt, den die zweite Miß Barry an ihre älteste Schwester von dorther schrieb.

»Sonntag abend den 20sten Oktober 1752. Da der Mutter Brief, in welchem dieser eingeschlossen liegt, Euch im Allgemeinen die traurige Nachricht ankündigt, welche ich hier vollständiger mitteilen soll, so glaube ich, es ist besser, wenn ich bei der Erzählung von den ungewöhnlichen Ereignissen der beiden letzten Tage regelmäßig verfahre.

Bei Herrn Bourke trafen wir den Freitag abend so spät ein, daß wir gestern unmöglich zu rechter Zeit ausfahren konnten und deshalb mit einbrechender Nacht noch mehr als drei Meilen von Springhouse entfernt waren. Die Wege, von dem anhaltenden Regen in voriger Woche ganz aufgeweicht, gestatteten uns nur ein langsames Fortbewegen, so daß sich die Mutter endlich entschloß, die Nacht in dem Hause von Herrn Bourke's Bruder zuzubringen, das eine kurze Strecke von dem Weg abliegt. Der Tag war windig und regenhaft gewesen und der Himmel schien drohend, trüb und ungewiß. Der Mond stand voll und zeigte sich wohl dann und wann hell und glänzend, meist aber hinter schwerem, dunkelem und zerrissenem Gewölk versteckt, das schnell vorüber zog, jeden Augenblick in noch größern Massen heranrückte und sich für einen kommenden Sturm anzuhäufen schien. Der Wind, der uns ins Gesicht blies, pfiff kalt durch die niedrigen Hecken an den Seiten der Landstraße, auf welcher wir bei der Menge tiefer Pfützen nur mit Mühe weiter kamen und wo wir nirgends den geringsten Schutz hoffen durften, da meilenweit keine Anpflanzung war. Die Mutter fragte daher den Lorenz, welcher den Wagen führte, wie weit wir noch von Herrn Bourke's Gut wären. ›Noch ein paar Steinwürfe weiter‹, antwortete er, ›bis zu dem Kreuzweg, dann brauchen wir uns nur links in den Baumgang zu wenden.‹

›Gut Lorenz, wenn du zu dem Kreuzweg kommst, so lenke ein nach Herrn Bourke's Haus.‹ Kaum hatte die Mutter diese Worte gesprochen, so drang ein Schrei, vor dem wir zusammenfuhren, als habe er uns das Herz durchschnitten, von der Hecke gerade auf uns ein. War er irgend einem irdischen Laute ähnlich, so schien es der Schrei eines Weibes, welches von einem heftigen und mördrischen Schlag getroffen, sein Leben in tiefer, entsetzlicher Todesangst ausstößt. ›Gott behüte uns!‹ rief die Mutter, ›steig über die Hecke, Lorenz, und hilf dem Weib, wenn es nicht schon tot ist, während wir zu der Hütte zurück eilen, an der wir eben vorüber gekommen sind und im nächsten Dorfe Lärm machen.‹ ›Ein Weib!‹ sagte Lorenz, indem er mit aller Macht aufs Pferd peitschte und seine Stimme zitterte, ›Das ist kein Weib! Je schneller wir davon eilen, desto besser!‹ und strengte sich aufs neue an, die trägen Schritte des Pferdes zu beleben. Wir sahen nichts, der

Mond hatte sich versteckt. Es war ganz dunkel und wir erwarteten längst einen Regenguß. Eben aber als Lorenz gesprochen hatte und es ihm gelungen war, das Pferd in raschere Bewegung zu bringen, hörten wir deutlich ein lautes Zusammenschlagen der Hände, auf welches ein Schrei nach dem andern folgte, was die letzte Anstrengung der Angst und Verzweiflung zu bezeichnen und von einer Person auszugehen schien, welche innerhalb der Hecke eilig dahinrannte, um mit uns gleichen Schritt zu halten. Noch immer sahen wir nicht das geringste, endlich, als wir nur noch zehn Schritte von der Stelle waren, wo ein Fahrweg zu Herrn Bourke's Haus links einbog, die Straße nach Springhouse aber nach rechts sich wendete, brach der Mond plötzlich hinter den Wolken hervor und ließ uns so deutlich, als ich hier dieses Papier sehe, die Gestalt einer schlanken, hagern Frau erblicken mit unbedecktem Haupte und langem, rund um ihre Schultern flatternden Haare, gekleidet in etwas, das aussah wie ein weiter, weißer Mantel oder ein eilig umgeworfenes Bettuch. Sie stand in dem Winkel der Hecke, wo die Straße, auf der wir uns befanden, an jene stieß, welche nach Springhouse führte, mit dem Gesicht uns zugewendet, während sie den rechten Arm gewaltsam und heftig auf und ab bewegte, als wollte sie uns in dieser Richtung fortziehen. Das Pferd stutzte, sichtbar erschrocken über die plötzliche Gegenwart der Gestalt, deren äußere Erscheinung ich soeben beschrieben habe, und welche eine halbe Minute lang jenes herzzerschneidende Geschrei ausstieß. Sie lief dann auf die Landstraße, verschwand einen Augenblick vor unsern Augen und bald danach sahen wir sie auf einer hohen Mauer stehen, eine kleine Strecke über dem Fahrweg, in welchen wir einzulenken im Begriff waren; sie deutete beständig auf die Straße nach Springhouse hin, doch mit trotziger und gebietender Gebärde, als sei sie bereit sich unserer Einfahrt in jenen Weg zu widersetzen. Die Gestalt schwieg nun gänzlich und ihr Gewand, das vorhin frei in dem Wind geflattert hatte, war jetzt fest um sie gewickelt. ›Dreh um, Lorenz, nach Springhouse, in Gottes Namen‹, sagte die Mutter, ›welcher Welt sie auch angehören mag, wir wollen sie nicht erzürnen.‹ ›Es ist die Banshi‹, sagte Lorenz, ›und ich möchte um mein Leben nicht in dieser Nacht woanders hingehen, als nach Springhouse, aber ich fürchte, dort gibts ein Unglück, sonst zeigte sie uns nicht den Weg dahin.‹ Mit diesen Worten trieb er das Pferd an, und als wir rechts einbogen, entzog der Mond auf einmal sein Licht und wir sahen die Gestalt nicht weiter, doch hörten wir deutlich ein fortwährendes Zusammenschlagen der Hände, das jedoch gradweise abnahm, als komme es von jemand, der sich schnell entferne. Wir setzten unsern Weg fort, so rasch es die schlechte Straße und das abgemattete Tier, das uns zog, erlaubte, und kamen vorige Nacht gegen elf Uhr hier an. Den Zustand, in welchem wir das Haus fanden, kennt Ihr bereits aus der Mutter Brief. Um ihn vollständig zu beschreiben, ist es nötig, daß ich einiges von den Ereignissen erzähle, die hier im Laufe der vorigen Woche sich zugetragen haben.

Ihr wißt schon, daß die Hochzeit der Johanne Osborne mit Jacob Ryan an diesem Tage sollte gefeiert werden und daß die Brautleute mit ihren Freunden vorige Woche hier angelangt waren. Verflossenen Dienstag, an welchem gerade Frau Mac Carthy morgens früh den Einladungsbrief an uns abgeschickt hatte, war die ganze Gesellschaft kurz vor dem Mittagsessen ein wenig ins Freie gegangen. Es scheint, daß ein unglückliches, von Jacob Ryan verführtes Geschöpf in der Nachbarschaft in einem erbärmlichen, höchst betrübten Zustand einige Tage vorher war gesehen worden. Er hatte sich schon seit einigen Monaten von ihr getrennt und, wie man behauptet, sie reichlich versorgt, doch sie war durch ein Eheversprechen verführt worden und die Scham über ihren unglücklichen Zustand, wozu Mißgeschick und Eifersucht kamen, hatten ihre Sinne verwirrt. Den ganzen Vormittag über hatte man sie in den Anlagen bei Springhouse umherwandeln gesehen, in einen Mantel gehüllt mit einer Kappe, die ihr fast das Gesicht bedeckte. Sie hatte vermieden, mit einem Glied der Familie zu reden oder ihm nur zu begegnen.

Karl ging zu der angegebenen Zeit zwischen Jacob Ryan und einem dritten in kleiner Entfernung von den übrigen auf einem Sandweg, der eine Anlage von feinem Buschwerk umgab. Jedermann wurde durch einen Pistolenschuß in großen Schrecken gesetzt, welcher aus der dichtesten Stelle des Gesträuchs fiel, an welchem Karl und seine Begleiter eben vorbeigingen. Karl stürzte sogleich zur Erde und es fand sich, daß er am Bein verwundet war. Da sich in der Gesellschaft gerade ein Arzt befand, eilte dieser, Beistand zu leisten, und nachdem er die Wunde untersucht hatte, erklärte er, daß die Gefahr sehr gering und kein Knochen verletzt sei, die bloße Wunde ins Fleisch aber in wenigen Tagen heilen werde. ›Wir werden den Sonntag mehr wissen‹, sagte Karl, der in sein Zimmer gebracht wurde. Man verband die Wunde und so wenig Beschwerde entstand daraus, daß einige seiner Freunde einen Teil des Abends in seinem Schlafgemach zubrachten.

Bei näherer Nachforschung ergab sich, daß der unglückliche Schuß von jenem armen Mädchen herrührte, dessen ich vorhin Erwähnung getan habe. Offenbar hatte sie nicht auf Karl gezielt, sondern auf den Zerstörer ihrer Unschuld und Glückseligkeit, der an seiner Seite gegangen war. Nachdem man sie in den Anlagen vergeblich gesucht hatte, kam sie aus freien Stücken in das Haus gegangen. Sie lachte und tanzte, wild singend und jeden Augenblick ausrufend: ›Endlich habe ich den Ryan getötet!‹ Als sie vernahm, daß es Karl war, nicht Herr Ryan, den der Schuß getroffen, fiel sie besinnungslos nieder und nachdem sie einige Zeit in krampfhaften Bewegungen gelegen hatte, sprang sie auf, nach der Türe hin, und entschlüpfte den Nacheilenden. Man konnte ihrer nicht wieder habhaft werden, bis in der letzten Nacht, wo sie kurz vor unserer Ankunft, vollkommen wahnsinnig hieher gebracht wurde.

Man hielt Karls Wunde für so unbedeutend, daß die Vorbereitungen zu dem Hochzeitsfest auf den Sonntag ihren Fortgang hatten. Doch in der Freitagnacht ward er unruhig und fiebrig und gestern, den Sonnabend, fühlte er sich so schlecht, daß man es für nötig hielt, noch einen Kunstverständigen zu Hilfe zu nehmen. Zwei Ärzte und ein Wundarzt gingen um Mittag zu Rat und der furchtbare Ausspruch lautete, daß, wo nicht vor Nacht eine kaum zu hoffende Veränderung eintrete, binnen vierundzwanzig Stunden der Tod sich einstellen werde. Wie es schien, hatte man die Wunde zu fest zusammengeschnürt und auch in anderer Hinsicht ungeschickt behandelt. Leider hatten sich die Ärzte in ihrer Voraussagung nicht geirrt. Kein günstiges Zeichen erschien und lange bevor wir Springhouse erreichten, war jeder Strahl von Hoffnung verschwunden. Der Auftritt, von dem wir bei unserer Ankunft Zeuge waren, hätte ein Herz von Stein gespalten. Schon auf der Straße hörten wir, daß Karl Mac Carthy auf dem Totbett liege, und als wir das Haus erreichten, bestätigte der Diener, der das Tor öffnete, diese Nachricht. Gerade, als wir eintraten, wurden wir durch ein furchtbares Geschrei erschreckt, das von der Treppe aus uns entgegenschallte. Die Mutter glaubte die Stimme der armen Frau Mac Carthy zu hören und eilte weiter. Wir folgten und einige Stufen hinaufgestiegen fanden wir ein junges Weib in dem Zustand wahnsinniger Leidenschaft mit zwei Mägden ringend, deren vereinte Kräfte kaum zureichten, jene abzuhalten, daß sie nicht die Treppe hinaufrannte über den Körper der Frau Mac Carthy, welche von Schwachheit überwältigt auf die Stufen niedergesunken war. Wie ich hernach hörte, war es jenes unglückliche Geschöpf, dessen ich vorhin gedacht habe, welches durchaus in Karls Zimmer dringen wollte, um von ihm Vergebung zu erhalten, wie sie sagte, ehe er scheide, sie des Mordes wegen anzuklagen. Dieser wahnwitzige Gedanke war mit einem andern gemischt, welcher jenem den Besitz ihrer Seele streitig zu machen schien. In einem Atem verlangte sie Karls Vergebung und klagte Herrn Ryan als ihren und Karls Mörder an. Endlich brachte man sie weg, und die letzten Worte, die ich sie schreien hörte, waren: ›Ryan hat ihn getötet, nicht ich! Ryan hat ihn getötet, nicht ich!‹

Als Frau Mac Carthy wieder zu sich selbst kam, sank sie in die Arme der Mutter, deren Gegenwart ihr ein großer Trost zu sein schien. Sie weinte; die ersten Tränen, welche sie, wie man uns sagte, seit dem unglücklichen Ereignis vergossen hatte. Sie führte uns in Karls Zimmer, welcher, wie sie äußerte, verlangt hatte, uns gleich nach unserer Ankunft zu sehen, weil er sein herannahendes Ende fühle und die letzten Stunden seines irdischen Daseins ungestört dem Gebet und der Betrachtung zu widmen wünsche. Wir fanden ihn vollkommen ruhig, ergeben, ja heiter. Er sprach von dem schrecklichen Vorfall, dem man Mut und Vertrauen entgegensetzen müsse und den er als eine Entscheidung betrachte, auf welche er seit jener wunderbaren Krankheit vorbereitet gewesen, da er an der Wahrheit der Vorausverkündigung niemals gezweifelt habe. Er sagte uns Lebewohl mit dem Ausdruck eines Menschen, der im Begriffe steht, eine kurze und vergnügte Reise anzutreten und wir verließen ihn mit einem Eindruck, der bei allem traurigen uns, wie ich gewiß glaube, niemals ganz verlassen wird.« –

Der Brief war nicht geendigt, weil die Schreiberin abgerufen ward. Ehe die Sonne an seinem siebenundzwanzigsten Geburtstag aufging, war Karls Seele geschieden, vor seinem Schöpfer die letzte Rechenschaft abzulegen.

Die Phuka

19. DAS HEXENPFERD

Die Geschichte von Morty Sullivan mag allen jungen Leuten zur Warnung dienen, in der Heimat zu bleiben, sich still und redlich zu nähren und nicht in der Welt umherzuziehen. Als Morty eben das funfzehnte Jahr erreicht hatte, lief er seinen Eltern fort, die ein altes, ehrenwertes Paar waren und seinetwegen mehr als eine Träne vergossen. Alles, was sie von ihm in Erfahrung bringen konnten, war, daß er an Bord eines nach Amerika bestimmten Schiffes gegangen wäre. Der Kummer über seinen Verlust brach ihnen das Herz.

Dreißig Jahre, nachdem sich die Alten in das stille Grab gelegt hatten, kam ein Fremder nach Beerhaven und erkundigte sich nach ihnen; es war ihr Sohn Morty und, die Wahrheit zu sagen, sein Herz schien kummervoll, als er hörte, daß Vater und Mutter längst gestorben wären. Doch welche Antwort konnte er sonst erwarten? Reue kommt gewöhnlich, wenn es zu spät ist.

Indessen ward dem Morty Sullivan zur Buße für seine Sünden eine Wallfahrt nach der Kapelle der heiligen Gobnate angeraten; dies ist ein öder Platz, Ballyvourney genannt.

Er war sogleich bereit dazu und in der Absicht keine Stunde zu verlieren, fing er noch denselben Nachmittag seine Reise an. Er war noch nicht sehr weit gekommen, als schon die Nacht anbrach. Es schien kein Mond und das Sternenlicht verdunkelte sich von dickem Nebel, der in den Tälern aufstieg. Der Weg ging durch eine Berggegend mit vielen Kreuzwegen und Nebenpfaden, so daß es für einen Fremden, wie Morty, schwer fiel ohne Führer sich zurecht zu finden. So groß sein Eifer war, das Ziel seiner Wallfahrt zu erreichen, und so sehr er sich selbst antrieb, wurde er doch, als die Nebel immer dichter und dichter wurden, zuletzt ungewiß, ob er auf rechtem Wege sei. Als er daher ein Licht erblickte, welches ihm nicht weit entfernt schien, ging er darauf zu, und wie er sich ganz nah dabei glaubte, so schien das Licht plötzlich wieder in weiter Entfernung zu sein, und schimmerte nur ganz schwach durch den Nebel. So sehr auch Morty darüber erstaunte, ward er doch dadurch keineswegs entmutigt, denn er dachte: das sei ein Licht, welches die heilige Gobnate gesendet habe, um seine Füße sicher durch das Gebirg zu ihrer Kapelle zu leiten.

So ging er noch einige Stunden fort, immer, wie er glaubte, dem Licht sich nähernd, welches plötzlich in eine weite Entfernung gesprungen war. Endlich kam er doch so nah, daß er bemerkte, daß Licht rühre von einem Feuer, neben welchem er deutlich ein altes Weib sitzen sah. Jetzt, in der Tat, wurde sein Glaube ein wenig erschüttert, und es nahm ihn sehr Wunder, daß beides, das Feuer und alte Weib vor ihm hergezogen waren, so manche saure Stunde und über so holperichten Weg.

»Im Namen der heiligen Gobnate«, rief Morty »und ihres Lehrers des heiligen Abban! Wie kann ein brennendes Feuer sich so schnell vor mir her bewegen und wie kann das alte Weib neben dem springenden Feuer sitzen!«

Kaum waren diese Worte über seine Lippen, als er sich, ohne nur noch einen Schritt zu tun, nahe bei dem wunderbaren Feuer befand, neben welchem das Weib saß und sein Abendessen kaute. Bei jeder Bewegung ihrer alten Kinnbacken richteten sich ihre Augen zornig auf Morty, als fürchtete sie gestört zu werden. Er sah mit dem höchsten Erstaunen, daß ihre Augen weder schwarz, noch blau, noch grau noch nußbraun waren, wie menschliche Augen, sondern von einer seltsam roten Farbe, gleich den Augen des Wiesels. Wenn er sich zuvor über das Feuer wunderte, so war seine Verwunderung über das Wesen des alten Weibes noch viel größer, und bei aller natürlichen Unerschrockenheit konnte er sie doch nicht ohne Furcht ansehen, denn er urteilte, und zwar mit Recht, daß sie eines guten Vorhabens wegen nicht an einem so einsamen Ort ihr Abendessen verzehre, zumal so spät, denn es war nahe an Mitternacht. Sie sprach kein Wort, sondern kaute und kaute, während Morty sie schweigend betrachtete.

»Wie heißt ihr?« rief zuletzt die Hexe und ein Schwefelhauch kam aus ihrem Mund, wobei sie die Nüstern aufblies und ihre Augen noch mehr funkelten, nachdem sie die Frage getan hatte.

Seine ganze Herzhaftigkeit aufbietend antwortete er: »Morty Sullivan, Euch zu dienen«; doch waren die letzten Worte bloß als eine Höflichkeit gemeint.

»Hoho!« rief die Alte, »Das wird sich bald zeigen!« und das rote Feuer ihrer Augen verwandelte sich in blaßgrün. So kühn und furchtlos auch Morty war, zitterte er doch heftig, als er den grauenhaften Ruf vernahm. Er wollte auf seine Knie fallen und die heilige Gobnate oder sonst einen Heiligen anrufen, war aber dermaßen von Schrecken erstarrt, daß er sich nicht im geringsten rühren konnte, geschweige auf seine Knie fallen.

»Faßt meine Hand, Morty«, sagte die Alte, »ich will Euch ein Roß reiten lassen, das Euch bald an das Ziel eurer Reise bringen soll.« Mit diesen Worten führte sie ihn auf den Weg und das Feuer ging vor ihnen her. Es übersteigt menschlichen Verstand, zu sagen, wie es ging, aber es ging fort, leuchtende Flammenzungen ausstreckend und heftig prasselnd.

Jetzt gelangten sie zu einer natürlichen Höhle an einer Bergwand. Die Alte rief laut mit einer kreischenden Stimme nach ihrem Pferd. In einem Augenblick brauste ein pechschwarzes Pferd aus seinem dunkeln Stall hervor und der Felsenboden ertönte schauerlich, als die schallenden Hufen darüber her schurrten. »Aufgesessen! Morty, aufgesessen!« schrie die Hexe und mit übernatürlicher Kraft ihn packend zwang sie ihn, sich auf den Rücken des Pferdes zu setzen. Morty fand hier menschlichen Widerstand vergeblich, murmelte: »Oh! hätte ich nur Sporn!« und versuchte in die Mähnen des Rosses zu greifen, doch er griff nach einem Schatten, welcher ihn gleichwohl aufnahm, mit ihm fortsprengend bald über einen gefährlichen Abgrund setzte, bald über das wild zerrissene Bett eines Flusses wegflog und gleich einem dunkeln, mitternächtigen Strom durch das Gebirg rauschte.

Am folgenden Morgen ward Morty Sullivan von einigen Wallfahrern entdeckt, welche von ihrem Umgang um den See Gougane Barra zurückkamen. Er lag, auf dem Rücken ausgestreckt, unter einem steilen Abhang, von welchem ihn die Phuka herabgeschleudert hatte. Morty war durch den Fall hart beschädigt und er soll auf der Stelle bei der Hand des O'Sullivan, und das ist kein geringer Eid, gelobt haben, niemals wieder die volle Flasche mit auf die Wallfahrt zu nehmen.

20. DANIEL O'ROURKE'S IRRFAHRTEN

Jedermann hat von den berüchtigten Abenteuern des Daniel O'Rourke gehört, doch wie wenige wissen die wahre Ursache aller diesseits und jenseits erlebten Gefahren, und doch war sie keine andere, als daß er unter den Mauern der Phuka-Burg eingeschlafen war. Ich kenne den Mann recht gut, er wohnt in dem Tal von Hungry Hill, rechter Hand an der Landstraße, die nach Bantry führt. Er war zur Zeit, wo er mir das letztemal die Geschichte erzählte, ein alter Mann mit grauem Haar und roter Nase und es war den fünf und zwanzigsten Juni 1813, als ich sie von seinen eigenen Lippen hörte. Er saß eben und rauchte seine Pfeife unter einem alten Pappelbaum an einem so prächtigen Abend, als noch einer am Himmel gestanden hat. Ich hatte die Höhlen auf der Insel Dursey gesehen und den Morgen zu Glengariff zugebracht.

»Ich bin schon oft angegangen worden, Herr, es zu erzählen und es ist daher nicht das erstemal. Seht, der Sohn unseres

Herrn war auf Reisen gewesen, jenseits in Frankreich und Spanien, wie es bei den jungen Herrn Sitte ist, ehe man noch etwas von Bonaparte oder seinesgleichen gehört hatte, und war nun zurückgekommen. Bei der Gelegenheit ward der ganzen Umgegend ein Fest gegeben und vornehm und gering, hoch und niedrig, arm und reich eingeladen. Es waren lauter Ehrenmänner von altem Korn und Schrot, mit eurer Erlaubnis sei es gesagt. Es ist wohl einem ein böses Wort herausgefahren oder dann und wann ein Peitschenstreich ausgeteilt worden, freilich! doch wir hatten am Ende keinen Schaden davon und sie waren so leutselig und artig, alles lief auf und ab und jeder war tausendmal willkommen; da nagte keiner wegen des Mietzinses und der geringen Mittel, da war kaum ein Pächter, der nicht von der Milde seines Herrn mehr als einmal im Jahr Beweise erhielt. Jetzt ists freilich anders, doch ich will davon schweigen und Euch lieber meine Geschichte erzählen.

Also, wir hatten alles aufs Beste und vollauf; wir aßen und tranken, wir tanzten und der junge Herr tanzte bei der Gelegenheit mit Gretchen Barry: damals ein schönes Paar, doch jetzt ists auch vorbei. Um mich kurz zu fassen, ich bekam bei der Gelegenheit, wie man zu sagen pflegt, einen kleinen Hieb, denn ich erinnere mich nicht recht, wie es kam, daß ich den Ort verließ, und doch verließ ich ihn, das ist gewiß. Ich dachte bei mir: du willst dich aufmachen zu der Marie Cronahan, der weisen Frau, und ein Wort mit ihr über das junge Kühchen reden, das notwendig behext sein muß. Und als ich so auf den Schrittsteinen quer durch die Furt von Ballyashenogh dahin ging, und zu den Sternen aufblickte, und mich segnete, warum? es war unserer Frauen Tag, so glitt mir der Fuß aus und platsch! fiel ich ins Wasser. Donner und Hagel, dachte ich, jetzt bist du verloren! Indessen hub ich an zu schwimmen und zu schwimmen immerzu, was ich nur konnte, bis ich endlich auf irgend eine Art, denn wie es zugegangen ist, weiß kein Mensch, an einer einsamen Insel landete.

Ich wanderte da auf und ab, ohne zu wissen, wohin ich wanderte, bis ich zuletzt in einen großen Sumpf geriet. Der Mond schien so hell, als der Tag oder die Augen Eurer schönen Frau, verzeiht, Herr, daß ich mir das zu sagen erlaube, und ich sah mich um nach Osten und Westen, nach Norden und Süden, nach allen Seiten, aber ich sah nichts als Sumpf und abermals Sumpf. Ich konnte nicht ausfindig machen, wie ich hinein gekommen war und mein Herz ward kalt vor Angst, denn gewiß und wahrhaftig, das mußte mein Totenhof werden. Ich saß da auf einem Stein, welcher zu gutem Glück sich da neben mir fand, riß mich in den Haaren und blies Trübsal nach Noten, als auf einmal der Mond dunkel ward. Ich blickte auf und konnte deutlich etwas sehen, das sich zwischen mir und dem Mond bewegte, aber ich konnte nicht sagen, was es war. Doch es kam herab mit einer Kralle und schaute mir gerade ins Gesicht und was war es anders, als ein Adler? so gut, als je einer durch das Land Kerry geflogen ist. Er schaute mir gerade ins Gesicht und sprach: ›Daniel O'Rourke, wie gehts Euch?‹ ›Gut, Herr, ich danke Euch‹, antwortete ich, ›ich will hoffen, Ihr befindet Euch auch wohl‹, während ich mich nicht genug verwundern konnte, daß so ein Adler sprach, wie ein Christenmensch. ›Was bringt Euch hieher, Daniel?‹ sprach er weiter. ›Gar nichts, Herr, ich wünsche nichts, als daß ich wohlbehalten wieder zu Haus wäre.‹ ›Ihr möchtet also gerne wieder von der Insel fort, Daniel?‹ ›Freilich, Herr‹, sagte ich, und erzählte ihm, ich hätte wohl einen Tropfen zu viel getrunken, und wäre ins Wasser gefallen, auf die Insel geschwommen und endlich in diesen Sumpf geraten und jetzt wüßte ich nicht, wie ich wieder heraus sollte. ›Daniel‹, sprach er, nach einem Augenblick Nachdenken, ›es war von Euch sehr unschicklich, an unserer Frauen Tag Euch zu berauschen, doch da Ihr sonst ein ehrbarer, mäßiger Mann seid, der ordentlich in die Messe geht und nach mir und den meinigen nicht mit Steinen wirft oder uns im Felde nachschreit, so setzt Euch auf meinen

Rücken und haltet Euch fest, damit Ihr nicht herabfallt, ich will Euch aus diesem Sumpf tragen.‹ ›Lieber Herr‹, sagte ich, ›ich fürchte nur, Ihr treibt Euren Scherz mit mir! Wer hat je gehört, daß sich einer rittlings auf eines Adlers Rücken gesetzt hätte?‹ ›Auf mein Ehrenwort‹, erwiderte er, ›es ist mein völliger Ernst, und nun nehmt mein Erbieten an, oder kommt um in diesem Sumpfe. Zudem sehe ich, daß Eure Schwere den Stein sinken macht.‹

Es war leider wahr, was er sagte, denn ich fand, daß der Stein jeden Augenblick unter mir sank. Ich hatte keine Wahl und dachte bei mir: wer wagt, gewinnt! und das machte mir Mut. ›Ich danke, Ew. Gnaden‹, sagte ich, ›für die erzeigte Höflichkeit und will Euer gütiges Erbieten annehmen.‹ Ich bestieg also den Rücken des Adlers und hielt mich fest an seinen Hals. Er erhob sich in die Luft, als wär' er eine Lerche. Ich wußte nichts von dem Streich, den er mir spielen wollte. Er flog immer höher auf, Gott weiß, wie weit. ›Aber, Herr‹, sagte ich zu ihm, weil ich dachte, der gerade Weg nach Haus wäre ihm unbekannt, doch überaus artig sagte ich es zu ihm, denn ich war gänzlich in seiner Gewalt, ›möge es Ew. Gnaden gefallen, und indem ich es Eurem bessern Urteil untertänig anheimgebe, wenn Ihr ein weniges herunterfliegen wolltet, so kämen wir gerade über mein kleines Haus und ich könnte da absitzen und mich bei Ew. Herrlichkeit tausendmal bedanken.‹

›Zum Henker, Daniel‹, sagte er, ›meinst du, ich wäre ein Narr? Schau herab auf das nächste Feld, siehst du nicht zwei Männer mit Flinten? Wahrhaftig, das wäre ein schöner Spaß, wenn ich mich sollte totschießen lassen, einem betrunkenen Lump zu gefallen, den ich in einem Sumpf von einem Steine aufgepickt habe!‹

›Willst du mich hudelen!‹ dachte ich bei mir, sagte es aber nicht heraus, denn was hätte mir das genützt? Gut, er stieg in die Höhe, immerzu, und ich bat ihn jeden Augenblick herab zu fliegen, aber alles war vergeblich.

›Wo in aller Welt, Herr, geht die Reise hin?‹ sprach ich zu ihm. ›Halt dein Maul, Daniel‹, antwortete er, ›besorge deine eigenen Geschäfte und mische dich nicht in die Angelegenheiten anderer Leute.‹ ›Aber ich sollte meinen, das wäre meine eigene Angelegenheit‹ rief ich. ›Verhalte dich ruhig, Daniel‹, sprach er, und ich sagte nichts mehr.

Endlich langten wir an, aber auf dem Mond selbst. Nun, Ihr könnts von hieraus nicht sehen, aber dort ist, oder dort war zu meiner Zeit, an der Seite des Monds eine Sichel, seht, in folgender Gestalt!« Dabei machte Daniel mit der Spitze seines Stocks in der Erde einen Kreis und rechter Hand einen sichelförmigen Hacken daran.

»›Daniel‹, sagte der Adler, ›von dem langen Flug bin ich müde, ich habe keinen Begriff davon gehabt, daß es so weit wäre.‹ ›Aber, was in aller Welt, hat Ew. Herrlichkeit bewogen, einen so weiten Weg zu machen? Ich gewiß nicht. Habe ich nicht ersucht, gebeten und gefleht, nur ein halbes Stündchen zurückzuhufen?‹ ›Unnützes Geschwätz, Daniel‹, sagte er, ›ich bin schrecklich abgemattet, du mußt absteigen und so lange dich auf den Mond niederlassen, bis ich mich erholt habe.‹ ›Ich soll mich auf den Mond setzen, auf das kleine, runde Ding da? Nichts gewisser, als daß ich im ersten Augenblick herunterfalle und verloren bin, und tot und in Stücke zerschmettert: Ihr seid ein schändlicher Betrüger, ja das seid Ihr!‹ ›Nicht ganz und gar, Daniel‹, sagte er, ›du kannst die Sichel ergreifen, die an der Seite des Mondes herausragt und dich daran fest halten.‹

›Ich will aber nicht‹, sagte ich. ›Es geht nicht anders‹ sagte er ganz gelassen, ›willst du aber nicht, lieber Mann, so gebe ich dir einen Schub und einen Klaps mit meinen Flügeln dazu, und schicke dich hinab auf den Boden, wo jeder Knochen von dir in so kleine Stücke soll zerschmettert werden, als frühmorgens ein Tautropfen, der von einem Kohlblatt fällt.‹ ›Nun‹, sagte ich zu mir, ›so weit hat michs gebracht, daß ich mich mit euresgleichen eingelassen habe‹ und eine harte Verwünschung ihm zurufend, damit er wüßte, was ich gesagt hätte, sprang ich mit schwerem Herzen von seinem Rücken, faßte die Sichel und saß nun oben auf dem Mond und es war ein verwünscht kalter Sitz, das kann ich Euch sagen.

Als er mich so hübsch abgesetzt hatte, wendete er sich zu mir und sagte: ›Guten Morgen, Daniel O'Rourke, ich denke, ich habe dich artig erwischt! Du hast mir voriges Jahr mein Nest beraubt (daran hatte er wahrhaftig Recht, aber wie er das herausgebracht hat, ist schwer zu sagen) und zur Vergeltung mußt du es dir gefallen lassen, deine Fußsohlen abzukühlen, wenn du auf dem Mond herumschwankst, wie ein Hahn der aufgehängt ist, um danach zu schlagen.‹

›Ist das alles und willst du mich auf diese Art verlassen, du Bestie du?‹ rief ich, ›du unnatürliches Scheusal, ist das das Ende von deiner Dienstfertigkeit? Daß du verschimmeln möchtest, krummnasiger Lump! Du und deine ganze Brut!‹ Was half alles! Er spreitete seine großen mächtigen Schwingen voneinander, brach in lautes Gelächter aus und flog mit Blitzesschnelligkeit dahin. Ich schrie ihm nach, er möchte anhalten, doch ich hätte in alle Ewigkeit rufen und schreien können, er würde mich nicht gehört haben. Er flog fort und ich habe ihn nicht wieder gesehen, bis auf diesen Tag. Mögen ihn zehn Donnerkeile erschlagen! Ihr seht ein, ich war in einer verzweifelten Lage, ich blieb zurück laut schreiend in so großer Bedrängnis, als auf einmal mitten im Mond eine Türe sich öffnete, die in ihren Angeln krachte, als wenn sie seit Monaten nicht wäre aufgemacht worden. Ich glaube, sie haben noch niemals daran gedacht, sie ein wenig einzuschmieren. Wer kam heraus? Ihr wißt es schon, der Mann im Mond. Ich erkannte ihn an seinem Bündel.

›Guten Morgen, Daniel O'Rourke‹, sagte er ›wie gehts Euch.‹ ›Gut, ich danke Euch, ich hoffe, Ihr befindet Euch auch wohl.‹ ›Was bringt Euch hieher, Daniel?‹ sagte er. Ich erzählte ihm, daß ich mich auf dem Fest des jungen Herrn ein wenig übernommen hätte und auf eine einsame Insel wäre geworfen worden und dort in einen Sumpf mich verloren hätte und daß ein Schurke von Adler versprochen, mich herauszutragen, statt dessen aber mich auf den Mond heraufgeschleppt hätte.

Als ich mit meiner Erzählung zu Ende war, nahm der Mann eine Prise Tabak und sagte: ›Daniel, hier dürft Ihr nicht stehen.‹ ›Freilich, Herr, es ist ganz gegen meinen Willen, daß ich hier bin, aber wie soll ich wieder zurückkommen?‹ ›Das ist eure Sache, Daniel‹, sagte er, ›meine ist es, Euch anzukündigen, daß Ihr hier nicht stehen dürft, also macht Euch fort und das in weniger als gar keiner Zeit.‹ ›Ich tue Euch keinen Schaden, und halte mich nur an die Sichel fest, damit ich nicht herabfalle.‹ ›Gerade das ist, was Ihr nicht tun sollt, Daniel‹, sagte er. ›Verzeiht, Herr‹, sagte ich, ›darf ich fragen, wie stark eure Familie ist, weil Ihr einen armen Reisenden nicht herbergen wollt? Ich weiß gewiß, Ihr werdet nicht allzuoft durch Fremde belästigt, die Euch gerne sehen wollen, da es ein weiter Weg ist.‹ ›Ich lebe für mich allein, Daniel‹, antwortete er, ›doch Ihr tätet besser, wenn Ihr von der Sichel los ließet.‹ ›Mit Eurer Erlaubnis, ich lasse den Griff nicht los, darauf könnt Ihr rechnen.‹ ›Ihr tätet besser, Daniel‹, wiederholte er. ›Ei, kleiner Kroate‹, sagte ich, indem ich die ganze Gestalt mit den Augen von Kopf bis zu Füßen maß, ›zu einem Handel gehören zwei, und ich will nicht von hier weg, aber Euch stehts frei, wenn es Euch gefällig ist.‹ ›Wir wollen sehen, wie sichs einrichten läßt‹, sagte er und ging ab, indem er die Türe so hinter sich zuschlug, denn er war offenbar ärgerlich, daß ich dachte, der Mond mit allem Zubehör würde herabfallen.

Ich bereitete mich vor, Gewalt bei ihm zu brauchen, als er wieder zurückkam mit einem Küchenmesser in der Hand; ohne ein Wort zu sagen, schlug er zweimal auf den Griff der Sichel und ratsch! entzwei war sie. ›Guten Morgen, Daniel!‹ rief der kleine boshafte Racker, als er mich mit einem Stückchen von dem Griff in der Hand ganz säuberlich hinabfallen sah, ›Ich danke für Euren Besuch und wünsche Euch gutes Wetter zur Reise.‹ Ich hatte keine Zeit, ihm zu antworten, denn ich stürzte und wälzte mich um und um, wie es bei einer Fuchsjagd hergeht. ›Gott stehe mir bei!‹ rief ich, ›aber es muß ein erbaulicher Spaß sein, einen rechtschaffenen Mann zur Nachtzeit in solcher Hetze zu sehen! Ich bin schön abgefahren!‹ Das Wort war mir kaum aus dem Munde, husch! da rauschte etwas ganz nah an meinem Ohr vorüber und was konnte das anders sein, als ein Flug wilder Gänse? Und der alte Gänserich, der Anführer war, drehte den Kopf nach mir und rief: ›Bist du es, Daniel?‹ Ich erstaunte nicht im geringsten über das, was er sagte, denn ich war dazumal an alle Arten von Teufeleien gewohnt und außerdem, ich kannte ihn aus alter Zeit. ›Guten Morgen, Daniel O'Rourke‹, sagte er, ›wie stehts mit der Gesundheit?‹ ›Gut, Herr, ich danke Euch schönstens‹, sagte ich, nach Atem schnappend, denn ich konnte kaum dazu kommen, ›ich hoffe ein Gleiches von Euch.‹ ›Mich dünkt, du bist eben beschäftigt herabzufallen, Daniel?‹ ›Wie es Euch beliebt zu sagen, Herr‹, antwortete ich. ›Und wohin so eilig?‹ fragte der Alte. Ich erzählte ihm, daß ich ein Tröpfchen zu viel getrunken hätte und auf eine Insel gekommen wäre, wo ich mich in einen Sumpf verloren hätte und wie ein Teufel von Adler mich auf den Mond getragen und der Mann im Mond mich wieder fortgejagt hätte. ›Daniel‹, sagte er, ›ich will dich retten, strecke die Hand aus und packe mein Bein, so will ich dich nach Haus bringen.‹ ›Mein Augentrost!‹ sagte ich, ›Eure Worte sind Honigseim‹, doch ich dachte dabei: ›Sonderlich darf ich dir nicht trauen‹, aber da war sonst keine Rettung. Ich packte den Gänserich beim Bein und wir flogen hinter ihm her, ich und die andern Gänse, so schnell als sprängen wir im Tanz.

Wir flogen und flogen, bis wir über das weite Meer kamen. Ich wußte es wohl, denn ich sah rechter Hand das Cap Clear, wie es aus dem Wasser hervorspringt. ›Ach, gnädiger Herr‹, sagte ich zu dem Anführer der Gänse, denn mir schien es das klügste, wenn ich es an artigen Worten nicht fehlen ließe, ›fliegt doch landeinwärts, wenn es Euch gefällig ist.‹ ›Das geht jetzt unmöglich, siehst du wohl, Daniel‹, antwortete er, ›wir sind auf dem Weg nach Arabien.‹ ›Nach Arabien!‹ rief ich, ›das ist gewiß ein Ort in der Fremde, weit von hier.‹ ›Stille, still, du Narr‹, antwortete er, ›laß dein Geschwätz, ich sage dir, Arabien ist ein prächtiger Ort und West-Carbery so ähnlich als ein Ei dem andern, nur ein bißchen mehr Sand ist dort.‹

Indem wir so sprachen, ward ein Schiff sichtbar, das im Wind stolz daher schoß. ›Ach! Herr‹, sagte ich, ›wenn es Euch gefällig wäre, mich in das Schiff hinabfallen zu lassen‹. ›Wir sind nicht gerade über dem Schiff‹, antwortete er; ›Wir sind es‹, sagte ich. ›Wir sind es nicht‹, antwortete er. ›Wenn ich dich jetzt fallen lasse, so platschest du ins Wasser.‹ ›Ach nein‹, sagte ich, ›ich verstehe das besser, es ist gerade unter uns; laßt mich nur herunterfallen‹. ›Wenn du mußt‹, sagte er, ›so gehe deiner Wege.‹ Er ließ mich los und wahrhaftig, er hatte recht, denn ich plumpste richtig in die Tiefe des salzigen Meeres. Ja, ich plumpste in die Tiefe und gab mich auf immer verloren, als ein Walfisch auf mich los kam, der sich nach seinem nächtlichen Schlaf die Augen ausrieb und mich gerade ins Gesicht anglotzte, ohne ein Sterbenswörtchen zu reden. Doch hob er seinen Schwanz in die Höhe und plätscherte damit, daß ich über und über mit salzigem, kaltem Wasser begossen ward, so lange bis kein trockner Faden mehr am ganzen Leibe war. Da hörte ich jemand sagen, und es war eine Stimme, die ich wohl kannte: ›Steig auf, du Trunkenbold, fort von hier!‹ Indem wachte ich auf und da stand Judy mit einem Zuber voll Wasser, den sie über mich ausschüttelte. Gott habe sie selig! Aber sie war eine gute Frau, die es nicht übers Herz bringen konnte, mich trunken zu sehen und die über ihr Eigentum mit kräftiger Hand waltete. ›Steig auf!‹ sagte sie, ›gabs keinen andern Platz im Kirchsprengel, wo du deiner Neigung folgen und dich niederlegen konntest, als dieser, unter den alten Mauern von Carrigaphuka? Ich wette, du hast einen erbärmlichen Schlaf gehabt.‹ Und wahrhaftig, das hatte ich, denn meine Seele war nicht schlecht gequält worden, von Adlern, Männern im Monde, fliegenden Gänsen, und Walfischen, die mich durch Sümpfe, hinauf in den Mond und herab in den Grund des grünen Meers jagten. Und wenn ich zehnmal mehr getrunken hätte, es könnte doch einer lange darauf warten, bis ich mich wieder an jener Stelle niederlegte; ich kenne das!«

21. DAS GEBÜCKTE MÜTTERCHEN

Margareth Barrett war in ihrer Jugend schlank, artig und wohlgesittet und zeichnete sich durch die Vereinigung zweier Eigenschaften aus, die man nicht oft beisammen findet. Sie war nämlich eine sehr sparsame Hausfrau und zugleich die beste Tänzerin in ihrem Geburtsort dem Dorfe Ballyhuley. Gegenwärtig ist sie an den sechszigen und in den letzten zehn Jahren ihres Lebens durchaus nicht mehr imstand gewesen, sich aufzurichten. Sie geht gebückt, beinahe bis zur Erde, doch ihre Glieder gebraucht sie, so weit es in dieser Stellung möglich ist, mit völliger Freiheit; ihre Gesundheit ist gut, ihr Geist kräftig und in der Familie ihres ältesten Sohns, bei welchem sie seit dem Tode ihres Mannes lebt, verrichtet sie alle häuslichen Arbeiten, welche ihr Alter und jenes Gebrechen zulassen. Sie wäscht die Kartoffeln, macht Feuer an, kehrt das Haus (lauter Geschäfte, wobei ihr, wie sie mit guter Laune bemerkt, ihr krummer Rücken sehr zustatten kommt), spielt mit den Kindern und erzählt ihren Hausgenossen und den Freunden aus der Nachbarschaft, die sich oft rund um sie beim Feuer versammeln, ihr in den langen Winterabenden zuzuhören, allerlei Geschichten. Die anziehende Kraft ihrer Unterhaltung wird sehr gepriesen sowohl wegen ihrer guten Laune als auch wegen ihrer Erzählungen; und drollige und scherzhafte Begebenheiten, die sich auf ihre gekrümmte Gestalt beziehen, dann aber das Ereignis selbst, welches Schuld an diesem Mißgeschick ist, sind das Lieblingskapitel ihrer Gespräche. So hörte man sie unter andern erzählen, wie an einem gewissen Tage, bei dem Schluß einer schlechten Ernte, als verschiedene Pächter in der Gegend, wo sie lebte, auf dem Feld eine Bittschrift um Verminderung des Pachtgeldes beschlossen hätten, das Papier zum Schreiben sei auf ihren Rücken gelegt und dieser als ein leidlich guter Tisch befunden worden.

Margrethe, wie alle gescheite Erzähler, pflegte sich sowohl was die Ausführlichkeit als den Inhalt ihrer Geschichten betraf, nach den Zuhörern und den Umständen zu richten. Sie wußte, daß bei hellem Tageslicht, wenn die Sonne glänzend scheint, die Bäume knospen, die Vögel rings um uns singen, rührige und gesprächige Menschen ihren Geschäften oder Vergnügungen nachgehen; sie wußte, doch gewißlich ohne die Ursache zu kennen oder sich viel darum zu bekümmern, daß wenn wir mit dem wirklichen Leben und der wirklichen Welt beschäftigt sind, der glaubige Sinn fehlt, ohne welchen Erzählungen, die sonst aufs gewaltigste die Teilnahme anregen, einen Eindruck hinterlassen. In solchen Stunden war Margreth kurz, hielt sich nur an Tatsachen und berührte das Wunderbare gar nicht. Doch an einem Weihnachtsabend bei dem flackernden Herde, wenn Unglaubigkeit aus allen Gesellschaften verbannt ist, wenigstens bei stiller und einfacher Lebensart, als eine Eigenschaft, welche, um das geringste zu sagen, in diese Zeit nicht paßt: wenn die Winde in düstern Dezembertagen kalt um die Mauern pfeifen und durch die Türen des kleinen Hauses dringen, eine Mahnung an seine Bewohner, daß wenn die Welt von Elementen, die stärker als menschliche Kräfte sind, geplagt wird, sie auch Wesen einer höheren Natur besuchen – in solchen Stunden pflegte Margreth Barrett ihren Erinnerungen und ihrer Phantasie, oder beiden, ohne Rückhalt nachzugeben, und bei einer solchen Gelegenheit war es, wo sie umständlich erzählte, wie sie zu dieser gekrümmten Gestalt gekommen sei.

»Es war gerade unter allen Tagen im Jahr, der Tag vor dem Mai, wo ich hinaus in den Garten ging, die Kartoffel zu jäten. Ich wäre den Tag nicht herausgegangen, wäre ich nicht traurig und kummervoll gewesen und gerne für mich allein. Die Burschen und Mädchen im Haus lachten alle, scherzten und machten Bälle zum Schleudern oder Bänder zurecht für die Vermummten am folgenden Tage. Ich konnte das nicht ertragen. Eben erst die vergangenen Ostern, und die letzten Ostern waren es zehn Jahre, ich werde die Zeit niemals vergessen, hatte ich meinen armen Mann begraben und ich dachte daran, wie vergnügt und voller Freude ich war, so manches lange Jahr vorher eben an diesem Tage, als Robin neben mir saß und ich die Bänder für den Schleuderball schnitt und nähte, die ich den folgenden Tag den Burschen geben wollte mit dem stolzen Gefühl, allen Mädchen an den Ufern des Blackwaters vorgezogen zu werden von dem hübschesten und besten Schleuderer in dem Dorf. Ich verließ das Haus und ging in den Garten. Ich blieb da den ganzen Tag und kam nicht heim zum Essen. Ich weiß nicht, wie es war, und nur soviel, daß ich in kummervollen Gedanken immer fortfuhr zu jäten, einige von den alten Liedern singend, die ich aber und abermals in den Tagen gesungen habe, die nun dahin sind, vor dem, der nimmer zurückkehrt, sie anzuhören. Die Wahrheit zu sagen, es war mir unerträglich, hinzugehen und schweigend und finster zu Haus zu sitzen, unter Menschen, die lustig und jung waren und ihre besten Tage vor sich hatten. Es ward spät, ehe ich an die Heimkehr dachte und ich verließ den Garten erst einige Zeit nach Sonnenuntergang. Der Mond stand am Himmel, obgleich kein Wölkchen zu sehen war und hier und da ein Stern blinkte, so war der Tag noch nicht lang genug verschwunden, um helles Mondlicht zu haben; doch schien er hinlänglich, um auf einer Seite alle Dinge in des Himmels Licht bleich und silberfarbig zu machen und ein dünner Nebel begann soeben über die Felder hin zu ziehen. Auf der andern Seite, nach Sonnenuntergang zu, war noch mehr Tageslicht und der Himmel blickte ängstlich, rot und feurig durch die Bäume gleich als ob unten eine große Stadt in Brand aufloderte. Überall Schweigen, wie auf einem Kirchhof, nur dann und wann hörte man in der Ferne einen Hund bellen, oder eine eben gemelkte Kuh brüllen. Kein lebendes Wesen war zu sehen, weder auf dem Wege, noch auf dem Feld. Ich verwunderte mich erst, dann erinnerte ich mich, daß es der Abend vor dem Mai war und daß mancherlei, Gutes und Böses, in dieser Nacht umher schwärme und ich die Gefahren meiden müsse, wie jeder andre. Ich ging so rasch zu, als ich konnte und gelangte bald an das Ende der Mauer, die das Gut umgibt, wo die Bäume hoch und dicht auf jeder Seite des Wegs aufsteigen und sich meist mit den Wipfeln berühren. Mein Herz hatte ein Vorgefühl, als ich unter ihre Schatten kam. Die Öffnung oben ließ so viel Licht herab, daß ich einen Steinwurf weit vor mir sehen konnte. Plötzlich hörte ich in den Ästen auf der rechten Seite des Wegs ein Rascheln und sah etwas, das einem kleinen schwarzen Ziegenbock ähnlich war, nur mit langen, breiten Hörnern auswärts gerichtet statt rückwärts gekrümmt; es stand auf den Hinterfüßen am Rand der Mauer und schaute auf mich herab. Der Atem stockte mir, und ich konnte mich fast eine Minute lang nicht bewegen. Ich mußte, wie es auch zuging, meine Augen unverwandt dahin richten, aber es schaute immer starr auf mich herab. Endlich nahm ich mich zusammen und ging fort, aber ich hatte noch keine zehn Schritte getan, als ich dieselbe Erscheinung auf der Mauer zu meiner linken erblickte, genau in derselben Stellung, nur noch drei- oder viermal so hoch und beinahe so groß, als der größte Mann. Die Hörner sahen schrecklich aus, es starrte mich an, wie dort. Meine Beine zitterten, die Zähne schnatterten und ich glaubte jeden Augenblick ich würde tot hinfallen. Endlich war es mir, als wäre ich gezwungen zu gehen und ich ging wirklich fort, aber ich fühlte nicht, wie ich mich bewegte oder wie meine Beine mich forttrugen. Eben als ich an der Stelle vorbei kam, wo das entsetzliche Wesen stand, hörte ich ein Geräusch, als ob etwas die Mauer herabspränge und hatte ein Gefühl, als wenn ein schweres Tier auf mich stürzte, das mit den Vorderfüßen mich fest um die Schultern packend die Hinterfüße in meinen faltigen, zusammengesteckten Rock verwickelte. Ich verwunderte mich noch und werde es tun, solange ich lebe, wie ich die heftige Erschütterung ertragen habe, aber ich fiel weder, noch schwankte ich bei der Wucht, sondern ging darauflos, als hätte ich die Stärke von zehn Männern; jedoch fühlte ich, daß ich gezwungen war, mich fortzubewegen und nicht die Macht hatte, still zu stehen, wie ich es wünschte. Doch ich keuchte ängstlich, ich wußte was ich tat, so deutlich, als ich es in diesem Augenblick weiß; ich versuchte zu schreien, doch ich konnte es nicht, versuchte zu laufen, aber es war nicht möglich, versuchte rückwärts zu schauen, aber Kopf und Nacken waren wie in einen Schraubstock gespannt. Ich konnte nur meine Augen nach beiden Seiten hindrehen und dann erblickte ich so klar und deutlich, als wäre es in vollem Licht der lieben Sonne, einen schwarzen und gespaltenen Fuß fest auf meine Schulter gelegt. Ich hörte ein leises Atmen in meinem Ohr, ich fühlte, daß bei jedem Schritt, den ich tat, meine Beine an die Füße jener Kreatur stießen, die auf meinem Rücken hing. Endlich sah ich das Haus und es war mir ein willkommener Anblick, denn ich dachte, ich würde erlöst, wenn ich es erreichte. Ich kam bald nah an die Türe, doch sie war verschlossen, ich schaute nach dem kleinen Fenster, aber es war auch verschlossen, denn sie waren an diesem Abend vorsichtiger als ich; ich sah innen das Licht durch die Spalten in der Türe, ich hörte sie drinnen reden und lachen. Ich fühlte, nur drei Ellen weit war ich von denen entfernt, die alles würden aufgeboten haben, mich zu retten. Und möge Gott mich bewahren, noch einmal zu fühlen, was ich in jener Nacht gefühlt habe! Ich fand mich gehalten von etwas, das nicht gut sein konnte, ohne Macht mir zu helfen, oder meine Freunde anzurufen, oder meine Hand auszustrecken, um zu klopfen, oder nur meinen Fuß zu heben, um an die Türe zu stoßen und sie wissen zu lassen, daß ich außen wäre. Es war, als ob meine Hände an die Seite wüchsen oder meine Füße an den Boden geheftet wären, oder als hätte das Gewicht eines Felsen sie daran befestigt. Endlich dachte ich daran, mich zu bekreuzigen und meine rechte Hand, die sonst nichts tat, tat es für mich. Die Last blieb auf meinem Rücken und alles war wie zuvor. Ich bekreuzigte mich abermals, es war immer dasselbe. Ich gab mich für verloren, doch ich bekreuzigte mich zum drittenmal und meine Hand hatte nicht sobald das Zeichen vollendet, als ich fühlte, wie die Bürde von meinem Rücken sprang. Die Türe fuhr auf, als wenn der Donner sie einschlüge und ich stürzte vorwärts gerade auf die Stirne mitten in die Flur. Als ich wieder aufstand, war mein Rücken krumm, und ich konnte mich nicht wieder gerade aufrichten von jener Nacht an, bis zu dieser Stunde.«

Es entstand eine kleine Stille, als Margreth Barrett geendigt hatte. Diejenigen, welche die Geschichte schon kannten, hatten mit dem Ausdruck halb befriedigter Teilnahme, gemischt indessen mit jenem ernsthaften und feierlichen Gefühl, welches eine Erzählung übernatürlicher Wunder erregt, sooft sie auch erzählt wird, zugehört. Sich auf ihren Sitzen bewegend verließen sie die Stellung, in welcher sie während der Erzählung verharrt hatten und nahmen eine andre an, welche zu erkennen gab, daß ihre Neugierde in Beziehung auf die Ursache dieser seltsamen Begebenheit schon längst befriedigt war. Diejenigen aber, welche sie noch nicht gekannt hatten, behielten den Ausdruck und die Stellung gespannter Aufmerksamkeit und ängstlicher, aber feierlicher Erwartung. Ein Enkel der Margreth von etwa neun Jahren (doch kein Kind des Sohnes, bei welchem sie lebte), hatte noch nie die Geschichte gehört. So wie seine Aufmerksamkeit wuchs, drängte es sich immer fester an die Seite der alten Frau und beim Schluß schaute es unverwandt nach ihr hin, mit seinem Leib über ihre Knie zurückgebogen, und sein Gesicht zu ihr hinauf gerichtet, mit einem Ausdruck, in welchem die Neigung zu weinen mit der Neugierde zu kämpfen schien. Nach einem augenblicklichen Stillschweigen konnte es nicht länger seine Neugierde bezähmen, und ihre grauen Locken mit einem Händchen fassend, während Tränen der Furcht und des Erstaunens gerade von seinen Augenwimpern herab tröpfelten, rief es: »Großmutter, wer war das?« Margreth lächelte erst nach dem ältern Teil der Zuhörer, dann nach ihrem Enkel hin und ihm sanft über die Stirne streichelnd sagte sie: »Es war die Phuka!«

22. DIE VERWÜNSCHTE BURG

Ich hatte versprochen, die Weihnachten 1820 auf der Insel Bawn Horne in der Grafschaft Tipperary zuzubringen und war dort den achtzehnten Dezember von Dublin angelangt. Müde von der Reise blieb ich zwei Tage lang bei einem Buche, das mich anzog, ruhig am Kamin sitzen.

Als ich ausging, war der erste, der mir begegnete, der alte Schmied Pierce Grace, dessen Sohn mich auf die Jagd zu begleiten pflegte. »Willkommen hier zu Lande!« hub er an, »ich habe gestern den ganzen Tag darauf gehofft, Ew. Gnaden zu sehen.«

»Ich danke Euch, Pierce, ich bin bei der Frau vom Hause geblieben.«

»Das hörte ich«, antwortete er, »und getraute deshalb nicht, mich vor Euch zu zeigen. Johann ist bereit, Euch zu begleiten und hat Spur von einer großen Anzahl Vögel.«

Mit der Flinte in der Hand durchstreifte ich am folgenden Morgen die Umgegend und wurde von Johann, des alten Pierce Sohn, bedient. Nachdem wir einige Stunden umhergezogen waren, gelangten wir in ein gewundenes Tal, durch welches der Currihihn fließt, und erblickten die Burg von Ballinatotty, deren Grundmauern er bespült, in der Ferne.

Diese Burg ist noch immer gut erhalten und war vordem ein einigermaßen fester Platz. Hier hatte das mächtige und grausame Geschlecht O'Brian, das eine Geißel und ein Schrecken des Landes war, seinen Sitz. Die Sage hat die Namen von dreien Gliedern der Familie erhalten: Phelim mit der starken Hand, Morty mit der blutigen Hand, der Sohn, und Donough ohne Barmherzigkeit in der Finsternis, der Enkel, dessen Grausamkeiten die blutigen Taten seiner Vorfahren völlig in Schatten stellten. Von ihm wird erzählt, daß er auf einem seiner Raubzüge in das Gebiet eines benachbarten Stammhäuptlings alles, Mann und Kinder, mit dem Schwert umbrachte, die Frauen aber, nachdem sie auf seinen Befehl halb in die Erde eingegraben waren, von Bluthunden zerreißen ließ. »Gerade um seine Feinde in Furcht zu setzen«, fügte der Erzähler hinzu. Die Handlung jedoch, welche die heftigsten Verwünschungen auf ihn hervorrief, war der Mord seines Weibes, Helene mit dem Goldhaar, deren Schönheit und Freundlichkeit im ganzen Land gerühmt wurde. Sie war die Tochter des O'Kennedy von Lisnabonney Castle und schlug die angebotne Hand des Donough aus; in dieser Weigerung durch ihren Bruder Brian Oge (mit dem Beinamen der Überredende) unterstützt, wurde ihr vergönnt, unverheiratet bei ihrem Vater zu bleiben, dessen Tod sie von aller Furcht vor Zwang zu befreien schien. Doch ehe ein Monat verging, wurde Brian Oge von unbekannter Hand ermordet, bei welcher Gelegenheit Helene das gefühlvolle und wohlbekannte Trauerlied »mein Herz ist krank und schwer von Jammer« dichtete. Als sie von dem Leichenbegängnis ihres Bruders zurückkam, lauerte Donough dem Zuge auf; ihre Diener wurden niedergehauen und sie selbst sah sich genötigt, seine Frau zu werden. Helene kam zuletzt durch seine Hand um, indem er sie, der Sage nach, aus einem Bogenfenster herabstürzte, weil sie ihm mit dem Mord ihres Bruders belastet habe. Die Stelle, wo sie hinfiel, wird gezeigt und an dem Jahrestag ihres Todes, den zweiten Dienstag im August, glaubt man, besuche ihr Geist diese Stelle.

Ich gab meine Flinte ab und stieg hinauf, die Burg näher zu betrachten. Ein Fenster an der Südseite wird als dasjenige bezeichnet, aus welchem Helene sei herabgestürzt worden, doch ist es viel wahrscheinlicher, daß es von der Zinne darüber geschah, eines besondern Umstands wegen, es sind nämlich in dem Mauerwerk oben und unten regelmäßige Löcher sichtbar, woraus hervorgeht, daß zur Zeit der Erbauung Eisengitter eingefügt waren, mithin das Fenster nicht offen sein konnte.

Nachdem meine Neugierde befriedigt war, stand ich im Begriff, den Ort wieder zu verlassen, als ich eine Öffnung in einer Ecke nach Südosten bemerkte. Ich geriet in Versuchung nachzuforschen, und fand eine enge Steintreppe, welche zu einer Schlafkammer führte. Diese Kammer war von einem Dachshund und seiner ganzen jungen Brut besetzt. Gereizt durch mein Eindringen ging die Alte auf mich los und da ich ohne Mittel zur Verteidigung war, mußte ich mich schleunig zurückziehen. Wie weit mich das wütende Tier verfolgte, kann ich nicht sagen, denn bei meiner übereilten Flucht, als ich die zweite Steintreppe herabstieg, glitt mein Fuß aus und ich rollte durch eine breite Öffnung in einen Raum, der wahrscheinlich sonst als Behälter gedient hatte. Doch die Gefahr, in welche ich jetzt geriet, war viel größer, als jene, welcher ich entfloh, denn der Boden dieses Gemachs befand sich im höchsten Grad von Verfall. Eine Katze würde kaum ohne Gefahr darüber weggeschlichen sein und bei der Gewalt, mit welcher ich anlangte, konnte die vermoderte Oberfläche nicht mehr Widerstand leisten, als ein Spinnengeweb; ich stürzte hindurch und in die finstere Tiefe hinab. Eine Menge Fledermäuse, welche meine plötzliche Ankunft aufstörte, schwangen ihre Flügel und umschwirrten mich.

Als ich wieder zu Besinnung kam, drangen verwirrte Klänge menschlicher Stimmen in meine Ohren und ich unterschied darauf eine weibliche, welche mit dem Ton der liebreichsten Zärtlichkeit sagte: »Er ist gerettet! Er ist gerettet! Das Leben kehrt zurück!« Ich schlug die Augen auf und fand mein Haupt in dem Schoße eines Bauernmädchens von achtzehn Jahren liegen, welches meine Schläfe rieb. Gesundheit oder Besorgnis gaben ihren milden, aber ausdrucksvollen Zügen eine eigene Glut und ihr hellbraunes Haar war einfach über die Stirne gescheitelt. Auf einer Seite stand ein alter Mann, ihr Vater, mit einem Bund Schlüssel, und an der andern kniete Johanne Grace mit einer Schale gebranntem Wasser, welches sie anwendete, mich wieder zu mir selbst zu bringen. Ich blickte mich um und bemerkte, daß wir uns auf einem Felsen in der Nähe der Burg befanden und der Fluß zu unsern Füßen floß. Verschiedene Ausrufungen der Freude folgten und der alte Mann bestand darauf, als Johann die Schale wegschütten wollte, daß ich einen Schluck davon nähme; nachdem ich das getan und mich aufgerichtet hatte, dankte ich ihnen und bot eine geringe Belohnung in Geld an, doch sie wollten nichts nehmen. »Gewiß und wahrhaftig«, sagten sie, »wir hätten mit Freuden zehnmal so viel für Ew. Gnaden getan, ohne Belohnung oder Vergeltung.«

Ich fragte hierauf, wie sie mich gefunden hätten. »Da ich dachte«, antwortete Johann, »daß Ew. Gnaden sich einige Zeit in den Gängen und Ecken der Burg umsehen wollten, so machte ich die Runde, um mit Hannchen da ein wenig zu schwätzen und wie wir so über dieses und jenes redeten, und Hannchen mir gerade sagte, die Jungen, ihre Brüder, hätten im Fluß gefischt und einen ganzen Zuber voll großer Aale gefangen, und wenn ich dächte, der gnädigen Frau geschähe ein Gefallen damit, so könnte ich soviel davon nehmen, als ich Lust hätte und es sollte ihnen lieb sein; als wir ein gewaltiges Getöse und Krachen hörten. ›Was ist das?‹ rief ich. ›Ich denke‹, antwortete Hannchen, ›das alte, graue Pferd hat sich totgefallen oder es ist Paddy's spanischer Hund, der umher springt, es ist nicht zu sagen, was für Verdruß mir der macht; sie sind beide in dem Torfhaus neben uns.‹ Sie meinte den untern Teil der Burg, in welchen Cromwell Bresche schoß und neben welchem die Hütte stand.«

»Eben kam Thomas Hagerty daher und wir hörten einen Schrei. ›Das ist des Herrn Stimme‹, sagte ich, ›er ist durch die Flur gefallen.‹ ›Ach! wenn das ist‹, rief Thomas, ›so bin ich auf immer verloren. Noch vorigen Montag hieß mich mein Herr die Treppe herstellen, oder, sagte er, es könnte da jemand sich totstürzen und wahrhaftig, ich gedachte es morgen am Tag zu tun.‹ Wir holten ein Licht und sahen die Phukas, welche die Ursache eures Falls waren, in Gestalt von Fledermäusen fortfliegen, und da fanden wir Ew. Gnaden und Torf überall auf dem Platz, und gewiß und wahrhaftig, wenn ihr nicht zuerst darauf gefallen wärt, sondern auf die Knochen, die Paddy und Michael von der Hochzeit des jungen Herrn da aufgesammelt hatten, ihr wärt ganz zerschmettert. Wir alle waren in Eifer und Verwirrung über die verwünschten Phukas, die da waren, und wußten nicht, was wir anfangen sollten. Doch Hannchen gab den Rat, Euch an die frische Luft zu bringen und das taten wir auch und, Gott sei gedankt! unserer Sorge und Bemühung gelang es, Euch wieder ins Leben zu bringen, aber es dauerte verzweifelt lang und mir kam es vor, als sei es so gut als aus mit Euch.«

Das Land der Jugend

23. SPRINGWASSER

Wenn man aus der Stadt Cork geht, unweit der Galgenwiese, liegt ein großer See, auf dem sich winters das Volk mit Schlittschuhlaufen ergötzt, aber die Lust über dem Wasser ist nichts in Vergleich mit der, die darunter ist, denn auf dem Boden dieses Sees stehen Gebäude und Gärten, die prächtigsten, die man je gesehen. Wie sie dahin kamen, hat sich folgendermaßen zugetragen.

Lange bevor ein sächsischer Fuß irischen Grund betrat, lebte ein großer König namens Corc; sein Schloß stand da, wo jetzt der See ist, in einer grünen, meilenbreiten Aue. Mitten im Burghof befand sich ein Springbrunnen so reinen, klaren Wassers, daß es ein Wunder war. Der König freute sich auch nicht wenig, eine solche Merkwürdigkeit in seinem Schlosse zu besitzen; als aber die Leute in Haufen herbei kamen von fern und von nah, das köstliche Wasser dieses Brunnens zu schöpfen, fürchtete er, daß es mit der Zeit versiegen möchte. Er befahl eine hohe Mauer rundherum zu bauen und wollte niemand mehr zu dem Wasser lassen, was ein großer Schaden für die armen Leute war, die in der Gegend wohnten. So oft er aber selbst Wasser brauchte, sandte er seine Tochter hin, es zu holen und vertraute den Schlüssel zu der Quelltüre keinem seiner Diener, aus Besorgnis, sie könnten etwas davon weggeben.

Eines abends feierte der König ein großes Fest, viele Fürsten waren zugegen, Grafen und Edelleute ohne Zahl, das ganze Schloß war voll Herrlichkeit, Freudenfeuer stiegen in die Wolken auf, der Tanz drehte sich und so süße Musik ging dazu, daß sie die Toten aus ihren Gräbern hätte wecken mögen; Speisen standen für jeden bereit, der hereinkam und niemand wurde von dem Schloßtor zurückgewiesen, jedem rief der Pförtner »willkommen, herzlich willkommen!« entgegen.

Nun geschah es aber, daß bei diesem großen Feste auch ein junger Prinz erschienen war, lieblich von Ansehen, so schlank und gerade, wie sich ihn nur ein Auge wünschen möchte zu erblicken. Recht lustig tanzte er den Abend mit des alten Königs Tochter auf und nieder, federleicht und die Füße so zierlich setzend, daß es allgemeine Bewunderung auf sich zog. Die Musikanten spielten aufs beste, um einem solchen Tanze Ehre zu machen und jene tanzten, als stände ihr Leben darauf. Nach dem Tanz folgte das Abendessen, der junge Prinz saß seiner schönen Tänzerin zur Seite und so oft er mit ihr sprach, lächelte sie ihm zu, er tat es aber lange nicht so oft, als sie wünschte, denn er mußte sich vielmals zu der Gesellschaft umdrehen und für die Komplimente danken, die seiner schönen Tischgefährtin und ihm gemacht wurden.

Mitten in der Mahlzeit sagte einer von den großen Herrn zu dem König Corc: »Mit eurer Majestät Erlaubnis, alles ist hier im Überfluß, was das Herz sich wünschen mag, beides zu essen und zu trinken, nur kein Wasser.«

»Wasser!« sagte der König mit Wohlgefallen darüber, daß jemand das forderte, woran absichtlich Mangel gelassen war: »Wasser sollt ihr gleich haben und von so köstlicher Art, daß ich die ganze Welt auffordere, ein gleiches vorzuweisen. Tochter«, rief er, »geh, hole welches, in dem Goldeimer, den ich dazu habe machen lassen.«

Die Königstochter, welche Fior Usga (Springwasser) hieß, schien eben nicht zufrieden damit, heute vor so vielen Leuten diese gemeine Hausarbeit zu übernehmen. Sie wagte nicht ihres Vaters Geheiß zu widerstreben, aber sie zögerte, auf den Boden schauend. Der König, welcher seine Tochter sehr liebte, merkte ihre Verlegenheit und es tat ihm leid, daß er es von ihr begehrt hatte, doch sein königliches Wort durfte er nicht zurücknehmen, er sann auf ein Mittel, sie gleich dahin zu bringen, daß sie das Wasser holte und fiel auf den Gedanken, der Prinz, ihr Tischgesell solle sie begleiten. Mit lauter Stimme sagte er: »Meine Tochter, mich wundert nicht, daß du dich fürchtest allein auszugehen so spät in der Nacht, der junge Prinz dir zur Seite, hoffe ich, wird dich begleiten.« Der Prinz hörte das mit Vergnügen und den Goldeimer an die eine Hand nehmend, mit der andern die Königstochter aus dem Saal führend, zog er die Blicke aller Gäste auf sich.

Als sie zu dem Wasserbrunnen im Schloßhof kamen, schloß die schöne Usga das Tor sorgfältig auf, bückte sich mit dem Goldeimer und wollte Wasser schöpfen, aber das Gefäß wurde ihr so schwer, daß sie das Gleichgewicht verlor und in den Brunnen stürzte. Vergeblich strebte der junge Prinz sie zu retten, das Wasser stieg und stieg so mächtig, daß es schnell den ganzen Schloßhof einnahm, außer sich eilte er zurück zu dem König.

Das Brunnentor war offen geblieben und das lang verschloßne Wasser, froh über die erlangte Freiheit, rauschte unablässig herein, stieg jeden Augenblick höher und war in dem Gastsaal so schnell wie der junge Prinz selbst, dergestalt, daß, wie er versuchte mit dem König zu reden, er bis an den Hals im Wasser stand. In die Länge stieg das Wasser zu solcher Höhe, daß es die ganze grüne Aue, in welcher des Königs Schloß lag, erfüllte und so wurde der jetzige See von Cork gebildet.

Aber der König und seine Gäste ertranken nicht, noch seine Tochter, die schöne Usga, sondern die nächste Nacht nach dem schreckenvollen Ereignis kehrte sie zum Festgelag zurück und seitdem jede Nacht geht das Fest und der Tanz an in dem Boden des Sees und wird so lange dauern, bis es einem gelingt, den Goldeimer heraus zu bringen, der die Ursache des Unheils war.

Und niemand kann zweifeln, daß dies Gericht darum über den König erging, weil er den Brunnen im Schloßhof den armen Leuten verschlossen hatte. Wer aber der Sage nicht glaubt, gehe hin an den See, wenn das Wasser niedrig und hell steht, so wird er mit guten Augen die Turmspitzen und andere Häuser in der Tiefe erblicken.

24. DER SEE CORRIB

Nicht weit von dem See Corrib in der Grafschaft Galway lebte ein junges Paar, Cormak und Marie, die sich zärtlich liebten und deren Glück nichts im Wege zu stehen schien. Ihr Hochzeitstag war schon bestimmt, als Marie plötzlich verschwand, niemand wußte wohin. Sie war ausgegangen und abends zu der gewöhnlichen Stunde nicht wieder nach Haus gekommen, und als ihre Eltern, während Sorge und Angst jede Minute wuchs, vergeblich die ganze Nacht auf sie gewartet und auch der helle Morgen ihr geliebtes Kind nicht zurückgeführt hatte, so gaben sie alle Hoffnung auf; und der nagende Schmerz über ihren Verlust wurde noch geschärft durch den Gedanken, daß ein Sturz in Abgründe oder sonst ein jämmerlicher, qualvoller Tod ihrem jungen Leben ein Ende gemacht habe.

Wer vermag Cormaks Schmerz und Verzweiflung zu beschreiben! Er irrte weit und breit umher, die heimlichsten und unzugänglichsten Orte suchte er auf, doch es schien, wenn auch Wald und Feld, Bäume, Blumen und Steine die Sprache erhalten hätten, sie würden nichts von ihr haben sagen können; kein lebendes Wesen hatte sie erblickt und alle Spur von ihrem Dasein war verschwunden.

Von nun an ging er jeden Abend hinaus zu dem See Corrib, setzte sich auf die Felsen am Ufer, wo die wildesten und traurigsten Gedanken, wahnsinnige Wut und lebloses Erstarren, sich abwechselnd seiner Seele bemächtigten und sie in immer tiefere Verwirrung senkten.

»Nein, sie ist nicht tot!« rief er aus, »sie lebt, das dunkle Grab hat kein Verlangen nach dieser reinen Taube, die schneeweiß und unschuldig ist und ohne Sünde; der Tod zielt nur nach jenen, deren Seele gereinigt werden soll. Sie lebt hier unter dem Wasser des Corribs, bei jeder Welle, die daher rauscht, höre ich ihre Stimme und vernehme die Lieder, die ich sie selbst gelehrt habe. Kalt ist der Felsen, auf dem ich sitze, frostig wehen die Winde mich an, Nebel bedeckt das dunkle Gewässer, aber ihr Herz ist noch kälter! Warum kehrt sie nicht zu mir zurück? Ach! harte, entsetzliche Zauberworte halten sie gebannt!«

Einmal lag der See in der tiefsten Ruhe. Nur eine einzige weiße Welle rollte sanft darüber hin. Sie kam näher und näher bis zu Cormaks Sitze. Da schien es ihm, als entwickle sich daraus ein ganzer Zug wunderbarer Gestalten. Der Vollmond leuchtete so hell darüber hin, daß er imstand war, sie deutlich zu unterscheiden, und doch waren die Gestalten so zart und luftig, daß der Strahl des Mondes ungehindert durch sie drang. Vor ihnen entfaltete sich flatternd eine Fahne, dann folgte ein langer Zug in prächtiger Rüstung, Helme und Speere leuchteten in höchstem Glanz und deutlich war zu sehen, wie der Widerschein davon auf dem leicht zitternden Wasserspiegel in beständiger Bewegung hin und her schwankte. Sie saßen auf geschmückten Rossen, welche auf dieser pfadlosen Bahn in die Höhe stiegen und wild sich bäumten, während über ihren Häuptern wallende Düfte hingen, deren Säume in den Farben des Regenbogens schimmerten. Rührte ein leiser Wind daran, so lösten sich schillernde Flöckchen ab und zitterten in dem sanften Luftstrom. Kein Schweigen herrschte, es erhob sich ein langsamer, feierlicher Gesang, dessen Töne in unaussprechlicher Süßigkeit leis und doch mächtig heranschwollen. Bei diesem Gesang bewegte sich die ganz luftige Schar in anmutiger Leichtigkeit.

Cormak saß und starrte die Erscheinung an, seine betäubten Sinne wußten nicht, ob er sich selbst mit diesem Blendwerk täusche, oder ob es wirklich vor ihm nach dem Takt der Musik auf- und abwalle, bald in höchster Lust anschwellend, bald dahinsterbend, als spotte es seiner.

Endlich sich ermannend rief er mit lauter Stimme: »Christ, rette ihre Seele!« und kaum war der geheiligte Namen über seine Lippen gekommen, als ein furchtbares Geheul und teuflisches Geschrei antwortete und die ganze Erscheinung verschwand. Neben ihm am Ufer stand Marie, schöner als je, frei durch das eine Wort von aller Macht des Zaubers und ihm zu neuem Leben und neuer Liebe zurückgegeben.

25. DIE KUH MIT DEN SIEBEN FÄRSEN

Lorenz Cotter besaß ein kleines Gut in der Gegend von dem See Gur und gedieh dabei, denn er war ein guter, fleißiger Mann, der bis an seinen Tod still und ruhig darauf gelebt haben würde, wenn ihn nicht ein Unglück betroffen hätte, von dem ihr sogleich hören sollt. Nah am Wasser gehörte ihm ein feines Stück Wiesenland, wie man es sich nicht besser wünschen kann, um dessen Ertrag er aber schmählich gebracht wurde und niemand konnte sagen, durch wen. Ein Jahr um das andere fand es sich immer auf dieselbe Weise zu Grund gerichtet. Die Einfriedigung war im gehörigen Stand und kein Grenzstein verrückt; des Nachbars Vieh konnte keinen Schaden gestiftet haben, denn es war gekoppelt; aber wie es nun geschehen mochte, das Gras auf der Wiese wurde zu großem Verluste Lorenz völlig verdorben.

»Was in der weiten Welt soll ich nur anfangen?« sagte Lorenz Cotter zu Thomas Welch, seinem Nachbar, einem ehrsamen Mann: »Das bißchen Wiese, wofür ich schwere Abgaben entrichten muß, bringt mir so viel wie nichts ein und die Zeiten sind bitter schlecht genug, sie brauchten nicht noch schlimmer zu werden.«

»Ihr redet wahr, Lorenz« versetzte Welch, »die Zeiten sind bitter schlecht, aber ich glaube, wenn ihr bei Nacht wachen wolltet, ihr könntet bald dahinter kommen; Michel und Diether, meine beiden Jungen, sollen mit euch wachen, es ist zum

Erbarmen, daß ein so ehrlicher Mann, wie ihr seid, auf so schimpfliche Weise zugrunde gehen sollte.«

Dieser Übereinkunft gemäß nahmen die folgende Nacht Lorenz Cotter und Welch's beide Söhne ihren Posten in einer Ecke der Wiese. Es war eben Vollmond, der sein Licht über den ruhigen See ergoß, kein Wölkchen war am Himmel zu sehen, kein Laut zu hören, als der Schrei der Wachteln, die sich einander über das Wasser hin zuriefen.

»Jungen, Jungen!« sagte Lorenz, »schaut auf, schaut auf, aber ums Leben macht kein Geräusch und rührt euch keinen Schritt, bis ich das Wort sage.«

Sie schauten und sahen eine dicke fette Kuh in Begleitung von sieben milchweißen Färsen über die glatte Fläche des Sees sich nach der Wiese zu bewegen.

»Das ist nicht Tim Dwyers, des Pfeifers Kuh, die sich alles Fleisch von den Knochen getanzt hat«, flüsterte Michel zu seinem Bruder.

»Ihr Jungen«, sprach jetzt Lorenz Cotter, der die saubere Kuh mit ihren sieben weißen Färsen schönstens auf der Wiese angelangt sah, »sucht mir zwischen sie und den See zu kommen, wir wollen sie geradezu in den Pfandstall treiben, gleichviel wem sie gehören.«

Die Kuh mußte aber diese Worte vernommen haben, denn augenblicklich wendete sie sich in größter Eile zu dem Ufer des Sees und sprang hinein vor ihrer aller Augen; hinter ihr liefen die sieben Färsen, doch die Jungen gewannen ihnen den Vorsprung ab und hatten große Mühe, sie von dem See weg zu Lorenz Cotter hinzutreiben.

Lorenz trieb die sieben Färsen in den Pfandstall, es waren prächtige Tiere, und nachdem er sie daselbst drei Tage lang gehalten hatte, ohne daß sich ein Eigentümer meldete, so nahm er sie heraus und brachte sie auf eines seiner Grundstücke. Sie wuchsen und gediehen mächtig, bis in einer Nacht das Gatter offen gelassen wurde und des morgens die sieben Färsen fort waren. Lorenz konnte nichts wieder von ihnen in

Erfahrung bringen und ohne Zweifel waren sie in den See zurück gegangen. Woher sie nun kamen und welcher Welt sie zugehörten, Lorenz bekam ihretwegen kein Hälmchen Gras mehr von der Wiese. Aus Verdruß gab er sich ans Trinken und der Trunk, sagt man, hat ihn getötet.

26. DER VERZAUBERTE SEE

Im westlichen Irland war ein See und ohne Zweifel ist er noch daselbst, in dem zu verschiednen Zeiten mehrere junge Leute ertranken. Was dieses Ereignis besonders merkwürdig machte, war, daß man die Leichname der Ertrunkenen niemals wieder fand. Das Volk geriet darüber in Verwunderung und allmählich erlangte der See einen schlimmen Ruf. Schreckvolle Geschichten wurden erzählt, einige behaupteten, in dunkler Nacht leuchteten die Fluten wie Feuer, andere wollten schauerliche Gestalten über den See haben gleiten sehen, jedermann gab zu, daß ein seltsamer Schwefelgeruch aus ihm hervorsteige.

Es lebte in geringer Entfernung von diesem See ein junger Pächter namens Roderich Keating, Bräutigam mit einem der schönsten Mädchen der ganzen Gegend. Eben war er von Limerick, wo er einen Trauring gekauft hatte, im Geleit zweier oder dreier von seiner Bekanntschaft zurückkehrend, an dem Gestade des Sees angelangt, als diese mit ihm über Gretchen Honan ihren Scherz zu treiben begannen. Einer erwähnte sogar, daß der junge Delaney, ein Nebenbuhler, in des Bräutigams Abwesenheit um die Gunst der Geliebten würbe; aber Roderigs Vertrauen auf seine Verlobte war so fest, daß er, ohne im geringsten durch diese Rede beunruhigt zu werden, mit der Hand in die Tasche griff, den Trauring hervorzog und ihn bedeutungsvoll umherblickend in die Höhe hielt. Indem er so den Ring, als ein wahres Siegeszeichen zwischen Zeigefinger und Daumen umdrehte, entfiel er seiner Hand und rollte in den See hinab. Roderich sah ihm mit der höchsten Bestürzung nach, weniger seines Wertes, obgleich er eine halbe Guinee dafür gegeben hatte, als der schlimmen Vorbedeutung wegen; das Wasser war so tief, daß man des Rings schwerlich wieder habhaft werden konnte. Seine Gefährten lachten ihn aus; vergeblich suchte er durch das Anerbieten ansehnlicher Belohnung sie zu bewegen, nach dem Ring unterzutauchen, sie waren sowenig zu dem Wagstücke geneigt, als Roderich selbst; die Erzählungen, die sie als Kinder vernommen hatten, schwebten ihrem Gedächtnis vor und abergläubische Furcht erfüllte die Brust eines jeden.

»Muß ich also nach Limerick umkehren einen andern Ring zu kaufen?« rief der junge Pächter, »zehnmal soviel als der Ring kostet, will es keiner darum wagen?«

Unter den Umstehenden befand sich ein Mensch, den man allgemein für blödsinnig und nicht recht bei Troste hielt, er war aber unschuldig wie ein Kind und pflegte in der Gegend hin und her von einem Ort zum andern zu gehen. Als er so ansehnlichen Lohn ausrufen hörte, erklärte Paddin, denn das war sein Name, wolle ihm Roderich Keating geben, was er den andern verheißen hätte, so getraue er sich wohl nach dem Ring unterzutauchen. Und Paddin schaute, während er sprach, eben so begierig nach der Lustfahrt hin als nach dem Geld.

»Ich halte dich beim Wort« sprach Roderich und augenblicklich seinen Rock abziehend, ohne weiter eine einzige Silbe zu verlieren, stürzte sich Paddin häuptlings in den See. Wie tief er hinein kam, läßt sich nicht genau berichten, aber er ging und ging und ging durch das Wasser fort, bis das Wasser vor ihm wich und er auf ein trockenes Land gelangte. Himmel, Luft, Tageslicht und alles andere waren da gerade so wie hier bei uns; er sah einen reizenden Grund, wodurch ein zierlicher Weg führte nach einem großen, mit stattlichen Treppen umgebenen Hause. Sobald er sich von seinem Staunen erholt hatte, unter dem Wasser so trocknes und anmutiges Land zu finden, schaute er genauer um und was sollte er anders erblicken, als die ertrunkenen Jünglinge, die sich in diesem Lustort beschäftigten, als wäre ihnen niemals ein Übel zugestoßen. Einige mähten Gras, einige schafften Kiessand auf den Weg oder taten andere leichte Arbeiten, und vollbrachten alles auf so gute Art und so munter, als wären sie niemals ertrunken. Dann sangen sie mit großer Lust Lieder, worin sie die Frau vom Hause wegen ihrer Schönheit und ihres Reichtums priesen, wogegen nichts in der Welt bestehen könne. Paddin konnte sich nicht enthalten, ihnen zuzusehen, einige darunter, bevor sie im See ertrunken waren, hatte er gut gekannt; aber er war stumm wie ein Fisch, dachte dafür sein Teil, und kein Sterbenswörtchen kam über seine Lippen. So ging er nach dem großen Haus zu, ganz unbefangen, als habe er nichts gesehen, was der Rede wert gewesen, dabei wünschte er gar sehr, zu wissen, wer die junge Frau wäre, von welcher die jungen Männer in ihrem Gesang so viel Wesens gemacht hatten.

Als er nah zu dem Tor des großen Hauses gelangt war, trat aus der Küche eine gewaltig dicke Frau heraus, wie eine Biertonne auf zwei Beinen. Daher bewegte sie sich und Zähne ragten aus ihrem Munde, nicht geringer als Pferdezähne.

Sie kam auf ihn zu und sagte: »Guten Morgen, Paddin.«

»Guten Morgen, Frau«, antwortete er.

»Was bringt Euch hierher?« fragte sie.

»Ich komme wegen Roderichs Keatings Goldring.«

»Hier ist er«, sagte Paddins dicke Freundin, mit einem Lächeln auf ihrem Gesicht, das sich bewegte, wie kochender Haferbrei.

»Ich danke Euch«, antwortete Paddin und nahm den Ring aus ihrer Hand. »Es ist nicht nötig, daß ich hinzufüge, der Herr gebe Euch sein Gedeihen! Denn ihr seid bereits wohlbeleibt genug. Aber wollt Ihr so gut sein und mir sagen, führt der Weg, auf welchem ich gekommen bin, auch wieder zurück?«

»Kamt Ihr denn nicht, mich zu heiraten?« schrie die dicke Frau ganz außer sich.

»Diesmal nicht, mein Schatz, wann ich wiederkomme«, antwortete Paddin. »Ich werde für meinen Gang hierher gut bezahlt und muß machen, daß ich Antwort bringe, oder die werden Wunder denken, was aus mir geworden sei.

»Bekümmert Euch um kein Geld«, sagte die dicke Frau, »wenn Ihr mich heiratet, so sollt Ihr für euer Lebtag in dem Haus wohnen und an nichts Mangel leiden.«

Paddin sah deutlich, daß, da er einmal im Besitz des Ringes sei, die dicke Frau weiter keine Gewalt habe, ihn zurückzuhalten. Ohne also länger auf ihre Worte zu achten, wandelte er ganz gelassen den Gang wieder herab und schaute sich dabei um; denn er hatte, die Wahrheit zu sagen, keine sonderliche Lust, die dicke Hexe zu heiraten. Als er zu dem Gatter kam, stürzte er, ohne nur guten Tag zu sagen, hinaus und fand das Wasser, welches ihm entgegen kam. Er sprang hinein und arbeitete sich in die Höhe und es war wunderbar genug, da man den Paddin nach der entgegengesetzten Seite des Sees hatte wegschwimmen sehen; doch er gelangte bald ans Ufer und erzählte dem Roderich Keating und den andern Burschen, die da standen und auf ihn gewartet hatten, alles was ihm begegnet war. Roderich zahlte ihm auf der Stelle fünf Guineen für diesen Ring und mit diesem Geld in der Tasche deuchte sich Paddin so reich, daß er nicht Lust hatte zurückzukehren und die dicke Frau zu heiraten, die in dem Grund des Sees in dem schönen Hause saß. Er dachte, sie hat ja unter der Menge junger Leute die Wahl, wenn ihr die Lust ankommen sollte, einen Mann zu nehmen.

27. DIE ERSCHEINUNG DES O'DONOGHUE

Ehemals zu einer Zeit, die schon so lange dahingeschwunden ist, daß sie nicht genau mehr kann bestimmt werden, herrschte in dem Land, welches den reizenden See Lean, der jetzt See von Killarney heißt, umgibt, ein Fürst namens O'Donoghue. Weisheit, Wohlwollen und Gerechtigkeit zeichneten seine Regierung aus, Glück und Wohlfahrt seiner Untertanen waren die natürlichen Folgen davon. Er soll eben so berühmt geworden sein durch Heldentaten im Krieg, als durch Tugenden des Friedens und zum Beweis, daß die Milde seiner Regierung der Strenge keinen Abbruch tat, wird Fremden eine Felseninsel gezeigt, die O'Donoghue's Gefängnis heißt, weil er einmal seinen eigenen Sohn wegen eines unordentlichen und ungehorsamen Betrages dahin verwies.

Sein Ende, denn man kann nicht eigentlich sagen sein Tod, war seltsam und geheimnisreich. Auf einem jener glänzenden Feste, die seinen Hof verherrlichten, umgeben von seinen ausgezeichnetsten Untertanen, kam ein prophetischer Geist über ihn und er sagte voraus, was in den zukünftigen Zeiten geschehen würde. Seine Zuhörer horchten, bald von Staunen ergriffen, bald in Unwillen entbrannt, bald glühend vor Scham oder von Kummer gebeugt, je nachdem er die Tapferkeit, die Ungerechtigkeiten, die Verbrechen und das Elend ihrer Nachkommen offen verkündigte. Mitten in diesen Prophezeiungen erhob er sich langsam von seinem Sitz, bewegte sich in feierlichen, gemessenen und majestätischen Schritten nach dem Ufer des Sees und ging ruhig auf der Oberfläche des Wassers fort, das unter seinen Füßen nicht wich. Als er beinahe die Mitte erreicht hatte, blieb er einen Augenblick stehen, dann kehrte er sich langsam um, schaute zurück nach seinen Freunden und die Arme gegen sie bewegend, wie wenn jemand mit liebreicher Gebärde einen kurzen Abschied nimmt, entschwand er ihren Blicken.

Das Andenken an den guten O'Donoghue ist von den folgenden Geschlechtern sorgsam und mit Ehrfurcht bewahrt worden. Man glaubt, jedesmal am ersten Mai, dem Jahrestage seines Scheidens, morgens bei Sonnenaufgang, komme er wieder, sein altes Reich zu besuchen. Nur wenigen Begünstigten ist in der Regel vergönnt, ihn zu sehen und wem diese Auszeichnung zuteil wird, der betrachtet sie als eine glückliche Vorbedeutung. Ist es vielen gestattet, so gilt es als sicheres Zeichen reichlicher Ernte, ein Segen, dessen Mangel während der Regierung dieses Fürsten von seinem Volke niemals gefühlt wurde.

Einige Jahre waren verstrichen seit der letzten Erscheinung des O'Donoghue. Der April war diesmal auffallend wild und stürmisch gewesen, doch am Morgen des ersten Mais hatte sich die Wut der Elemente gelegt. Die Luft wehte sanft und still und der Himmel, der sich in dem reinen See spiegelte, glich einem schönen doch trügenden Antlitz, dessen Lächeln nach den heftigsten Bewegungen den Unkundigen zu glauben verleitet, daß es einer Seele angehöre, die noch von keiner Leidenschaft sei zerrissen worden.

Die ersten Strahlen der aufsteigenden Sonne vergoldeten eben den hohen Gipfel des Glenaa, als das Gewässer bei dem östlichen Ufer des Sees plötzlich und heftig bewegt wurde, obgleich der übrige Teil seines Spiegels ruhig und still lag, wie ein Grabmal von geglättetem Marmor. Im nächsten Augenblick schoß eine schäumende Welle vorwärts und glich einem stolzen Streitroß mit hoch gekämmten Mähnen; übermütig in ihrer Kraft, rauschte sie über den See nach dem Tumies Gebürge hin. Hinter dieser Woge erschien ein herrlicher, völlig bewaffneter Krieger, auf einem milchweißen Pferde sitzend. Schneeige Federn wallten prächtig von einem Helm aus glänzendem Stahl und über seinen Rücken flatterte eine hellblaue Binde. Das Roß, sichtbar stolz auf seine edle Last, sprang hinter der Welle auf dem Wasser daher, welches ihn wie festes Land trug, während Bogen von Schaum, der glänzend in der Morgensonne schimmerte, bei jedem Sprunge aufsprützten.

Der Krieger war O'Donoghue. Hinter ihm her kam eine zahllose Menge Jünglinge und Mädchen, welche sich leicht und ohne Anstrengung auf der Oberfläche des Sees bewegten, wie Elfen im Mondschein über luftige Gefilde dahingleiten. Sie waren durch Gewinde köstlicher Frühlingsblumen verbunden und ihre Schritte folgten dem Takte einer bezaubernden Melodie. Als O'Donoghue beinahe die westliche Seite des Sees erreicht hatte, wendete er plötzlich das Pferd und richtete seinen Lauf längs dem waldbekränzten Gestade von Glenaa hin, vor ihm her die mächtige Woge, die wallend bis zu dem Nacken des Pferdes aufschäumte, dessen feurige Nüstern darüber weg schnaubten. Der lange Zug der Diener folgte mit lustigen Seitensprüngen der Spur des Führers und bewegte sich in unermüdlicher Lebhaftigkeit nach den Akkorden der himmlischen Musik, bis sie nach und nach, bei ihrem Eintritt in die schmale Enge zwischen Glenaa und Dinis in die Nebel, welche allezeit über einem Teil der See schweben, eingehüllt wurden und vor den Augen der staunenden Zuschauer erblaßten. Doch die Töne der Musik erreichten immer noch ihre Ohren, und das Echo, welches diese melodischen Weisen erfaßte, wiederholte sie eifrig und verlängerte sie in immer sanftern Klängen, bis endlich der letzte, schwache Laut dahin starb und die Zuhörer wie aus einem seligen Traum erwachten.

Anmerkungen

1. Das weiße Kalb

Der Berg wird im Irischen Knocksheogowna genannt, welches wörtlich übersetzt der Berg des Elfenkalbs heißt. Die seltsamen und auffallenden Erscheinungen wie z. B. der Lachs mit der Halsbinde, sind kein Zusatz, sondern genau nach den mündlichen Erzählungen beibehalten und dienen zugleich als Beispiel von der wunderlichen Einbildungskraft der Einwohner; es gibt ein im südlichen Irland wohlbekanntes Lied von Castle Hyde, in welchem sogar vorkommt: »die Forelle und der Lachs spielten im Brett zusammen.«

Das Märchen hat Verwandtschaft mit dem deutschen von dem Jungen, der nicht weiß, was Fürchten ist und den durchaus kein Hexenspuk in Schrecken setzen kann, weniger in der Fabel als im Charakter. S. Hausmärchen Nr. 4 und die Anmerkungen dazu.

2. Die erzürnten Elfen

Knockfierna heißt soviel als: Berg der Wahrheit, des Rechts und diesen Sinn setzt auch die Redensart voraus: »geh nach Knockfierna und du wirst sehen, wer Recht hat!« welche gewöhnlich gebraucht wird, wenn sich jemand durchaus nicht will überzeugen lassen.

Die literary gazette vom 11ten Septbr. 1824 erzählt diese Sage auch, doch nicht ganz genau, so wie sie in der Erklärung des Namens irrt, den sie »Berg der Elfen« übersetzt.

Caroll O'Daly ist in den irischen Sagen und Liedern wohl bekannt, wie überhaupt sein Geschlecht wegen seines Muts und der Geschicklichkeit in der Bardenkunst berühmt war. Er soll eine Volksmelodie erfunden und gesungen haben bei einer Begebenheit, welche in dem Leben von Cormac Common erzählt ist, welches man in Walkers Abhandlung über die irischen Barden findet. Ein beliebtes irisches Lied besingt, was ihm an den Ufern des Sees Lean (von Killarney) mit einer Sheban oder einem weiblichen Geist begegnet ist. Eine andre Erzählung von ihm in Miss Brooke's Relics of irish poetry p. 13, wovon wahrscheinlich ein irisches Manuskript vorhanden ist, welches zu der schottischen Ballade of the Gay Goss Hawk in der Sammlung von Walter Scott (II. 273.) angeführt wird.

3. Fingerhütchen

Knockgrafton, nach der Aussprache des Volks, sollte O'Briens irischem Wörterbuch zufolge vielmehr Knockgraffan oder Raffan geschrieben sein; daselbst wird auch bemerkt, daß dies in alten Zeiten ein Haus der Könige von Munster gewesen und hierhin der berühmte Cormac Mac Airt als Gefangener sei gebracht worden.

Die Worte des einfachen Gesanges bezeichnen die Wochentage: Montag, Dienstag und Mittwoch und müßten eigentlich geschrieben sein: Dia Luain, Dia Mairt, agus Dia Ceadaoine.

Die Melodie, welche hier folgt, hat A. D. Roche aufgezeichnet, sie ist ohne Zweifel alt und wird gemeinlich von jedem geschickten Erzähler gesungen, um den Eindruck zu erhöhen:

Unter Fingerhut (lusmore, wörtlich: das große Kraut) ist die zierliche pupurea digitalis gemeint, welche das Volk Elfenkäppchen nennt, weil die Mützen der Elfen ihren Blüten ähnlich sein sollen. Mit dieser Pflanze ist noch mancher Aberglaube verbunden, namentlich soll sie überirdische Wesen grüßen, indem sie zum Zeichen der Anerkenntnis ihren hohen Stengel beuge.

Es gehört zu jener Reihe von Märchen, in welchen dargestellt wird, daß die Geister nur den Guten Glück gewähren, und dem Bösen dieselbe Gunst, wenn er sie fordert, zum Bösen ausschlägt. Vergl. die Anmerkungen im 3ten B. der Hausmärchen, S. 155.

4. Die Mahlzeit des Geistlichen

Thiele in dem 4ten Band der dänischen Volkssagen erzählt eine ähnliche Geschichte. In einer Nacht reiste ein Geistlicher nach Rothschild auf Seeland und der Weg führte an einem Berg vorbei, in welchem Tanz und Musik war und man sich sehr lustig machte. Einige Zwerge sprangen plötzlich heraus, hielten den Wagen an und fragten den Geistlichen:

»Wo willst du hin?« »Auf die Kirchenversammlung«, antwortete er. Sie fragten ihn, ob er glaube, daß sie selig würden. Er erwiderte, daß er hierüber sogleich Entscheidung nicht geben könne. Hierauf baten sie ihn, er möge übers Jahr ihnen die Antwort mitteilen. Als sie bei seiner Rückkehr dieselbe Frage taten, versetzte er: »Nein, Ihr seid alle verdammt!« Kaum hatte er das Wort gesprochen, so stand der ganze Berg in Flammen.

Aus dem schottischen Hochland enthält Stewarts Werk gleichfalls diese Sage S. 58-62. Ein frommer Geistlicher hatte einem Sterbenden Beistand geleistet und mußte spät in der Nacht auf dem Heimweg durch eine Gegend, in welcher die Elfen hausten. Der Weg ging eine Strecke neben einem See her, als er an das Ende desselben kam, wurde er von einer melodischen Musik überrascht. Vergnügen und Neugierde bewogen ihn, stillzustehen, bald kam die Musik und ein Licht näher und über den See zu ihm her und er unterschied eine Gestalt, die auf der Oberfläche des Wassers daherschritt, von einer Menge kleiner Musikanten umgeben, wovon ein Teil Lichter trug, der andre musikalische Instrumente, auf welchen sie spielten. Der Anführer entließ seine Diener und betrat das Ufer. Es war ein kleiner Mann mit grauem Haar und seltsamer Kleidung. Er trat grüßend zu dem Geistlichen, der ihn einlud sich neben ihn zu setzen und fragte: »Wer bist du, Fremder, und wo kommst du her?« Er antwortete, er sei einer aus dem guten Volk, doch der umgekehrte Name würde schicklicher sein. Ursprünglich ein Engel und des Lichtes teilhaftig, habe er sich von dem Teufel verführen lassen und sei zur Strafe mit einer unzähligen Menge seinesgleichen herabgeworfen worden, um über Seen und Berge zu wandern bis zu dem großen Tage des Gerichts; sie wüßten nicht, was ihr Schickal sein würde, aber sie fürchteten das schlimmste. Er fragte hierauf mit Ängstlichkeit den Geistlichen, was seine Meinung sei. Dieser ließ sich in eine lange Unterredung mit dem Elfen ein, welcher ihm das Unser Vater hersagen mußte, wo er aber nicht aussprechen konnte: »der du bist im Himmel«, sondern sprach: »der du warst«; zuletzt gestand der Geistliche, daß er es nicht wage, ihm Hoffnung zu einer Verzeihung zu machen, weil ihr Verbrechen zu groß sei. Hierauf stieß der unglückliche Elfe einen Schrei der Verzweifelung aus und stürzte sich kopfüber in den See.

5. *Der kleine Sackpfeifer*

Wenn der Wechselbalg auf eine Schaufel gelegt werden soll, oder sonst gequält, so geschieht es in der Absicht, die Elfen dadurch zu nötigen, das gestohlene Kind wieder zu bringen. In Dänemark heizt die Mutter den Ofen, setzt das Kind auf den Schieber und droht, es hineinstecken zu wollen, oder sie haut es tüchtig mit einer Rute oder wirft es ins Wasser. In Schweden bedient man sich einer Weise, die mit der irischen sehr übereinkommt, indem man es auf eine Schaufel setzt. Ihre merkt an (de superstitionibus hodiernis): von Wechselbälgen: tales subinde morbosos infantes esse judicant; quos si in fornacem ardentem se injicere velle simulaverint, aut si tribus diei Jovis vesperis ad Trivium deportentur, proprios se accepturos credunt.

Vertauscht wird allezeit das Kind, bevor es getauft ist und man schützt es am besten, wenn man bei ihm wacht, ein brennendes Licht unterhält, ein Kreuz über Türe und Wiege schlägt und einige Stückchen Eisen, eine Nadel, einen Nagel, ein Messer, in die Wiege legt. – In Thüringen wird als ein unfehlbares Mittel betrachtet, daß man des Vaters Unterkleider an die Mauer hängt. Es ist ein Aberglaube in Irland, daß man keine Katze mitnehmen dürfe, wenn man auszieht, besonders wenn man über einen Fluß gehen muß.

Der kleine Sackpfeifer ist Hans mein Igel im deutschen Märchen (Nr. 108.), der gleichfalls von seinem Vater einen

Dudelsack verlangt und darauf kunstreich spielt. Noch deutlicher ist die Übereinstimmung mit deutschen Sagen (S. unsere Sammlung I., Nr. 81. u. 82.) von Wechselbälgen, die, als sie ans Wasser oder über eine Brücke kommen, hinabspringen und darin wie in ihrem Element lustig spielen, während in demselben Augenblick das rechte Kind frisch und gesund von der Mutter in der Wiege gefunden wird.

Eine der ältesten Fabeln vom Wechselbalg ist die in dem plattdeutschen Gedicht von Zeno (Bruns Sammlung S. 26 ff.) Der Teufel entführt das ungetaufte Kind und legt sich in dessen Wiege, saugt aber die Brüste der Mutter so aus, daß sie ihn mit ihrer Milch nicht stillen kann. Ammen werden zur Hilfe genommen und da auch sie dem unersättlichen Balg nicht hinreichen, Kühe zu seiner Nahrung gekauft. Die Eltern müssen ihr ganzes Vermögen zur Auffütterung des falschen Kindes anwenden und zusetzen.

Was die Dichter, der christlichen Ansicht gemäß, dem Teufel zuschreiben, legt das Volk in Sagen und Liedern den Elfen und Zwergen bei. Der Norden ist voll von Erzählungen solcher Umtauschungen (umskiptingar), denen neugeborne, ungetaufte Kinder ausgesetzt sind, vergl. die faroische Liedersammlung p. 294.

6. Die Brauerei von Eierschalen

In Grose's Provincial Glossary wird dasselbe Märchen mit einigen unwesentlichen Abweichungen erzählt. Die Stelle nämlich der grauen Lene nimmt ein alter Mann ein, und die Mutter des Wechselbalgs, anstatt die Eierschalen zu brauen, bricht ein Dutzend Eier entzwei und stellt die vier und zwanzig halbe Schalen vor das Kind hin, welches ausruft: »Sieben Jahre war ich alt, eh ich zur Amme kam und vier Jahre habe ich seitdem gelebt und doch habe ich niemals so viel Milchpfannen gesehen!« Das übrige stimmt überein. Auch in W. Scotts Minstrelsy of the scottish Border II. 173.

Ein deutsches Märchen, an sich offenbar dasselbe (Hausmärchen 39, III), hat den feinen Zug voraus, daß die Mutter ihr rechtes Kind zurückerhält, so wie es ihr gelingt, den Wechselbalg zum Lachen zu bringen. Die Mutter schlägt ein Ei entzwei und in den beiden Schalen setzt sie Wasser ans Feuer, damit es koche, da ruft der Wechselbalg aus: »Ich bin so alt, wie der Westerwald und habe nicht gesehen, daß jemand in Schalen kocht!« lacht und in dem Augenblick wird das rechte Kind zurückgebracht. – Auch in Dänemark wird es erzählt. S. Thiele I. 47.

Die graue Lene (Ellen Leah oder genauer geschrieben: Liath, d. h. Helene mit dem grauen Haar) ist eine wirklich lebende, nach der Natur gezeichnete Person und folgendes verdient noch von ihr erzählt zu werden, weil es Denkungsart und Sitten des Landes schildert.

Man glaubte, die graue Lene stände in Verbindung mit Geistern und hätte Verkehr mit dem stillen Volke. Man wußte, daß sie niemals zu Haus schlief. Sie sagte den Tod jedes Menschen voraus, wenn sie ihn auch nicht persönlich kannte, sie vermochte jede Bewegung derselben in der andern Welt zu beschreiben und wußte ihre Bedürfnisse, welche sie den Freunden des Verstorbenen mitteilte, welche dadurch in den Stand gesetzt wurden, jenen Bedürfnissen abzuhelfen. Eine Frau hatte zwei Söhne in Ostindien und da sie lange Zeit nichts von ihnen hörte, nahm sie ihre Zuflucht zu der grauen Lene, die sie auch sogleich, ohne das geringste Zaudern, benachrichtigte, daß ihre beiden Söhne tot wären und daß sie in vierzehn Tagen einen Brief mit der Nachricht empfangen würde. So seltsam es scheinen mag, der Erfolg bestätigte ihre Aussage.

Johanna Sullivan, eine junge Frau, hatte lange Zeit mit ihrem Schwager, der ein Unrecht gegen sie begangen, in schlechtem Vernehmen gestanden. Als er auf dem Todbette lag, sendete er nach ihr, um Vergebung von ihr zu erhalten, doch sie schlug es ab, hinzugehen und er starb, ohne sie zu sehen. Die Folge war, daß sie nicht mehr allein ausgehen konnte, ohne durch eine gespensterhafte Erscheinung gequält zu werden, die so sehr an ihr nagte, daß die beständige Verwirrung ihrer Seele nach und nach ihre Gesundheit untergrub. In dieser bedauerungswürdigen Lage suchte sie bei der grauen Lene Hilfe, welche ihr sagte, sie solle den Geist anreden und ihrem Schwager aufrichtig vergeben, so lange bis sie das täte, würde der Geist nicht aufhören, sie zu quälen; die graue Lene nannte ihr noch genau die Stelle, wo er wieder erscheinen würde.

Sie entschloß sich also, all ihren Mut zusammenzunehmen und den Geist zu befragen; doch wenn sie ihn erblickte, so verließ sie die Kraft völlig: das Blut in den Adern erstarrte und mit einem heftigen Schrei fiel sie sinnlos zur Erde. In diesem Zustand wurde die arme Frau gefunden und heimgetragen; als sie wieder zu sich selbst kam, schickte man nach der grauen Lene, die bei ihrem Anblick über diesen Mangel an Mut sehr bestürzt war und sie aufs ernstlichste ermahnte, nicht wieder eine solche Schwachheit zu zeigen. Der Geist würde ihr ohne Zweifel abermals erscheinen und es, wofern sie ihre Verzeihung nicht erklärte, für sie beide die traurigsten Folgen haben.

Der Geist zeigte sich nochmals, aber Johanna Sullivan war, wie das vorigemal, ihrer Sinne nicht mächtig und ohne ein Wort hervorbringen zu können, fiel sie ohnmächtig nieder. Sie verletzte sich bei diesem Falle an verschiedenen Orten.

Die graue Lene war bald hernach bei ihr, mit furchtbaren Verzerrungen des Gesichts und den Zeichen des größten Jammers verkündigte sie ihr, daß die arme Seele ihres Schwagers jetzt unwiderruflich zu endlosen Qualen verurteilt sei und in wenigen Stunden ihr eigenes Leben endigen werde. Johanna Sullivan starb den folgenden Morgen.

7. Der Wechselbalg

Castle Martyr, vormals Bally Martyr genannt, ist ein hübsches Dorf, welches auf der Landstraße von Cork nach Youghall liegt.

8. Die beiden Gevatterinnen

Es gibt mehr Geschichten von einer unsichtbaren Macht, wie diese hier, welche das Kind aus dem Fenster herausreicht, vorzüglich gehört eine hieher, welche Waldron, in der Geschichte der Insel Man, erzählt.

Eine ähnliche schottische Sage, wo zwei Freunde das Kind, das die Elfen haben verlassen müssen, auf der Landstraße finden, und der Mutter wiederbringen, worauf der Wechselbalg entflieht, aus Stewarts Werk in der Einleitung.

9. Die Flasche

Mourne liegt zwei Stunden südlich von Mallow und man sieht die Ruinen noch immer zwischen dem alten und neuen Weg von Cork nach jener Stadt, welche beide unter den Mauern herlaufen. Sonst gehörte es den Tempelherrn. S. Archtale's Monasticon hibernicum und Smith's history of Cork.

Der Flaschenberg (Bottle hill) liegt in der Mitte zwischen Cork und Mallow und ist eine dürftig angebaute Strecke, auf der man nur zuweilen die nackten Mauern verlassener Häuser erblickt, welches samt der Dürre und Unfruchtbarkeit einen unglaublich traurigen Eindruck macht.

Der Glaube, daß Schätze unter alten Mauern verborgen liegen, ist allgemein verbreitet und es gibt wenig Ruinen, wo man nicht Spuren von Nachgrabungen findet, die denn zu völliger Zerstörung der alten Gebäude beitragen. Anderthalb

Stunden südlich von Cork bei dem Dorfe Douglas liegt ein Berg, Castle Treasure genannt, wo man nicht selten eine alte Frau findet, die da nach einem kleinen Topf mit Gold sucht, welcher der Sage nach daselbst vergraben sein soll. Eine rote Urne von Ton und ein paar Geräte von Metall, einige Jahre zuvor dort gefunden, hatten geraume Zeit hindurch eine Menge Leute an die Stelle gezogen, und noch immer herrscht der Glaube, daß der Topf mit Gold irgend einen Glücklichen belohnen werde.

Owen Pughe teilte dem Verf. über die Reisen der Elfen von dem Volksglauben in Wales folgendes mit. Dort gibt es einen Berggeist, Ellyll genannt, was durch herumschweifender Elfe kann übersetzt werden, sowie ein giftiger Schwamm Bwyd Ellyllon, »Speise der Elfen«, und die Blütenglocken des Fingerhuts Menyg Ellyllon, »Elfenhandschuh« genannt werden. »In jedem kleinen Tale sind hundert schiefmäulige Elfen« sagt D. ab Gwilym in seiner Anrede an den Nebel.

Diese Geister sind oft geneigt, den nicht ganz unschuldigen Bergbewohnern Streiche zu spielen, die es wagen in dem Nebel herumzuschwärmen. Sie bemächtigen sich eines verirrten Reisenden und tun ihm den Vorschlag, ihn durch die Luft zu tragen, dabei lassen sie ihm die Wahl unter drei Wegen, nämlich unter dem Wind, über dem Wind oder mit dem Wind. Diejenigen, die an solche Reisen schon gewohnt sind, hüten sich etwas anders, als den mittleren Weg zu wählen; sollte einer, der das Ding nicht kennt, über dem Wind hinfahren wollen, so wird er so hoch getragen, daß er verzweifelt, je wieder zurück zur Erde zu kommen. Zieht aber einer in der Unwissenheit vor, unter dem Wind herzugehen, so wird der arme Wicht durch alle Brombeer- und wilde Rosen-Gesträuche gezogen, die nur zu finden sind. Ein Rechtsgelehrter mit einer zerbrochenen Nase und auch in anderer Hinsicht entstellt, pflegte in Owens Gegenwart, als dieser noch ein Knabe war, zu erzählen, daß ihm einmal dies Schicksal zuteil geworden sei und er dadurch so verunstaltet, weswegen er Y Trwyn, der Nasige hieß. Diese Erzählung machte auf Owen solchen Eindruck, daß wenn er danach im Nebel ging, er sorgfältig darauf achtete, im Gras zu gehen, falls er genötigt sein sollte, sich an ein Grashälmchen zu halten, welches die Elfen zu brechen nicht Macht haben.

Das deutsche Märchen »Tischchen deck dich!« (Haus-M. Nr. 36.) stimmt im Hauptgang überein und in den Anmerkungen dazu ist auch das verwandte italienische angegeben.

10. Die Bekenntnisse des Thomas Bourke

Der Charakter des Thomas Bourke ist genau nach der Natur gezeichnet.

Der alte Bettler, dem Thomas begegnet, ist ein Bocough oder Buckaugh, wie eine gewisse Klasse irischer Bettler heißt, die in ihrem Wesen viel Ähnlichkeit haben mit dem schottischen Gaberlunzie man.

Ballyhefaan ist ein Furt in dem Fluß Funcheon auf dem Weg von Fermoy nach Araglin: eine wilde Gegend der Grafschaft Cork, da wo sie an Waterford und Tipperary stößt.

Der große Wiesengrund (the big Inch) bei dem Furt von Ballyhefaan, auf welchem die Elfen tanzen, ist eine große Ebene, südlich von dem Funcheon, östlich von Blacwater begränzt.

Der Kilcrumper Kirchhof liegt etwa zweihundert Ruten von dem Dubliner Weg zwischen Kilworth und Fermoy.

11. Die verwandelten Elfen

Leute, welche an Elfen glauben, werden die Erscheinung so auslegen, daß die Geister, welche sich den Augen der beiden jungen Leute nicht zeigen wollten, sich in Pilze verwandelt hätten, unter welchen sie ohnehin gerne hausen; und es ist nicht die Absicht der Sage, den Glauben daran lächerlich zu machen. Dahin deutet die Überschrift im Original: fairies or no fairies?, die hier mit einer andern ist vertauscht worden.

12. Der verwünschte Keller

Eine andere aus Cork herrührende Erzählung enthält manches Eigentümliche.

Herr Harris, ein Quäker, hatte einen Cluricaun von sehr kleiner Gestalt. Wenn einer seiner Leute, wie sie manchmal aus Nachlässigkeit taten, das Bierfaß laufen ließ, so verstopfte der kleine Wildbeam, denn das war sein Name, den Zapfen mit seiner eigenen Person, auf die Gefahr erstickt zu werden, bis jemand kam und den Hahn umdrehte. Zur Vergeltung solcher Dienstleistungen war die Köchin gewohnt nach ihres Herrn Befehl, dem kleinen Wildbeam ein gutes Mittagessen in den Keller zu stellen. An einem Freitag trug es sich zu, daß sie nichts für ihn übrig hatte, als ein Stückchen Häring und einige kalte Kartoffel. Gerade um Mitternacht wurde sie aus ihrem Bett gerissen, von einer unwiderstehlichen Gewalt oben auf die Kellertreppe geschleppt, an den Fersen ergriffen und herabgezogen. Bei jedem Schlag, den ihr Kopf von den Stufen erhielt, schrie der Cluricaun, der an der Tür stand, aus vollem Halse:

»Häringsgräten und Kartoffelschalen!
die Steine sollen dir den Kopf zerschlagen!«

Die arme Köchin ward von dieser gewaltsamen Fahrt so zugerichtet, daß sie drei Wochen lang das Bett hüten mußte. Der Hausherr wünschte sehr den dienstbaren Geist los zu werden und da ihm gesagt wurde, daß, wenn er über ein fließendes Wasser in eine andere Wohnung ziehe, der Cluricaun ihm nicht folgen könne, so mietete er ein Haus und ließ sein sämtliches Gerät auf Wagen fortbringen. Das letzte, was man holte, war das Kellergerät, und als der Karren bereits mit Fässern und Tonnen vollgeladen war, so erblickte man den

Cluricaun, welcher auf den Wagen sprang und, indem er sich an das Spundloch einer leeren Tonne hielt, seinem Herrn zuschrie: »Meister, jetzt gehen wir, alle zusammen!«

»Was«, sagte Herr Harris, »du gehst auch mit?«

»Ja, freilich, Meister!« antwortete der Kleine, »wir gehen alle zusammen.«

»Wenn das ist, Freund,« sagte Herr Harris, »so packt den Wagen nur wieder ab, es ist hier gerade so gut, wie dort.« Herr Harris starb bald danach, doch wird erzählt, der Cluricaun sei allzeit bei der Familie geblieben.

Dänisch findet sich die Sage bei Thiele I., S. 136. Der Herr beschließt sein Haus zu verlassen, in welchem ein Nisse sein Spiel treibt; als der letzte Wagen bepackt wird, meist mit leeren Tonnen, Fässern und dergleichen, geht der Herr zufällig noch einmal an den Wagen, da erblickt er den Nisse in einer Butte sitzen, im Begriff mitzugehen. Er guckt heraus, lacht herzlich und ruft: »Heute ziehen wir aus!«

Deutsch (Sagen I. 93.): ein Bauer, des Kobolds ganz überdrüssig, entschließt sich die Scheune, wo er seinen Sitz hat, zu verbrennen. Er führt erst alles Stroh heraus, und bei dem letzten Karrn, nachdem er sie wohl versperrt hat, zündet er sie selbst an. Wie sie in voller Glut steht, sieht sich der Bauer von ungefähr um, da erblickt er den Kobold, der hinten auf dem Karrn sitzt und ihm zuruft: »Es war Zeit, daß wir herauskamen.«

Der Name Naggruin, den sich der Cluricaun gibt, bezeichnet das kleinste Trinkmaß, denn naggin oder noggin ist soviel als ein Kännchen, das engl. gill, und das angehängte in ist die irische Verkleinerungsendung.

13. Der Schuhmacher

Ahnamoe, genau geschrieben Ath na bo, d. h. Furt der Kuh, ist ein kleiner heller Strom, welcher, die Straße von Carrignavar quer durchschneidend, zwei Meierhöfe scheidet, vier kleine Stunden nordöstlich von Cork.

Grenaugh oder Grinagh ist eine zerfallene Kirche, vier Stunden nordwestlich von Cork, von welcher so wie von einer andern in der Nähe sich befindlichen zu Garrycloyne wunderbare Geschichten in großer Menge im Umlauf sind. Folgende hat der Pächter Rilehan, der in der Nähe wohnt, mitgeteilt.

»Es waren acht Männer, einer von denen ist jetzt mein Mietsmann, die gingen auf den Kirchhof von Garrycloyne, was unrecht von ihnen war, in der Absicht, Stöcke zu schneiden um Hafer zu dreschen, die junge Weide, die sie zuerst abschnitten, schien ganz in Feuer zu stehen, gleich dem feurigen Busch und alle die Bäume rings im Kirchhof waren ebenso anzusehen, desgleichen auf der Straße von der Kirche. Es überfiel sie große Furcht und sie liefen zurück ohne die Stöcke und Gerten. Doch sie fingen ihr Werk wieder an, gegen das Ende der folgenden Nacht, als der Morgen herankam; sie hieben einen Baum auf dem Kirchhof ab und nahmen ihn mit sich fort; er stand ganz in Feuer, bis sie an den Fluß kamen und dann stieg er auf in die Luft, brüllend gleich einem tollgewordenen Ochsen. Sie bekamen einen solchen Schrecken und Angst, daß sie es in zwei Monaten nicht verwinden konnten.

14. Herr und Diener

Die Fahrt mit den Geistern geschieht gewöhnlich auf Binsen, doch auch ein Strohhalm, Grasblatt, Farrenkraut oder Kohlstengel können dabei Dienste tun. Der Sage nach muß mancher mit dem Geist fort in die Nähe und Ferne, eine Nacht nach London, die andere nach Amerika und die Pferde, deren sie sich bei diesen großen Reisen bedienen, sind Kohlstrünke in der Gestalt natürlicher Pferde.

Zu Dundaniel, einem Dorfe eine Stunde von Cork in der

angenehmen Ebene, die Blackrock heißt, lebt gegenwärtig (im Dezember 1824.) ein Gärtner, namens Crowley, den seine Nachbarn für einen solchen halten, der unter Aufsicht der Geister steht. Er leidet an der fallenden Sucht als Folge seiner Anstrengung bei den Reisen, die er jede Nacht mit den Geistern auf einem seiner eigenen Kohlstrünke zu machen genötigt wird.

Hierher gehört eine Sage, die ein Glied der Familie Duffus aufbewahrt hat, welches durch die Worte Horse and Hattock! die mit Borram, Borram, Borram! gleiche Wirkung hatten, in Gesellschaft der Geister eine kleine Luftfahrt machte, den Weinkeller des Königs von Frankreich zu untersuchen. Dort, des süßen Weins voll, entschlief er und ward den folgenden Tag mit einem silbernen Becher gefunden und vor den König gebracht. Er erhielt aber von diesem nicht bloß gnädige Verzeihung, sondern auch den silbernen Becher zum Geschenk, der in der Familie allzeit soll aufbewahrt worden sein.

Walter Scott erzählt in dem zweiten Bande der altschottischen Balladen S. 177. dieselbe Geschichte mit der Bemerkung, daß sie sich im sechszehnten Jahrhundert zugetragen habe. Der Mann sei, als er auf dem Feld umher gegangen, plötzlich weggetragen worden, indem er das Geräusch eines Wirbelwindes und jene Worte gehört habe. – Der Becher erhielt den Namen Geisterbecher.

Ähnlich ist die Sage, welche in einem unterm 15ten März 1695 geschriebenen, in Aubrey's Miscellen S. 158. abgedruckten Brief erzählt wird und welche gleichfalls von Walter Scott S. 178. 179. mitgeteilt ist.

Einige Schüler zu Forres schlugen ihre Kräusel auf dem Kirchhof, als sie, wiewohl der Tag ruhig war, das Geräusch eines Windes hörten, in einiger Entfernung ein dünner Staub sich erhob und im Kreise drehte. Er kam näher und die Knaben segneten sich, doch einer, von etwas kecker Natur rief: »Horse and Hattock, with my top.« Augenblicklich wurde der Kräusel aufgehoben und fortgeführt, wohin konnten sie wegen einer Staubwolke nicht sehen, aber sie fanden ihn hernach hinter dem Kirchhof auf der andern Seite der Kirche.

Das junge Paar, das Mac Daniel durch seinen Ausruf rettet, ist aus einem Volkslied bekannt, worin die Brautwerbung beschrieben wird. Folgende Verse kommen darin vor:

Young Darby Riley,
He approached me slyly,
And with a smile he
  Unto me cried,
Sweet Bridget Rooney,
Here's Father Cooney,
And very soon he
  'll make you my bride.

Rinka (genau: Rinceadh) ist ein irischer Nationaltanz, worüber Walkers historical essay on the Irish Bards eine besondere Abhandlung enthält.

Carrigogunniel ist eine Ruine von großem Umfang, fünf oder sechs Meilen westlich von der Stadt Limerick. Die Burg wurde von der Garnison, die aus Anhängern Jacob II. bestand, ohne Verteidigung übergeben und von den Siegern in die Luft gesprengt.

15. Das Feld mit Hagebuchen

Hagebuche ist hier nach Gutdünken gewählt, weil mit diesem oft strauchartigen Baum unfruchtbare und wüste Flecken pflegen bepflanzt zu werden. Im Original steht boliaun, das Wort findet sich nicht in Nemnichs Catholicon, geschweige in einem Wörterbuch. Geborne Irländer, die ein Freund befragt hat, versichern, daß boliaun ein Stab oder Knüttel sei, doch dem Zusammenhang nach muß es notwendig eine Pflanze bedeuten, wird auch durch ein beigesetztes ragweed erklärt, das zwar gleichfalls kein englisches Wort ist, worunter man aber nach Versicherung der Irländer ein Unkraut versteht, das buschartig und ellenhoch auf wüsten Plätzen wächst und gelbe übelriechende Blumen trägt.

Es ist eine in Irland allgemein verbreitete Überlieferung, daß die Dänen eine Art berauschendes Bier aus Heide zu brauen wüßten. Vgl. Smith history of kerry p. 173.

16. Die kleinen Schuhe

Es kommt öfter in den Erzählungen vor, daß der Cluricaun wenigstens die Schuhe zurückläßt, wenn er auch die Erwartung auf Geld täuscht. In einem öffentlichen Blatt wurde vor drei Jahren zu Kilkenny bekannt gemacht, daß ein Bauer, der in der Dämmerung abends nach Haus gegangen, einen von den Kleinen bei seiner Arbeit entdeckt habe und als es ihm geglückt sei, zu entwischen, habe der Bauer der Schuhe sich bemächtigt; welche Schuhe, um die öffentliche Neugierde zu befriedigen, im Bureau des Blatts niedergelegt seien.

17. Die Banshi von Bunworth

Der Charakter Bunworths so wie die einzelnen von ihm erzählten Züge sind völlig der Wahrheit gemäß. S. Ryan's Worthies of Ireland I. 228, wo bezeugt steht, daß eine für ihn verfertigte Harfe mit einer Inschrift noch immer in der Familie aufbewahrt wird. Dieses merkwürdige Andenken ist jetzt in den Händen seiner Enkelin Miss Dillon von Blackrock bei Cork, auf welche das musikalische Talent ihres Großvaters scheint übergegangen zu sein.

Keening ist der irische Ausdruck für einen Trauergesang, welcher von bestimmten Klagemännern bei Leichen gesungen und hier der unter dem Baum sitzenden Banshi zugeschrieben wird. Man findet darüber Nachricht und zugleich eine musikalische Aufzeichnung in dem vierten Bande der Verhandlungen der königl. irischen Academie.

Eine unwesentliche Kleinigkeit abgerechnet, sind auch die Namen der Personen und Orte völlig der Wahrheit gemäß.

Miss Lefanu, Nichte von Sheridan, erzählt folgende Begebenheit in den Denkwürdigkeiten ihrer Großmutter Frances Sheridan (London 1824. S. 32.)

Gleich mancher irischen Frau, welche ihre Jugendzeit in ihrem Vaterland zugebracht hat, glaubte Miss Elisabeth Sheridan fest an die Banshi, welche mit gewissen irischen Familien verbunden ist. Sie behauptete standhaft, daß die Banshi der Sheridanischen Familie unter den Fenstern von Quilca, dem Aufenthaltsort der Familie, klagend sei gehört worden, bevor die Nachricht aus Frankreich von dem Tode der Frau Frances Sheridan zu Blois angelangt sei.

Walter Scott in den Anmerkungen zur Lady of the Lake, nachdem er die Banshi als eine alte Frau mit blauem Mantel und fliegendem Haar geschildert hat, führt aus den handschriftlichen Denkwürdigkeiten der Lady Fanshaw, jenes Musters ehelicher Treue, folgendes an. Sie und ihr Gemahl Sir Richard besuchten während ihres Aufenthaltes in Irland einen Freund, das Haupt einer Familie, welcher auf einer alten, mit einem Graben umgebenen Ritterburg seinen Sitz hatte. Um Mitternacht wurde sie durch einen grauenhaften, übernatürlichen Schrei aufgeweckt und als sie aus dem Bett sah, erblickte sie im Mondlicht ein weibliches Gesicht und einen Teil der Gestalt an dem Fenster schwebend. Die Entfernung von dem Boden sowohl, als der Graben unten machten es unmöglich, daß dasjenige, was sie erblickte, von dieser Welt sein konnte. Es war das Gesicht einer jungen, eigentlich hübschen Frau, doch bleich, und das etwas rötliche Haar hing frei und aufgelöst. Die Kleidung, welche genau zu beachten der Schrecken die Lady Fanshaw nicht abhielt, war die altirische. Die Erscheinung dauerte noch einige Zeit und verschwand hierauf mit einem zweimal wiederholten Schrei, jenem ähnlich, welcher zuerst der Lady Aufmerksamkeit erregt hatte. Den folgenden Morgen erzählte sie mit großem Schrecken ihrem Wirt, was sie erlebt hatte und dieser war nicht nur bereit, ihr Glauben beizumessen, sondern ihr auch von der Erscheinung Rechenschaft zu geben.

»Ein naher Verwandter meiner Familie«, sagte er, »ist vorige Nacht in dieser Burg verschieden. Wir verhehlten die sichere Erwartung dieses Ereignisses vor Euch, damit der freundliche Empfang, den wir Euch schuldig waren, nicht dadurch getrübt wurde. Aber jedesmal, kurz vorher ehe ein solches Ereignis in der Familie und Burg statt findet, zeigt sich das weibliche Gespenst, das Ihr gesehen habt. Man glaubt, es sei der Geist einer Frau aus geringem Stand, welche zu ehelichen einer meiner Vorfahren sich herabwürdigte, und welche er hernach, um den Schimpf, den er seiner Familie angetan hatte, auszulöschen, in dem Graben hatte ersaufen lassen.«

In der Familie des Verfassers dieser Sammlung zeigte sich noch ganz neulich der Glaube an die Banshi. Ein Dienstmädchen Margreth Rilehan erklärte, daß ein großes Unglück bevorstehe, sie habe einen Schrei gehört und etwas am Fenster vorüberschreiten sehen. Die Schwester des Verfassers, die gerade zugegen war, bemerkte: Ich sah nichts, nur hörte ich Margreth schreien und ausrufen: »Da ist's! Da ists! was immer erscheint, wenn einer von Rilehans sterben muß!« Sie sagte, sie habe dasselbe gesehen, als ihre Großmutter zu Mallow gestorben wäre. Der Vetter des armen Mädchens war zu der Zeit im Gefängnis wegen Teilnahme an aufrührerischen Bewegungen und nach drei Tagen gerichtet und erschossen.

Die wälsche Gwrâchy Rhibyn oder die Geiferhexe hat einige Ähnlichkeit mit der irischen Banshi. Sie soll in der Dämmerung kommen, mit ihren häutigen Flügeln an das Fenster schlagen und in einem heulenden, gebrochenen Ton zu verschiedenen Malen den anrufen, der das Leben verlassen muß.

Ballyvourney (Stadt meines Geliebten) liegt drei Stunden westlich von Macrum und wird als ein besonders heiliger Platz betrachtet. Ein Ablaß von Papst Clemens VIII. unterm 12ten Juli 1601, denen bewilligt, die dahin wallfahrten, steht in Smiths's history of Cork, wo man noch einiges andre von diesem Ort angemerkt findet.

Von der heil. Gobinate (ihr Tag ist der 11te Febr.) hat man außerdem eine Sage. Vor etwa achthundert Jahren war ein mächtiger Häuptling mit dem Oberhaupt eines andern Stammes im Krieg begriffen und als er sah, daß sein Feind ihm an Kräften überlegen war, bat er die heil. Gobinate auf einem Feld, nahe bei dem zum Kampf bestimmten Platz, um Beistand. Hier befand sich ein Bienenstock und die heil. Gobinate erfüllte seine Bitte, indem sie die Bienen in bewaffnete Krieger verwandelte, welche aus dem Korb mit allem Schein militärischer Zucht, in Reih und Glieder hervorgingen und ihrem Führer in den Kampf folgten, in dem er Sieger blieb. Diesen trieb hernach Dankbarkeit an, die Stelle zu besuchen, von wo aus er so wunderbaren Beistand erhalten hatte; aber er fand, daß der Bienenkorb gleicherweise verwandelt war, aus dem Stroh und den Binsen in Metall, und an Gestalt einem Helm nicht unähnlich. Diese Reliquie ist im Besitz der Familie O'Hierlyhie und wird von dem irischen Landvolk in großer Verehrung gehalten, so daß sie stundenweit gehen um sich einige Tropfen Wasser daraus zu verschaffen, welches, wenn es einem sterbenden Verwandten oder Freund gereicht wird, nach ihrem Glauben ihm den alsbaldigen Eintritt in den Himmel sichert. Vor noch nicht lang ward Wasser aus diesem metallenen Bienenkorb einem sterbenden Priester von seinem Beistand erteilt in Übereinstimmung mit dem herrschenden Aberglauben.

Der Irwisch, von welchem Morty geneckt wird, heißt im südlichen Irland bei dem Volk Miscaun marry.

In Schottland heißt das Licht, das die Wanderer von dem Weg ab, in Sümpfe und Abgründe lockt, Spunkie. S. Stewart S. 161, 162.

Morty schwört bei der Hand des O'Sullivan; ein Eid, der als besonders kräftig betrachtet wird, denn in einer alten Sage von der Familie heißt es:

Nulla manus,
tam liberalis,
atque generalis,
atque universalis,
quam Sullivanis.

20. *Daniel O'Rourke's Irrfahrten*

Dieses Märchen ist in Irland sehr verbreitet und hier aus der besten Quelle erzählt. S. Gosnell von Cork hat es in Blackwoods Magazin in Stanzen gebracht.

Die Burg von Carrigaphuka oder der Phuka Felsen ist ohne Zweifel jene dieses Namens, die eine Stunde westlich von Macrum liegt. Smith history of Cork I. 190. irrt, wenn er sie so beschreibt, als sei es kaum möglich, sie zu erklimmen; es macht gar keine Schwierigkeit hinauf zu steigen, nur daß sie von einer Seite nah beim Wasser liegt.

Der Mann im Mond ist ein noch jetzt vielleicht in ganz Europa verbreiteter Volksglaube, der aber schon im Mittelalter herrschte und sich wahrscheinlich auf ältere, heidnische Vorstellungen gründet. Aus den Mondflecken wird die Gestalt eines nackten Menschen, mit einem Dornbündel auf dem Rücken und einem Beil in der Hand gedeutet. Dem Volk in Deutschland ist es der Mann, welcher sonntags Holz fällte und zur Strafe für die Entheiligung des Feiertags einsam auf dem kalten Mond frieren muß, vgl. Hebels Lied in den Alemannischen Gedichten. Hierbei scheint auf eine biblische Stelle (IV. Moses 15, 32-36.) Rücksicht genommen. Den

Italienern des dreizehnten Jahrh. war der Mann im Mond Cain, der Gott Dörner, das Elendeste der Ernte, opfern will, vgl. Dante Inferno XX, 124. Paradiso II, 50 (Caino e li spine) und die Kommentatoren. Ein ziemlich schwieriges, altenglisches Lied des vierzehnten Jahrh. findet sich in (Ritson's) ancient songs Lond. 1790, p. 35-37; der Mondmann wird frierend, mühevoll, mit einer Gabel und Dörnern, die ihm das Gewand zerrissen haben, vorgestellt. Er war sonst auf der Erde und hat unbefugt Holz gehauen, der Flurschütz hat ihn um den Rock gepfändet. Bekannter sind die Anspielungen bei Shakespeare (Mids. nightsdream und Tempest II, 2.). Ein englischer Kinderreim lautet:

the man in the moon,
came down too soon,
to ask his way to Norwich.

21. Das gebückte Mütterchen

Das Schleuderspiel (hurling oder goal) hat einige Ähnlichkeit mit dem schottischen Golfspiel, nur ist der Ball größer, da er in der Regel vier Daumen im Durchmesser hat; der Stock zum Schlagen ist mithin breiter und unten krumm gebogen.

Die Zahl der Teilnehmer beläuft sich auf zwanzig, hundert oder mehr. Es wird gewöhnlich in einer großen Ebene gespielt von zweien sowohl der Zahl als Geschicklichkeit nach ziemlich gleichen Parteien und die Aufgabe ist, den Ball über eine oder zwei gegenüberliegende Hecken zu schlagen, die vor dem Anfang des Spiels bestimmt werden. Baire comortais bedeutet: »zwei Seiten einer Landschaft (d. h. eine gewisse Anzahl Jünglinge aus jeder), welche an einem bestimmten Platz zusammentreffen«; gewöhnlich den Sonntag oder Festtag nach der Kirche. Bei dieser Gelegenheit werden statt der Hecken auf dem Feld zwei in die Augen fallende Merkzeichen, z. B. eine Landstraße, ein Wald bezeichnet und innerhalb dieses Raums wird das Spiel mit einer Hitze und Heftigkeit betrieben, die oft zu ernsthaften und blutigen Händeln Anlaß gibt, wenn eine bei diesem Volk so mächtige Stammfeindschaft zwischen den beiden entgegengesetzten Teilen herrschen sollte. Der Stock (the hurley oder hurlet) ist eine wirkliche und furchtbare Waffe. Das Spiel hat den einen Namen von diesem Stock und den andern, goal, von dem Ziel oder Zeichen, über welches der Ball muß hinausgegangen sein, ehe das Spiel kann gewonnen werden.

Ähnliche Spiele in Deutschland. S. Hausmärchen II. XXIII.

Die Vermummten in Irland sind offenbar verwandt mit jenen lustigen Banden in England, die man Mohrentänzer nennt. Sie erscheinen in Irland zu allen Jahreszeiten, doch vorzüglich am Maitag, welcher ihr eigentlicher Festtag ist. Sie bestehen aus einer den Umständen nach verschiedenen Anzahl Mädchen und Jünglingen aus der Umgegend, gewöhnlich wegen eines hübschen Äußern ausgewählt oder wegen ihrer Geschicklichkeit und zwar der Mädchen im Tanz, der Jünglinge im Ballspiel oder andern Leibesübungen. Sie kommen in Prozession je zwei und zwei in drei Abteilungen. Voran und zuletzt die Jünglinge, gekleidet in Jacken oder Wämser von weißer oder einer andern muntern Farbe und geziert mit Bändern an den Hüten und Ärmeln. Die jungen Mädchen sind gleichfalls in hellfarbigen Kleidern herausgeputzt, zwei von ihnen tragen einen grünen Kranz, in welchem verschiedene neue Schleuderbälle hängen; ein Maigeschenk der Mädchen an die Jünglinge des Dorfs. Der Kranz ist geschmückt mit einem Überfluß von langen Bändern oder bandweise ausgeschnittenem Papier, welches nicht wenig zu dem heitern und lustigen, doch vollkommen ländlichen Anblick beiträgt, den das Ganze gewährt. Musik geht voran, manchmal eine Sackpfeife, doch gewöhnlich eine Soldaten-Querpfeife, und eine Trommel dabei. Ein Narr mit furchtbarer Maske ist natürlich im Gefolge, er trägt eine lange Stange, an deren einem Ende Zeuglappen fest genagelt sind, wie an einem Wischer. Diese taucht er in eine Lache oder Pfütze und bespritzt damit jeden aus dem Haufen, der sich an seine Gesellschaft zu sehr andrängt zu großem Vergnügen der jugendlichen Zuschauer, welche seine Taten mit schallendem und wiederholtem Gelächter begrüßen. Dieser Aufzug der Vermummten geht den ganzen Tag über durch die benachbarten Dörfer oder von einem Edelhofe zu dem andern; vor dem Herrnhaus wird getanzt, wofür sie eine Belohnung in Geld erhalten. Der Abend wird mit Trinken zugebracht.

Mai-Abend wird als eine besonders gefährliche Zeit betrachtet. Man glaubt, das stille Volk habe dann Macht und Neigung, alle Art von Unheil anzurichten ohne die geringste Zurückhaltung. Das »böse, schielende Auge (evil eye)« urteilt man, hat dann mehr als gewöhnlich Wachsamkeit und Bosheit und eine Amme, die in freier Luft mit dem Kind im Arme auf und ab ginge, würde als ein Ungeheuer geschmäht werden. Jugend und Liebenswürdigkeit sind besonders der Gefahr ausgesetzt. Von tausend Fragen wagt es nicht eine sich draußen sehen zu lassen. Die grauen Haare des Alters retten nicht immer die Wange vor dem Anhauch, noch ist die abgearbeitete Hand des rauhsten Ackermanns sicher, auf diese Art heimgesucht zu werden. Der Anhauch (the blast) ist eine große, runde Beule, welche sich plötzlich an der Stelle erhebt, die von dem giftigen Atem berührt wird, den einer von dem stillen Volk in dem Augenblick rachsüchtiger und eigensinniger Bosheit darauf richtet. Maitag wird genannt la na Beal tina und Mai-Abend neen na Beal tina, d. h. Tag und Abend von Beals Feuer, weil er in heidnischer Zeit dem Gott Beal oder Belus geheiligt war, weshalb auch der Mai im irischen Mi na Beal - tine heißt. – Die Sitte, am Mai-Abend eine Kuh über angezündetes Stroh oder Reisig springen zu machen, soll ein Überbleibsel von der Verehrung dieses Gottes sein. Jetzt wird sie gewöhnlich angewendet, um die Milch vor den Diebereien des stillen Volkes zu sichern.

Eine andere am Mai-Abend herrschende Sitte ist das schmerzhafte und boshafte Peitschen mit Nesseln. In dem südlichen Irland ist es bei den Schulknaben allgemein üblich, zu tun, als hätten sie das Vorrecht, wie toll mit einem Bündel Nesseln herumzurennen und ihren Kameraden damit ins Gesicht und auf die Hände zu schlagen, oder auch andern Personen, bei welchen sie denken ungestraft ihre Unart ausüben zu können.

Über ähnliche, durch ganz Europa verbreitete Sitten am Maitag und bei Frühlingsanfang vergl. Hausmärchen, Einleitung zum zweiten Band S. 30. u. fg.

Der schädliche Anhauch der Elfen heißt in Norwegen alvgust (Hallager u. d. Wort) und auf Island wird ein gewisser Ausschlag âlfa-bruni genannt.

23. Springwasser

Im westlichen Irland erzählte ein Bauer eine ähnliche Sage. Geht man an einem schönen Sommerabend, wenn die Sonne gerade hinter die Berge sinkt, zu dem See und kommt man zu einem kleinen Überhang auf der Westseite, so hat man, wenn man sich bückt und in das Wasser schaut, den schönsten Anblick von der Welt, denn man sieht unter dem Wasser ganz deutlich eine große Stadt mit Palästen, langen Straßen und Plätzen.

Giraldus Cambrensis (aus dem 12ten Jahrh.) gedenkt der Sage, daß der See Neagh vormals eine Quelle gewesen, welche das ganze Land überschwemmt habe: »piscatores aquae illius turres ecclesiasticas, quae more patrio arctae sunt et altae, necnon et rotundae, sub undis manifeste sereno tempore conspiciunt et extraneis transeuntibus reique causas admirantibus frequenter ostendunt.«

Waldron hat eine Sage von der Insel Man, wonach ein Taucher in eine Stadt unter dem Meer kam, deren Pracht er nicht genug beschreiben kann und wo der Boden der Zimmer aus Edelsteinen zusammengesetzt war.

Es gibt auch in Deutschland und sonst genug Sagen von Seen, die an der Stelle ehmaliger Städte und Burgen stehen, vgl. z. B. Deutsche Sagen Num. 131.

24. Der See Corrib

Der See Corrib liegt in der Grafschaft Galway, ist etwa zehn Stunden lang und an der breitesten Stelle etwas über fünf Stunden breit. Er ist in der Mitte so zusammengezogen, daß er zwei Seen ähnlich sieht.

Gervasius von Tilbury bemerkt (Otia imper. p. 331.): gewisse Wassergeister, Dracae genannt, lockten Mädchen und Kinder in ihre Wohnungen unter Seen und Flüssen.

Einer frommen Ausrufung wird die Kraft zugeschrieben, den Zauber zu brechen, womit die Geister den halten, den sie entführt haben.

Ein Messer mit schwarzem Stiel wird als besonders dienlich erachtet, wenn es sollte nötig sein, mit einem von den bösen Geistern zu kämpfen. – Das Kleid oder den Mantel umzuwenden wird auch in dieser Hinsicht empfohlen.

Im Original ist es eine Ballade, welche aber nach der ausdrücklichen Versicherung des Verfassers nur ein Versuch war, eine den übrigen ursprünglich ähnliche Sage umzuarbeiten, welche wir in ihre erste Gestalt zurückzuführen versucht haben.

25. Die Kuh mit den sieben Färsen

In der Grafschaft Tipperary, nicht weit von Callir, ist ein See, genannt Longh na Bo oder See der Kuh, nach einer Sage, die Ähnlichkeit hat mit der vom See Gur. Die Hörner dieser Kuh sollen so lang sein, daß man bei niedrigem Wasserstand die Spitzen kann hervorragen sehen.

Aus dem See Blarney hat man zwei Kühe heraussteigen gesehen, die in den zunächst liegenden Wiesen und Kornfeldern bedeutenden Schaden sollen angerichtet haben.

Alle sieben Jahre kommt ein großer, vornehmer Mann aus dem See und wandelt eine Stunde oder weiter in der Hoffnung, daß jemand mit ihm rede, aber da es niemand wagt, so kehrt er in den See zurück.

Dieser große Mann ist ohne Zweifel niemand als der Graf von Clancarthy, eifrig bemüht, Mittel an die Hand zu geben, wie man seinen Silberkasten entdecken könne, welcher der Sage zufolge in den See geschleudert wurde, um zu verhindern, daß er nicht den Feinden, die seine Burg erobert hatten, in die Hände falle.

Dieses Märchen hängt mit den schottischen und nordischen Sagen vom Elfstier zusammen, worüber die Einleitung nachzusehen ist.

26. Der bezauberte See

Die Einleitung, daß ein Ring in den See fällt, kommt häufig in den irischen Sagen vor, vgl. z. B. Miss Brookes Relics of irish poetry p. 100.

Wie abweichend in der äußern Darstellung, ist dennoch dieses Märchen mit dem deutschen von der Frau Holle (Hausmädchen Nr. 24) dem Grunde nach sehr übereinstimmend. Seltsam ist der Umstand, daß die Frau unter dem See große

Zähne hat, wie Frau Holle unter dem Wasser. Auffallend ist auch, daß, wie man beim Schneien in Hessen sagt: »Frau Holle macht ihr Bett, die Federn fliegen«, die irischen Kinder mit einer ähnlichen Idee rufen: »Die Schotten rupfen ihre Gänse!« (p. 361.)

27. Erscheinung des O'Donoghue

Jeder, der Killarney gesehen hat, dem muß auch die Sage von O'Donoghue und seinem weißen Roß bekannt geworden sein. Sie wird erzählt in Weld's Bericht von diesem See, in Derricks Briefen, und eine große Anzahl von Gedichten haben sie zum Gegenstand. Moore hat ein Lied darüber in seinen Irish Melodies.

Wie am Mai-Morgen O'Donoghue auf seinem weißen Roß über das Wasser sprengt, so zeigt sich in einer Augustnacht einer von den alten Grafen von Kildare ganz in Rüstung auf einem prächtigen Streitroß und mustert die Schatten seiner Krieger auf der breiten Ebene, the Currag of Kildare genannt.

Erinnert an die deutschen Sagen vom Auszug des wilden Jägers und des Rodensteiners.

Inhalt

Das stille Volk

Der Cluricaun

Die Banshi

Die Phuka

Das Land der Jugend

Zu dieser Ausgabe

insel taschenbuch 988
Irische Elfenmärchen
In der Übertragung der Brüder Grimm

Der Text folgt der Ausgabe: Irische Elfenmärchen. Übersetzt von den Brüdern Grimm. Friedrich Fleischer, Leipzig 1826. Orthographie und Zeichensetzung wurden leicht normalisiert. Umschlagabbildung: Richard Dadd, The Fairy Feller's Master-Stroke. Ausschnitt.
The Tate Gallery, London.

Märchen und Sagen
im insel taschenbuch

Alexander N. Afanassew: Russische Volksmärchen. Übertragen von Werner von Grimm. Mit farbigen Illustrationen von Ivan Bilibin. it 1058

Hans Christian Andersen: Märchen. 3 Bände. Mit Illustrationen von Vilhelm Pedersen und Lorenz Frølich. Aus dem Dänischen von Eva-Maria Blühm. it 133

– Märchen meines Lebens ohne Dichtung. Ein Skizze. Mit Porträts des Dichters. Aus dem Dänischen von Michael Birkenbihl. it 356

Apuleius: Der goldene Esel. Mit Illustrationen von Max Klinger zu ›Amor und Psyche‹. Aus dem Lateinischen von August Rode. Mit einem Nachwort von Wilhelm Haupt. it 146

Arabische Märchen. Aus mündlicher Überlieferung gesammelt, übertragen und mit einem Nachwort, einem Namensverzeichnis und Worterklärungen versehen von Enno Littmann. it 779

Emmy Ball-Hennings: Märchen am Kamin. it 945

Ludwig Bechstein: Das Deutsche Märchenbuch. Mit Illustrationen von Ludwig Richter. it 1113

Ivan Bilibin/Alexander Puschkin/Elisabeth Borchers: Das Märchen vom herrlichen Falken und andere russische Märchen mit Illustrationen von Ivan Bilibin. Nacherzählt von Elisabeth Borchers. it 487

– Das Märchen vom Zaren Saltan. Das Märchen vom goldenen Hahn. Nacherzählt von Elisabeth Borchers. Mit Illustrationen von Ivan Bilibin. it 2002

– Wassilissa die Wunderschöne. Das Märchen vom herrlichen Falken. Und andere russische Märchen. Mit Illustrationen von Ivan Bilibin. Nacherzählt von Elisabeth Borchers. it 2020

– Wassilissa, die Wunderschöne und andere russische Märchen mit Illustrationen von Ivan Bilibin. Nacherzählt von Elisabeth Borchers. it 452

Born Judas. Altjüdische Legenden und Volkserzählungen. Aus dem Hebräischen von Rahel bin Gorion. Auswahl und Nachwort von Emanuel bin Gorion. it 529

Clemens Brentano: Gockel Hinkel Gackeleia. Märchen. Mit Initialen und Lithographien von Caspar Braun nach Entwürfen von Clemens Brentano. Mit einem Nachwort von Franz Deibel. it 47

– Italienische Märchen. Mit einem Nachwort von Maria Dessauer. it 695

– Rheinmärchen. In der von Guido Görres herausgegebenen Ausgabe von 1846. Mit Illustrationen von Edward Steinle. it 804

Deutsche Heldensagen. Nacherzählt von Gretel und Wolfgang Hecht. it 345

160/1/5.88

Märchen und Sagen
im insel taschenbuch

Deutsche Sagen. 2 Bände. Herausgegeben von den Brüdern Grimm. Mit Illustrationen von Otto Ubbelohde. it 481

Charles A. Eastman: Indianergeschichten aus alter Zeit. Deutsch von Elisabeth Friederichs. Mit einem Nachwort herausgegeben von Dietrich Leube. Illustrationen und Anmerkungen von Frederick Weygold. it 861

Günter Eich: Der 29. Februar. Ein Märchen. Mit Bildern von Edda Köchl. it 616

Die Erzählungen aus Tausendundein Tag. Vermehrt um andere Morgenländischen Geschichten. Herausgegeben von Paul Ernst. Übersetzt von Felix Paul Greve. it 1001

Die Erzählungen aus den Tausendundein Nächten. Vollständige deutsche Ausgabe in zwölf Bänden. Zum ersten Mal nach dem arabischen Urtext der Calcuttaer Ausgabe aus dem Jahre 1839. Übertragen von Enno Littmann. it 224

Eskimomärchen. Herausgegeben und übertragen von Paul Sock. it 795

Geschichten aus dem Mittelalter. Herausgegeben von Hermann Hesse. Neu zusammengestellt von Volker Michels. it 161

Gesta Romanorum. Das älteste Märchen- und Legendenbuch des christlichen Mittelalters. Übersetzt von J. G. T. Graesse. Augewählt und eingeleitet von Hermann Hesse. it 315

Johann Wolfgang von Goethe: Märchen. Der neue Paris. Die neue Melusine. Das Märchen. Herausgegeben und erläutert von Katharina Mommsen. it 825

– Reineke Fuchs. Mit Stahlstichen nach Zeichnungen von Wilhelm Kaulbach. it 125

Wilhelm Hauff: Märchen. 2 Bde. Herausgegeben von Bernard Zeller. Mit Illustrationen von Theodor Weber, Theodor Hosemann und Ludwig Burger. it 216/217

– Mitteilungen aus den Memoiren des Satans. Mit einem Nachwort herausgegeben von Bernhard Zeller und zahlreichen Illustrationen von Rolf Köhler. it 782

Hermann Hesse: Kindheit des Zauberers. Ein autobiographisches Märchen. Handgeschrieben, illustriert und mit einer Nachbemerkung versehen von Peter Weiss. it 67

– Piktors Verwandlungen. Ein Liebesmärchen, vom Autor handgeschrieben und illustriert, mit ausgewählten Gedichten und einem Nachwort versehen von Volker Michels. it 122

– Die Stadt. Ein Märchen, ins Bild gebracht von Walter Schmögner. it 236

– Der Zwerg. Ein Märchen. Mit Illustrationen von Rolf Köhler. it 636

160/2/5.88

Märchen und Sagen
im insel taschenbuch

E. T. A. Hoffmann: Der goldne Topf. Ein Märchen aus der neuen Zeit. Mit 13 Illustrationen von Karl Thylmann. Herausgegeben und mit einem Nachwort von Jochen Schmidt. it 570

– Klein Zaches genannt Zinnober. Ein Märchen. Mit Radierungen von Renate Sendler-Peters. it 777

– Meister Floh. Ein Märchen in sieben Abenteuern zweier Freunde. Mit Illustrationen von Otto Nückel. it 503

– Die Serapions-Brüder. Gesammelte Erzählungen und Märchen in vier Bänden. Mit Illustrationen von Monika Wurmdobler und einem Nachwort von Hartmut Steinecke. it 631

Indianermärchen. Nach amerikanischen und deutschen Quellen herausgegeben und erläutert von Hugo Kunike. it 764

Irische Elfenmärchen. In der Übertragung der Brüder Grimm. it 988

Irische Land- und Seemärchen. Gesammelt von Thomas Crofton Croker. In der Übertragung von Wilhelm Grimm. it 1081

Kinder- und Hausmärchen gesammelt durch die Brüder Grimm. In drei Bänden. Mit Zeichnungen von Otto Ubbelohde und einem Vorwort von Ingeborg Weber-Kellermann. it 829

Kinder- und Hausmärchen gesammelt durch die Brüder Grimm. Kleine Ausgabe von 1858. Mit Illustrationen von Ludwig Pietsch und einem Nachwort von Heinz Rölleke. it 842

Märchen der Romantik. 2 Bände. Mit zeitgenössischen Illustrationen. Herausgegeben von Maria Dessauer. it 285

Märchen deutscher Dichter. Ausgewählt von Elisabeth Borchers. it 13

Das Märchenbuch. Eine Sammlung. Herausgegeben von Claudia Schmölders. it 998

Morgenländische Erzählungen. Herausgegeben von Hermann Hesse. it 409

Johann Karl August Musäus: Rübezahl. Für die Jugend von Christian Morgenstern. Mit Illustrationen von Max Slevogt. it 73

– Volksmärchen der Deutschen. it 1034

Die Nibelungen. In der Wiedergabe von Franz Keim. Mit Illustrationen von Carl Otto Czeschka. Mit einem Vor- und Nachwort von Helmut Brackert. Im Anhang die Nacherzählung ›Die Nibelungen‹ von Gretel und Wolfgang Hecht. it 14

Das Papageienbuch. Tuti-Nameh. Eine Sammlung orientalischer Erzählungen übersetzt von Georg Rosen. it 424

Ernst Penzoldt: Die Reise ins Bücherland. Erzählt und illustriert von Ernst Penzoldt. it 2026

160/3/5.88

Märchen und Sagen
im insel taschenbuch

Sagen der Juden zur Bibel. Die ersten Menschen und Tiere, Abraham, Isaak und Jakob, Joseph und seine Brüder, Mose, der Mann Gottes, Juda und Israel. Aus dem Hebräischen von Rahel bin Gorion. Auswahl und Nachbemerkung von Emanuel bin Gorion. it 420

Sagen der Römer. Geschichten und Geschichte aus der Frühzeit Roms. Nach antiken Autoren erzählt von Waldemar Fietz. it 466

Wolfgang Schadewaldt: Sternsagen. Mit Illustrationen aus dem 18. Jahrhundert. it 234

Friedrich Schlegel: Romantische Sagen des Mittelalters. Herausgegeben von Hermann Hesse. it 930

Gustav Schwab: Sagen des klassischen Altertums. Mit sechsundneunzig Zeichnungen von John Flaxman und einem Nachwort von Manfred Lemmer. 3 Bände. it 127

Skaldensagas. Aus dem Altisländischen übertragen, eingeleitet und erläutert von Franz Seewald. it 576

Ludwig Tieck: Der gestiefelte Kater. Ein Kindermärchen in drei Akten, mit Zwischenspielen, einem Prologe und Epiloge. Mit Radierungen von Otto Speckter. it 940

– Märchen und Novellen. Ausgewählt und mit einem Nachwort versehen von Hermann Hesse. it 1061

Oscar Wilde: Die Erzählungen und Märchen. Mit Illustrationen von Heinrich Vogeler. Aus dem Englischen übersetzt von Felix Paul Greve und Franz Blei. it 5

160/4/5.88

Essen und Trinken
im insel taschenbuch

Jean Anthèlme Brillat-Savarin: Physiologie des Geschmacks oder Betrachtungen über das höhere Tafelvergnügen. Ausgewählt, übersetzt und eingeleitet von Emil Ludwig. Mit Holzschnitten der Ausgabe von 1864. it 423

Einladung zum Essen. Ein Buch für Gäste. Vorgelegt von Claudia Schmölders. it 1161

Jakob Flach: Minestra. Kulinarische Streifzüge. Mit Illustrationen von Peter Rüfenacht. it 552

Manuel Gasser: Köchel-Verzeichnis. Kulinarische Erinnerungen und Erfahrungen mit vielen seltenen Rezepten. Mit Illustrationen von Heinz Edelmann. it 96

– Die Küche meiner Tante Mélanie. Französische Hausmannskost von Anno dazumal. Mit Illustrationen von Boris von Borodine. it 192

– Manuel Gassers Kräutergarten. Mit Holzschnitten aus ›New Kreüterbuch‹ von Leonhart Fuchs, 1543. Koloriert von Erna de Vries. it 377

– Spaziergang durch Italiens Küchen. Mit Bildern von Manfred Seelow. it 391

Rudolf Habs/L. Rosner: Appetitlexikon. Ein alphabetisches Hand- und Nachschlagebuch über Speisen und Getränke. Zugleich Ergänzung eines jeden Kochbuchs. it 651

Kakuzo Okakura: Das Buch vom Tee, Übertragen und mit einem Nachwort versehen von Horst Hammitzsch. Mit Fotos aus Japan und einem Essay von I. Schaarschmidt-Richter. it 412

Karl Friedrich von Rumohr: Geist der Kochkunst. Vorwort von Wolfgang Koeppen. it 326

Urgroßmutters Kochbuch. Aus dem Kochbuch der Frau Rath Schlosser. Herausgegeben von Alexander von Bernus. Mit einem Nachwort von Elmar Mittler und alten Illustrationen. it 457

165/1/7.88

Kulturgeschichte
im insel taschenbuch

Alt-Kräuterbüchlein. Von der Kraft und Wirkung der Kräuter. Nach dem »New-Kreüterbüchlein« des Leonhart Fuchs (1543). Herausgegeben von Alexander von Bernus. Mit einem biographischen Text zu Leonhart Fuchs von Hans Franke und einem Nachwort von Elmar Mittler und Holzschnitten. it 456

Jost Amman: Frauentrachtenbuch. Mit kolorierten Holzschnitten der Erstausgabe von 1586 und einem Nachwort von Manfred Lemmer. it 717

Egon Caesar Conte Corti: Geschichte des Rauchens. »Die trockene Trunkenheit«. Ursprung, Kampf und Triumph des Rauchens. Mit zahlreichen Abbildungen. it 904

Feiern und Feste. Ein Lesebuch. Herausgegeben von Hans-Joachim Simm. it 738

Christian Garve: Über die Moden. Herausgegeben von Thomas Pitroff. Mit farbigen Illustrationen. it 989

Detlef Hoffmann: Gemalte Spielkarten. Ihre Geschichte an handgemalten Beispielen von Detlef Hoffmann. it 912

Christoph Wilhelm Hufeland: Makrobiotik oder die Kunst, das menschliche Leben zu verlängern. Mit einem Brief Immanuel Kants an den Autor sowie einem Nachwort von Rolf Brück. it 770

Adolph von Knigge: Über den Umgang mit Menschen. Herausgegeben von Gert Ueding mit Illustrationen von Chodowiecki und anderen. it 273

Dagmar Müller-Staats: Klagen über Dienstboten. Eine Untersuchung über Dienstboten und ihre Herrschaften. Mit zahlreichen Abbildungen. it 683

George Ordish: Geschichte eines Gartens. Vom 16. Jahrhundert bis zur Gegenwart. Aus dem Englischen von Matthias Müller. Mit Zeichnungen von Alison Claire Darke. it 1143

Ewald Gerhard Seeliger: Handbuch des Schwindels. Mit einem Vorwort von Jürgen Lodemann und einem Nachwort von Max Heigl. it 919

Urgroßmutters Hausmittel. Aus dem Hausbuch der Frau Rath Schlosser. Herausgegeben von Alexander von Bernus. Mit einem Nachwort von Elmar Mittler und alten Illustrationen. it 561

Wie ein Mann ein fromm Weib soll machen. Mittelalterliche Lehren über Ehe und Haushalt. Herausgegeben, ins Neuhochdeutsche übertragen und mit einem Nachwort versehen von Michael Dallapiazza. it 745

Gabrielle Wittkop-Ménardeau: Unsere Kleidung. Aus der Geschichte der Moden bis zum Jahr 1939. Mit zahlreichen Abbildungen. it 774

166/1/7.88